Andreas Müller

Auschwitz. Endstation.

„Ich hatte Mitleid mit den Nazis.“

Andreas Müller

Auschwitz. Endstation.

Einer, der überlebte, erzählt:

„Ich hatte Mitleid mit den Nazis."

Von Sachsenhausen bis Buchenwald:
Die tragische Geschichte des Max Liebster
aus Reichenbach im Odenwald
und andere Schicksale sowie erstaunliche Fakten
aus einer dunklen Zeit.

Pressebüro Bergstraße Verlagsgesellschaft • Weinheim

Andreas Müller
Auschwitz. Endstation.
„Ich hatte Mitleid mit den Nazis."
1. Auflage: Juli 1998

Konzeption: Pressebüro Bergstraße Verlagsgesellschaft
Titelbild: Montage aus einem Gemälde der grafischen Abteilung der Watchtower Bible and Tract Society of New York, das Frauen im Konzentrationslager Ravensbrück beim heimlichen Lesen der Bibel zeigt, und einem Foto vom Lampertheimer Altrhein, aufgenommen im Dezember 1996
Titelbildgestaltung: Top identity · Holger Maier · Mühltal
Druck: Druckhaus Beltz · Hemsbach
ISBN 3-9804689-3-3

Mein Dank gilt all den lieben Menschen,
die zu diesem Buch beigetragen haben.
Besonders danken möchte ich meiner Frau
Margret, die während der einjährigen
Recherche eine angenehme und kritische
Begleiterin gewesen ist.

Zum Geleit

Im Deidesheimer Maxx Steigenberger Hotel herrscht eine entspannte Atmosphäre, als wir gegen 20 Uhr an einem der kleinen runden Tische im Bistro gegenüber der Bar Platz nehmen. Die wenigen, adrett gekleideten Gäste, die sich auf ihr Dinner freuen, umspielt ein schummriges Licht. Man flüstert, sofern man sich überhaupt in Konversation übt. Seit wir am frühen Nachmittag in das Zimmer mit der Nummer 217 eingezogen sind, ist eine zentnerschwere Last von uns gefallen. Irgendwann ist es genug. Zwölf Monate Recherche zu diesem Buch, das sind Zehntausende von Seiten über das Dritte Reich, unzählige Gespräche mit Opfern und Tätern; solchen, die keine Täter sein wollen, und solchen, die keine sind. Die meisten Informationen, die wir sammeln, hören wir zum ersten Mal. Sie sind frei zugänglich, aber nicht nur uns unbekannt, wie sich immer wieder herausstellt, wenn wir Teile des Manuskripts zum Lesen freigeben, um vor der Veröffentlichung Reaktionen einzuholen.

„Das haben wir alles nicht gewußt", sagen junge wie ältere Menschen. „In der Schule haben wir das nie gehört. Ist das auch alles wahr, was Du da schreibst?" Das ist die meist gestellte Frage. Sie kommt öfter noch, als die Frage, mit der ich eine lebhafte Diskussion zu überraschtem Schweigen bringe: „Warum habt Ihr sie nicht einfach verhungern lassen? Warum vergasen?" -

„Vielleicht, weil die IG Farben an der Produktion dieser 'Schädlingsbekämpfungsmittel' gut verdient hat", antwortet ein alter Mann einmal, während er mit den Tränen kämpft. Sein Vater war bei der Waffen-SS gewesen. An der Front. Als er nach dem Krieg zurückkam und von seinen Kindern wegen der Grausamkeiten in den KZ angeprangert wurde, bestritt er, davon gewußt zu haben. Die Kinder glaubten ihm nicht. „Ich bin mit ihm damals ins Kino gegangen", erinnert sich der alte Mann. „Dort wurden die schrecklichen Dinge gezeigt, die in den KZ passiert sind. Mein Vater konnte es nicht glauben. Deutsche seien zu so etwas nicht fähig. Erst allmählich schien er überzeugt, daß die Bilder keine Fälschungen waren. Wir haben ihn verurteilt. Er war bei der SS. Er ist dabei gewesen, und er hat deshalb wissen müssen, was los ist. Das war furchtbar für uns." Eines Tages starb der Vater. Heute kommen dem Sohn, dem alten Mann, Zweifel. Was, wenn der Vater die Wahrheit gesagt hat? Welche Schuld hat der Sohn auf sich geladen, als er den Vater verstieß? „Könnte ich doch noch einmal mit ihm reden...". Er wischt sich die Tränen mit dem Jackenärmel fort. Seine Lippen zittern. „Er war an der Front", sagt er. „Da war er bestimmt nicht freiwillig. Er muß dort Furchtbares erlebt haben. Dann kommt er nach Hause. Und wir verurteilen ihn. Mit welchem Recht?"

Der Vater hat nie über die Front gesprochen. Hätte er es nur getan. Doch: hätte ihm jemand zugehört? Schaudernd erinnere ich mich an einen Mann, den ich 1991 bei Karlsruhe traf. Er war auch bei der SS gewesen. In Rußland. An der Front. „Wir haben für eine Idee gekämpft", sagt er mit müden Augen. Er meint die arische Weltherrschaft. „Es gibt Ideen, für die es sich lohnt zu sterben." Es macht mich wütend, ihm zuzuhören. „Gibt es eigentlich auch eine Idee, für die es sich lohnt zu leben?" frage ich bissig. Er sieht an mir vorbei auf den Tisch. Ins Leere. Im Fernsehen läuft gerade wieder eine Szene von der

Front, die dokumentiert, wie SS-Leute unschuldige Bewohner eines russischen Dorfes erschießen, weil sie Partisanen unterstützt haben sollen. „Das war nicht die SS“, sagt er. „Wir haben keine Dörfer niedergemacht. Wir haben an der Front gekämpft. Vielleicht sind es Russen in SS-Uniform, die ihre eigenen Landsleute erschießen und das gefilmt haben, um Propagandamaterial für die Hetze gegen Deutschland zu verbreiten.“ Jetzt reicht es. Mir hebt sich der Magen. Ich will nicht mehr mit ihm an einem Tisch sitzen. Ich will nicht mehr zuhören. Auch heute, sechs Jahre später, habe ich Schwierigkeiten, mir die Frage zu stellen: Was, wenn er Recht hat? Nein. Er kann nicht Recht haben. So viele Tote legen Zeugnis ab. Zeugnis für die Grausamkeit des Krieges, der nur Verlierer kennt: Menschen. Die, die sterben, und die, die überleben.

Wie verwaltet man ein solches Erbe? Bestimmt nicht, indem man schweigt. Bestimmt nicht, indem man pauschal verurteilt. Vielleicht durch die Suche nach Wahrheit. Mit dem Versuch, differenziert zu urteilen. Wahrheit hat auch immer etwas mit ‘wahrscheinlich’ zu tun. Und mit der Sichtweise aus unterschiedlichen Standpunkten. Die Geschichte, die der Sieger schreibt, ist anders als die des Verlierers.

Die Partisanen, die deutsche Soldaten aus dem Hinterhalt erschossen, sind aus russischer Sicht Freiheitskämpfer. Aus deutscher Sicht - mit Blick auf die Genfer Konventionen - sind sie Mörder, die heimtückisch handeln. Ihre hinterhältigen Einsätze sind Rechtfertigung genug, grausam gegen die Zivilbevölkerung vorzugehen, die die Partisanen (angeblich) unterstützt. In ‘Drittes Reich und Zweiter Weltkrieg’ (Köln, 1989) machen die Autoren darauf aufmerksam, wie Hitler das Genfer Abkommen zur „Verbesserung des Loses der Verwundeten und Kranken im Felde“ vom 27.7.1929 umgeht, indem er „die Rotarmisten nicht wie die holländischen, französischen, norwegischen oder griechischen Soldaten als achtenswerte soldatische Gegner, sondern als Vertreter einer Barbarenarmee, als ‘bolschewistische Untermenschen’“, einstuft. Hitler befiehlt, „daß bolschewistische Kommissare, die gefangengenommen werden, nicht als Soldaten, sondern als Verbrecher behandelt werden sollen. Ein gefangener Politkommissar soll sofort erschossen werden.

In den ersten Monaten des Ostfeldzuges werden die deutschen Soldaten fast überall als Befreier von der bolschewistischen Herrschaft begrüßt. Vor allem ist dies der Fall in den drei baltischen Ländern Litauen, Lettland und Estland, die erst ein Jahr vorher von den Sowjets überfallen wurden und in diesem einen Jahr Schreckliches erdulden mußten. Nicht viel anders ist es in den Dörfern Weißrußlands und der Ukraine.

Oft wird den deutschen Landsern, die als erste einrücken, nach alter Sitte Brot und Salz gereicht. Die altgläubige Bevölkerung Rußlands ist glücklich, daß die Deutschen die Kirchen wieder öffnen, die unter bolschewistischer Herrschaft seit Jahrzehnten Museen, Lagerhallen oder Garagen sind.

Das alles ist auch eine der Ursachen für die schnellen Siege der deutschen Wehrmacht im ersten Jahr des Feldzuges. Die Rotarmisten wollen zum großen Teil gar nicht kämpfen, ihnen sind die Deutschen lieber als die eigenen bolschewistischen Herren. Zu Tausenden und Abertau-

senden laufen sie über. Schlimmer als unter Stalin kann es bei den Deutschen auch nicht sein."
Die Zivilverwaltung der neuen Machthaber läßt allerdings keinen Zweifel aufkommen, daß die slawischen 'Untermenschen' als minderwertiges Volk nur dazu da sind, die Bedürfnisse des Deutschen Reiches zu befriedigen. Wo die Knechtschaft zu hart wird, gehen Männer in die Wälder. Vielerorts schließen sie sich bereits bestehenden Partisanengruppen der Kommunistischen Partei an, die ab 1942 mit ihrem Kampf gegen die Deutschen beginnen: „Es ist ein grausamer, heimtückischer Kampf, fern jeden Völkerrechts, fern jeder Humanität. Die grausigen Mordtaten rufen wieder Repressalien von deutscher Seite hervor, denen auch Unschuldige zum Opfer fallen. Rachedurstig gehen wieder Menschen 'in den Wald'. Und so dreht sich die Schraube ohne Ende, bis das Hinterland der deutschen Front in manchen Gegenden für die Landser gefährlicher ist als die Front selbst. Stalin kann mit der deutschen Zivilverwaltung in den besetzten Gebieten zufrieden sein. Bessere Werber für seine Partisanenarmeen kann er nirgends finden." (Vergl. 'Drittes Reich und Zweiter Weltkrieg').
Wie in so vielen Geschichtswerken, so werden dem deutschen Widerstand auch hier nur ein paar Zeilen gewidmet. Es habe „sogar viele" deutsche Funktionäre gegeben, die der Bevölkerung nach Kräften halfen, „aber was sie tun, tun sie gegen ihre Befehle, tun sie getarnt, um 'oben' nicht aufzufallen." Es findet sich leider kein Wort darüber, wie mutig das Verhalten dieser Funktionäre war. Sie riskierten nicht nur ihr Leben; wer aufflog, mußte auch mit schwersten Repressalien gegen seine Familie in Deutschland rechnen. Immerhin machen die

Autoren auf den Umstand aufmerksam, daß sich der Partisanenkampf vorn an der Front zunächst nur mittelbar bemerkbar machte: „Ein Urlauberzug, der nicht ankommt. Ein Munitionslager, das plötzlich explodiert. Ein Verpflegungs-Lkw, auf den die Landser sehnsüchtig gewartet haben, verschwindet spurlos. Dann aber, wenn deutsche Truppen zurückgehen müssen, kann es passieren, daß sie schon weit im Hinterland in einen Feuerüberfall geraten und annehmen müssen, die Rote Armee wäre irgendwo durchgestoßen und stünde schon in ihrem Rücken."
Durchaus möglich, angesichts 'geheimer Kommandosachen' wohl wahrscheinlich, daß einige, vielleicht etliche Männer der Waffen-SS und Soldaten der Wehrmacht nicht wußten, was ihre 'Kollegen' anrichteten. Sie waren auf die Informationen ihrer Vorgesetzten angewiesen. Der kleine Mann als ausführendes Organ in einem Räderwerk der Propaganda - gleich, auf welcher Seite er stand: Was sollte, was konnte er glauben? Wem konnte er vertrauen? Und was sollte er denken, wenn er in Kriegsgefangenschaft das Gegenteil von dem hörte, was ihm jahrelang eingetrichtert worden war?
Auf deutscher Seite reagierte Goebbels vorsorglich, indem er die Post deutscher Kriegsgefangener aus dem Osten zum möglichen „Einfallstor für bolschewistische Propaganda in Deutschland" erklärte (sein Tagebucheintrag vom 17.12.1942) und die Briefe den Angehörigen nicht mehr zustellen ließ. Bis Kriegsende gab es keinen Kontakt mit der Außenwelt und dies gewiß nicht nur, weil das NS-Regime die Infiltration kommunistischen Gedankenguts befürchtete; als Gefangener wehrlos zu sein, war Verrat an der NS-Auffassung, die nur Helden

und die Parole ‘Bis zum letzten Mann’ kannte. Die Gefangenen waren ohne jeden Wert für das eigene Regime und galten für den Gegner als Verbrecher und „daher strafwürdig... Die vom Völkerrecht zur Kennzeichnung der Kriegführenden vorgeschriebenen äußeren Abzeichen... verwandelten sich an der Uniform des Gefangenen zu einer Provokation. Sie waren Anlaß zu Übergriffen und Verdächtigungen. Gefangene aus Elitetruppen galten als die Personifikation des Bösen schlechthin. Wo sie liquidiert wurden, glaubte der Sieger, ein Stück des feindlichen Systems liquidiert zu haben. Im Labyrinth der eigenen Ideologie gefangen, konnte er nicht mehr zwischen den Verantwortlichen und den Abhängigen unterscheiden.“ (ebda)

Unterscheiden wir heute? Wieviele Abhängige wurden verurteilt. Wieviele harmlose NSDAP-Mitglieder verloren nach dem Krieg wegen ihrer Parteizugehörigkeit ihre Arbeit.

Wieviele Verantwortliche in der Wirtschaft wurden zur Rechenschaft gezogen?

Mord ist eine Frage des Standpunktes. Moralisch gesehen verwerflich, erscheint Massenvernichtung aus wirtschaftlicher Sicht sinnvoll, solange man daran gut verdient.

Wer verdiente an dem Krieg, an der Vernichtung der Juden? Wer hat Hitler finanziert? Welche Betriebe, welche Versicherungsunternehmen, welche Kirchen profitierten von dem Regime? Wer sind die Verantwortlichen in der Bundesrepublik, die diese Manager des professionellen Tötens bis heute nicht angeklagt haben?

Recherchen über das NS-Regime machen den Tod allgegenwärtig. Was zunächst schockiert, wird Begleiter im

Alltag. Man stumpft ab. Wie angenehm, an einem Abend im Maxx Steigenberger einmal abzuschalten. Es ist nur eine Kleinigkeit, die wir bestellen, aber selbst die soll unberührt bleiben. Die friedvolle Atmosphäre wird plötzlich durch eine Frau gestört. Sie springt vom Tisch auf, stößt dabei den Stuhl um, auf dem sie saß. Voller Panik schreit sie mehrmals den Namen 'Erwin' und starrt aus angstgeweiteten Augen ihren Partner an, der leblos in sich zusammengesunken ist. Die Gabel entgleitet seiner Hand, fällt klirrend auf den Boden, ein Geräusch, daß die Stille nach dem hysterischen Anfall scharf durchschneidet.

Wir eilen zu dem Unglücklichen. Ich löse den Schlips, öffne den Kragen, fühle den Puls, indem ich die knöcherne, fleckige Hand des alten Mannes behutsam in die meine lege. Die Chefin des Hotels eilt herbei und erkennt augenblicklich die Notlage. Sie ruft einen Krankenwagen, was bei der Frau einen Weinkrampf auslöst. „Er stirbt!" ruft sie. Die Gäste werden unruhig. Sie bemühen sich, nicht hinzuschauen und sich bei ihrem Mahl nicht stören zu lassen. Der Puls des Mannes ist schwach. Seine Haut ist mit einem dünnen Schweißfilm überzogen. „Können Sie mich verstehen?" frage ich ruhig. Er nickt. Es wäre vielleicht besser, ihn flach auf den Boden zu legen. Aber ein vorsichtiger Versuch mißlingt. Er kann sich nicht bewegen. Kurz darauf ist der Puls weg. „Er stirbt wirklich!" sagt meine Frau. Seine Augen verdrehen sich. Keine Reaktion auf meine Fragen. Entsetzen bei seiner Begleiterin. Plötzlich ruft ein Gast ungehalten: „Unverschämt. Dabei kann man doch nicht essen. Muß man sich das bieten lassen." Es klingt wie aus einem abgedroschenen Heftroman. Und es geht noch weiter. An-

dere Gäste schließen sich an. Als ob der alte Mann sie absichtlich um ihr Abendessen bringen will. Der Kellner will die Gäste beruhigen. Vergebens: „Uns ist der Appetit vergangen. Sie können abräumen."
Die Begleiterin des alten Mannes schluchzt. „Tot. Er ist tot!" ruft sie. Das führt dazu, daß die Gäste rasch verschwinden. Mit dem Tod will keiner etwas zu tun haben. Schon gar nicht beim Dinner. Aber der Tod kommt nicht. Der Puls kündigt sich sacht an. Schwach und unregelmäßig. Aber er ist da, und er stabilisiert sich. Kurz darauf kommen Sanitäter und ein Arzt. Sie transportieren den Mann in den Krankenwagen, der vor dem Hotelkomplex parkt. Meine Frau entdeckt in der Jacke, die noch über dem Stuhl hängt, Medikamente. Sie helfen dem Arzt, die Situation richtig einzuschätzen. Während der Patient behandelt wird, kümmert sich die Hoteldirektorin um die Begleiterin. Sie ist Polin und kann sich nur begrenzt mitteilen. Sie hat den alten Mann vor Jahren auf einem Friedhof kennengelernt und ihm seitdem den Haushalt gemacht, meinen wir zu verstehen. Sie ist sehr unglücklich. Er hatte sie ins Steigenberger eingeladen, weil er mit ihr seinen 70. Geburtstag feiern wollte. Doch nun muß er erstmal nach Neustadt ins Krankenhaus. „Zäh, der Bursche", sagt der Arzt noch. „Der wird nicht bei uns bleiben."
Tatsächlich. Zwei Stunden später will der Mann zurück ins Steigenberger. Wir bieten uns an, ihn aus Neustadt zu holen, keine zehn Minuten von Deidesheim entfernt. Die Rückfahrt allerdings dauert erheblich länger. Jedes Gefühl für Zeit vergeht. Wir irren im Schritttempo durch irgendwelche Ortschaften und lauschen gebannt den Erzählungen des alten Mannes. Er ist topfit, spricht druck-

reif, entschuldigt sich für den Zwischenfall, hervorgerufen, weil er seine Medikamente nicht einnahm. Nachdem wir uns vorgestellt und unser geplantes Buch erwähnt haben, berichtet er uns über seinen Vater, einen Funktionär der Sozialdemokraten, den das NS-Regime jahrelang ins KZ Dachau gesteckt hatte. Er erzählt von den vielen Kleinigkeiten, über die man angesichts der Millionen von Toten gar nicht nachdenkt; so zum Beispiel, daß sein Vater sich an beiden Unterarmen eine Sehnenscheidenentzündung geholt habe, weil er auf Befehl den Juden, als sie eingeliefert wurden, mit einer großen Schere die Haare hatte schneiden müssen. Er, der er selbst als Jugendlicher für kurze Zeit in einem Konzentrationslager inhaftiert war, berichtet von einzigartigen Dokumenten aus dieser dunklen Zeit, die er uns gern zeigen will, wenn wir ihn einmal besuchen kommen.

Die Vergangenheit hat uns wieder. Das Zweite Buch Mose, Kapitel 20, kommt uns in den Sinn. *Wenn sich die Väter von Gott abwenden, so werden die Kinder, die Enkel und Urenkel an der Schuld tragen.* (Und die waschen sich nicht rein, indem sie ihre Väter kollektiv verurteilen.) Es gibt kein Entrinnen, solange man sich der Vergangenheit nicht gestellt und sie aufgearbeitet hat.

Dieses Aufarbeiten ist bei den Kirchen besonders delikat. „Haben Sie sich einmal Gedanken darüber gemacht, wie damals der arische Nachweis erfolgte?“ flüstert uns ein Historiker zu, als wir in einem Aufzug stecken. Nein. Hatten wir nie. „Das lief damals nur über die Eintragungen in den Kirchenbüchern“, verblüfft er uns. Und er stellt die Frage in den Raum: „Was wäre wohl geschehen, wenn die Kirchen den Einblick verwehrt hätten?“

Warum wird eigentlich kein Priester, kein Pfarrer angeklagt, der den Krieg segnet?
„Aber nicht alles unter Hitler war schlecht“, sagt eine alte Dame.
„Was war gut?“
„Er hat die Autobahnen gebaut.“
Die offizielle Nazi-Propaganda hält sich bis heute. Die Jugend übernimmt sie kritiklos. Hitler habe während seiner Haft in Landsberg 1924 die Vision gehabt, ein Netz kreuzungsfreier Straßen nur für Autos quer durchs deutsche Land zu spannen. Tatsächlich gibt es Autobahnen seit 1921. Seinerzeit weihte man die AVUS in Berlin ein, die erste Autobahn der Welt. 1926 plante man die Autobahn Köln-Düsseldorf, und im gleichen Jahr konstituierte sich der ‘Verein zur Vorbereitung der Autostraße Hansestädte-Frankfurt-Basel’, kurz: HAFRABA.
Als Hitler Reichskanzler wird, sind quer durch Deutschland zahlreiche Autobahnen geplant oder im Bau - ganz ohne sein Zutun. Daß die meisten erst unter seiner Herrschaft fertiggestellt werden, ist nicht sein Verdienst.
„Zitieren Sie nur nicht aus Hitlers ‘Mein Kampf’“, werden wir gewarnt. „Das Buch ist staatsgefährdend, und wenn Sie daraus Passagen bringen, landen Sie auch auf dem Index.“ - „Staatsgefährdend verhalten sich höchstens die, die das Buch unterdrücken“, sagt uns ein älterer Herr. „Hitler ist noch nicht glorifiziert worden. Wenn seine Texte zu früh ausgegraben werden, stoßen die Inhalte ab. Schauen Sie sich Alexander den Großen an. Eigentlich war er ein Massenmörder. Im Latein- und Geschichtsunterricht unserer Gymnasien ist er ein großer Feldherr und sogar ein Philosoph. Die Zeit verklärt. Die Erinnerung will die guten und sie verdrängt die schlech-

ten Dinge. Warten Sie dreißig, vierzig Jahre. Wenn Hitler mit Alexander genannt wird, wird man seine Schriften neu interpretieren. Vieles wird dann gar nicht mehr so schlimm erscheinen, wie es zunächst klingt. Vielleicht wird man ihn als Messias erkennen. Jesus hat man ja auch erst viel später als Messias erkannt. Heute betet man ihn an. Dabei hat er auch zunächst so schlimme Dinge gesagt wie: 'Ich bin nicht gekommen, Frieden zu bringen, sondern das Schwert.' (Matthäus 10: 34) Im Namen des Christentums sind Millionen Menschen vernichtet worden. Sprechen Sie mit Vertretern der katholischen Kirche. Die werden von einem guten Werk erzählen, weil man die Seelen vorzeitig aus einem bösen Leib befreite und sie dem Paradies zuführte. Unter diesem Aspekt mag man in ein paar Jahrzehnten die Vergasung der Juden sehen. Lesen Sie mal nach, was Hitler über seine katholische Kirche schreibt und wie er das Zölibat sieht."

Wir lesen. Und wir zitieren in diesem Buch. Gegen das Vergessen. Und freuen uns über das Zölibat, weil es fanatischen Priestern die Möglichkeit nimmt, sich zu vermehren.

Das harmonische Miteinander von Kirche und Staat beim Verstoß gegen die Menschlichkeit beklagen die Ernsten Bibelforscher bereits 1937 in einem offenen Brief, den sie in die Briefkästen ihrer deutschen Mitbürger stecken und der über „sadistische körperliche Mißhandlungen" in Konzentrationslagern informiert: „Der Beweis ist endgültig erbracht, daß... alle, die Religion lehren und sie ausüben, Feinde derer sind, die Gerechtigkeit suchen. Alle weltlichen Machthaber vertreten irgendeine Religion, und bewußt oder unbewußt nehmen sie eine Stellung gegen Gott... ein. Die Religion ausübenden Geistlichen bilden einen Teil der herrschenden Klasse und sind Freunde der Welt, und die Schrift erklärt, daß sie Feinde Gottes sind (Jakobus 4: 4)... Wer sich gegen Gott... erklärt, gehört zu den Gesetzlosen...: Jehova bewahrt alle, die ihn lieben, und alle Gesetzlosen vertilgt er“ (Psalm 145: 20).

Es ist ein bemerkenswerter Zufall, daß wir mit Max Liebster einen Juden kennenlernen, der fünf Konzentrationslager überlebte und der in einer unmenschlichen Zeit zum Christen, zu einem Zeugen Jehovas, wird. Seine tragische Geschichte, die wir 1997 niedergeschrieben haben, bildet den Grundstock dieses Buches, an dem sich viele weitere Geschichten und historische Daten festmachen[*Bild 1)]. Wo es uns sinnvoll erschien, haben wir sie in Anmerkungen ausgearbeitet. Dem Leser sei empfohlen, zunächst die Geschichte im ganzen zu lesen und erst bei einem zweiten Durchgang mit den Anmerkungen. Sie schaffen einen historischen Rahmen mit einer Fülle an Informationen, die jungen Lesern, aber auch Zeitzeugen überraschende Erkenntnisse bieten.

Inhalt

Unter dem Tier stehende Idioten - RM 4,50 für einen Geisteskranken - Die 'Organisation T 4' - Vergasung in Grafeneck - Von Mosbach nach Ewigheim - Das Guckfenster zum Tod - Widerstand und Protest der Kirchen - Platz für Daimler-Benz - „Ja Gott, ich war Beamter!"

Anmerkung 3
*Über das Magazin Zukunft*Beruf

Anmerkung 4
Jüdische Drückeberger - Juden in der Weimarer Republik

Anmerkung 5
Solidarität und Schikanen an den Schulen - Judenbänke - Das Novemberpogrom und die Schulen

Anmerkung 6
Die Arisierung jüdischer Betriebe - Ein jüdischer Spengler in Mannheim

Anmerkung 7
Die Auswanderung - Widersprüchliche Judenpolitik - Die Olympischen Spiele von 1936 - Hitlers Beurteilung der Juden und der Arier sowie der jüdischen Religionslehre - Hitler erzählt, wie er Antisemit wurde - Hitlers letzter Wille - Hitlers Vorbilder Karl Lueger, Georg Ritter von Schönerer und Guido von List - Die Edda - Das Hakenkreuz - Der Führerbegriff - Hitler in Wien und München: Kofferträger, Schneeschipper und Maler - Hitlers Vorbild für ein gesundes Staatswesen: die katholische Kirche und ihr Zölibat - Hitlers Einschätzung der

Juden als „Schänder deutscher Mädchen" - Hitlers Menschheitsgeschichte: „Schaffende und Drohnen"

Anmerkung 7a

Helene Riefenstahl im NS-Staat: ihr Wirken und ihr Schönheitsideal - Der Künstler und die Politik - Das 25-Punkte-Programm der NSDAP

Anmerkung 8

Gewalt gegen Juden und jüdische Unternehmen - Schlechte Auslandspresse, der Boykott vom 1. April 1933 und die Treue deutscher Käufer - Hitler und das Finanzjudentum - Der Jude als „Zerstörer Deutschlands"

Anmerkung 9

Schmähschilder und eine 'unüberbrückbare Kluft' - Die jüdische Presse und ihre Einschätzung der politischen Lage - 66 Millionen Deutsche, 500.000 Juden

Anmerkung 10

Der 'Wucherjude' und Papst Innozenz III., gnadenloser Feind der Juden - Friedrich II. und die Juden als sein Eigentum - Das 'Judenschlachten' - Die Ritualmord-Beschuldigung - Verfall und Verarmung des Judentums in Deutschland - Martin Luther: „Dies verworfene Gezücht der Juden, ekelerregendes Gewürm" - Die Juden als Händler, Geldgeber, Kornhändler und Schmuggler

Anmerkung 11

Kein Zutritt für Juden - Juden raus aus leitenden Stellungen - Juden aus Kunst und Wissenschaft verlassen

Deutschland - Das Ghetto Theresienstadt - Selbsttäuschung und Wirklichkeitsflucht

Anmerkung 12

„Juda verrecke" - Die Faszination des NS-Staates - Das Blutschutzgesetz (Nürnberger Gesetze) - „Nationaldeutsche Juden wählen deutsch!" - und mit Hitler gegen die jiddische Kultur - Jüdische Frontsoldaten für Hitler „und mit unserem deutschen Vaterlande bis zum Letzten!" - Die Vielschichtigkeit des Judentums - Widerstand unter Pfarrer Niemöller - Die Ernsten Bibelforscher gegen den NS-Staat - Der Leidensweg der Zeugen Jehovas - Das peinliche 'Stuttgarter Schuldbekenntnis' - Adenauers peinliche Regierungserklärung - Die Juden als „Gottesmörder" - Der Vatikan und der NS-Staat - Papst Pius XII. und der 'gerechte Krieg' - Hauptsache: Kirchensteuer aus Deutschland - Der Vatikan und das 'lebensunwerte Leben' - Von den „zu Tieren entarteten Russen" - Hitler gegen die Juden, gegen den Marxismus, gegen den russischen Bolschewismus - Papst Pius XII. und seine 'Alibi-Juden' - Die Berichte der Bibelforscher über das Grauen in den KZ von 1937 - Unwissende SS-Männer - Eine bischöfliche KZ-Besichtigungsfahrt - Hitler zu Jehovas Zeugen: „Diese Brut wird aus Deutschland ausgerottet werden!" - Offener Brief der Zeugen Jehovas ans deutsche Volk von 1937 - Kreuzzug gegen das Christentum: Der Vatikan schweigt - Die Zeugen Jehovas in der DDR - Deckname 'Sumpf' - Haft für Kriegsdienstverweigerung - 12.013 Jahre Haft

Anmerkung 13

Das Horst-Wessel-Lied

Anmerkung 14

Hitlers Anweisungen an die SA: „Blinder Gehorsam und unbedingte Disziplin“ - Keine Festgelage - Unverzeihbar: schlechte Aufführung - ‘Vorbild’: Streicher

Anmerkung 15

Die Geschichte von Herschel Grünspan - Die Glaubwürdigkeit des Attentats - Die Propaganda schafft einen Märtyrer - Karriere nach dem Tod - Die Sache mit dem Schaufensterglas - Die Pogromnacht: Vandalismus, Vergewaltigung, Mord - Der Judenhasser aus Mannheim - Widerstand im Volk - Was tun mit der Leiche? - 19 Stunden stehen im Lager

Anmerkung 16

Juden verlassen Deutschland - Die jüdischen Einzelhandelsgeschäfte schließen - Die Zwangsarisierung der Betriebe - Die ‘Aufbewarier’ - Die Verarmung nach der Machtergreifung

Anmerkung 17

Die Versicherungen und die Pogromnacht

Anmerkung 18

Der Fall Josef Süß Oppenheimer - Exekution als Volksfest - „Jud Süß“ - Die Vertrauten der Herrscher - Reich durch krumme Touren

Anmerkung 19

Die Schutzstaffel - Die biologische Auslese - SS-Divisionen und Waffen-SS - Die ‘Beutegermanen’ - Himmlers Mohammedaner - Die Moslems: „Total kirchlich“ - Das

Anmerkung 33
Rudolf Breitscheid - Dietrich Bonhoeffer - Hans von Dohnanyi

Anmerkung 34
Der Widerständler Jakob Kindinger

Anmerkung 35
Der Freitod - Bach, Beethoven, Goethe, Hitler, Himmler, Goebbels - Ein Abschiedsbrief - Die letzte jüdische Trauung

Anmerkung 36
Experimente mit Menschen - Mit Fleckfieber infiziert - Hoechstpräparate im Test - Dr. Mengeles sadistisches Treiben

Anmerkung 37
Verrat unter den Bibelforschern - Die Falle, die nicht zuschnappte

Anmerkung 38
Ärger mit den Russen

Anmerkung 39
Die Badewanne des Léon Blum

Anmerkung 40
12 Jahre und eine „Gefahr für die Altersgenossen" - In den Klauen der Gestapo - Strengstes Sprechverbot

Anmerkung 41

Die Opfer, die Entschädigung und der deutsche Bürokratendschungel - Die Fleischtöpfe Deutschlands - Auf Sozialhilfe angewiesen

Anmerkung 42

„Die Erinnerung verschwimmt." - Gebastelte Wahrheiten - Das Schuldkonto der SS - Von der Lebensborn e.V. bis zur KZ-Wachtruppe - Von der Polizei zur SS - Die Heinkel-Werke - Holzspielzeug für den Krieg - Wandelnde Skelette - Keine Hilfe vom Pfarrer - Unter falschem Namen - Hilfe und Verrat durch die Bibelforscher - Was fühlt ein SS-Mann? - Schweigen, nur schweigen - Predigtverbot am Sarg des Vaters - Das 'Vater unser' an der Urne der Mutter - „Wer frei ist von Sünde..."

Der SS-Mann von Mannheim: Der Lehrer und die alten Germanen - Die gefallenen Schulkameraden - Freiwillig zur Waffen-SS - Der erste Drill, die erste Verwundung - Ab in die Ukraine - Butter gegen Nähgarn - Im Lazarett von Paris - Die Makronentorte - Besuch der Eltern - Den Führerbefehl verweigert - Unternehmen Zitadelle - Die Panzergranate zwischen den Beinen - Gebrüllt vor Schmerzen - Tomaten nur mit Zucker - Von den eigenen Stukkas bombadiert - Rotwein vom Priester - Preßluft-Granaten - Der Russe oder ich - Im Viehwaggon Richtung Berlin - Remer und das Attentat auf Hitler - 'Wir werden den Russen die Schwänze abschneiden!' - Brot und Zigaretten - Eine Dose Schoka-Cola - Die Goldfasanen - Abgemagert - Von der Waffen-SS in die Fremdenlegion - Wieder in Mannheim - Geschäfte mit den Amis - Die offene Ferse - 3,50 Mark für die Entnazifizierung - Eine Tasche voll Eier

Kleine Chronik zur Verfolgung der Juden, Zigeuner und Zeugen Jehovas

Seite 293

Badeverbot für Juden - Verbrannte Wachtturm-Literatur - Die 'Ritualmord-Nummer' für 30 Pfennige - Das Schlachten nichtjüdischer Kinder - Die Nürnberger Gesetze - 'Schutzhaft' für 'Rassenschänder' - Exekution nach Belieben - „Arbeitszeit 10 Stunden täglich." - Zum Umgang mit Kriegsgefangenen - Die Homosexuellen in den KZ - Die Bekämpfung der 'Zigeunerplage' - Im KZ hinter Stacheldraht - Die Vorbereitung des Pogroms - Die Reichskristallnacht - Kraftfahrverbot für Juden - Ohne Telefon, ohne Radio, ohne Zeitung - Israel und Sara - Die doppelte Fleisch- und Wurstration - Schweinefleisch für Judenläden - Die Hinrichtung des ersten Kriegsdienstverweigererers - Ein SS-Obersturmführer und Arbeitskräfte aus dem Lager - Die Bibelforscher als Kommunisten und Staatsfeinde - Wohin mit toten Juden? - Das Generalgouvernement - 'Jud Süß' und 'Der große Diktator' - Die Endlösung der Judenfrage und der Davidstern - Versuchsvergasungen in Auschwitz - Exekutionen als 'Geheime Reichssache' - Busse mit Vergasungsmechanismen - Die Wannsee-Konferenz - Ein Pelzmuff - Deportation: Die Kosten trägt der 'Fahrgast' - Kloputzer - Kindertransporte - Massenvergasungen - Juden raus aus Berlin - Die Zigeunerfrage: gelöst - Die 'Fabrik-Aktion' - Der Protest arischer Frauen - Jüdische Häftlinge zurück ins judenfreie Reich - Aufstand im Warschauer Ghetto - Ritters Rassegutachten - Der Glaube

Kann sich irgend jemand ernsthaft vorstellen, daß Jesus seinen Feinden Handgranaten entgegenschleudert, ein Maschinengewehr benutzt, einen Flammenwerfer bedient, Atombomben abwirft oder eine Interkontinentalrakete einsetzt, die Tausende von Müttern und Kindern töten oder zu Krüppeln machen würden?
Wenn Jesus dies nicht tun und gleichzeitig seinem Wesen treu sein könnte, wie können wir es dann tun und uns ihm gegenüber als treu erweisen?

Reo M. Christenson, Professor für Politikwissenschaft in der Zeitschrift 'The Christian Century' auf die Frage, ob sich ein Christ am Krieg beteiligen kann.

Die Nacht ist düster. Auf den Zungen der Gefangenen liegt der Geschmack verbrannten Fleisches. Menschenfleisch. In den Krematorien wird rund um die Uhr gearbeitet. Unzählige Leichen türmen sich meterhoch auf. Dunkle Wolken quellen aus den Öfen. Die Asche der Unglücklichen verteilt der Wind über das Lager. Kalter, feuchter Nebel hängt in Fetzen schwer zwischen den Baracken. Die Lichter einer Lok schneiden sich durchs Dunkel. Dutzende Viehwaggons im Schlepptau. Neue Opfer. Tausende. Und wieder Tausende. Für die Krematorien.*1) Dort verrichtet Nummer 69733 in aller Stille seine Arbeit. Auf seinem Buckel trägt er einen alten Mann. Wie ein Stück Holz. Arme und Beine baumeln mit jedem Schritt, schlagen gegen seine Hüfte.

Wankend geht es an den Leichenbergen vorbei zum Ofen. Die eiserne Tür steht offen. Überall Ruß und Asche. Verkohlte Knochen; Zähne; verschmorte Eingeweide. Nummer 69733 läßt den Alten von seinen Schultern in den Staub gleiten. Die Haut spannt sich eng über das Gerippe.

Die Augen liegen tief in den Höhlen. Einen Blick nur noch. Nur einen Blick in die Augen seines Vaters. Erloschen alle Funken des Lebens. Nur einen Blick noch. Einen Augenblick, um Abschied zu nehmen. Bevor die Flammen diese Augen, diesen Leib verschlingen...

Nummer 69733 ist Max Liebster. Wo die Asche seines Vaters hinkam, weiß er bis heute nicht. Vielleicht ist sie in Bickenbach begraben. Vielleicht mit Reisigbesen aus dem Lager gekehrt.

Als ich den Film Schindler's Liste sehe, erschrecke ich über die Erkenntnis, daß uns die Zeitzeugen wegsterben. Ich habe nie einen kennengelernt. Sechs Millionen Juden hat man umgebracht*2). Das ist eine Zahl. Aber einer, der überlebte, das ist ein Schicksal. Ich wünsche mir, einem solchen Menschen zu begegnen. Drei Tage später fällt mir dieses Glück zu. Zu-Fall ist immer etwas Gewolltes. Es ist der 24. Mai 1997. Als Journalist bin ich in die Weinheimer Stadthalle geladen*Bild 2). Die Zeugen Jehovas sind der Aufforderung von Bundespräsident Roman

Herzog nachgekommen, anläßlich des Gedenkens an den 50. Jahrestag der Befreiung des Konzentrationslagers Auschwitz sich der Opfer zu erinnern. Die Veranstaltung dokumentiert die Verfolgung der Zeugen unter dem NS-Regime.

„Allen Opfern haben wir Ehre zu erweisen", sagt Weinheims Oberbürgermeister Uwe Kleefoot. Und er spricht mutig Worte aus, die nachdenklich stimmen: „Ich vermag heute nicht zu sagen, auf welcher Seite ich damals gestanden hätte. Hätte ich zu den Tätern oder den Opfern gehört? Hätte ich Widerstand geleistet, oder wäre ich Mitläufer gewesen? Es ist aus der heutigen Situation schwer zu wissen, wie man sich damals unter völlig anderen Voraussetzungen entschieden hätte."

Im nachhinein ist es immer leicht, mit Fingern auf andere zu zeigen; sie an den Pranger zu stellen für ihr Fehlverhalten. Max Liebster, in Reichenbach im Odenwald geboren, könnte es tun. Doch er hat vergeben. Die Nummer 69733 ist ein schmächtiger Mann mit lebendigen Augen und schlohweißem Haar. Klar, kurz und sachlich erzählt er in der überfüllten Stadthalle, was er als Jude in den Konzentrationslagern erlebte, wie er Christ wurde und zu den Zeugen Jehovas kam. Die Menge schweigt betroffen. Viele haben mit den Tränen zu kämpfen. Seine Erlebnisse sind in Amerika dokumentiert und verifiziert. Nicht aber in Deutschland. Als ich ihm die Hand drücke, stockt mir der Atem. Ich berühre lebendige Geschichte. Und ich danke Gott dafür. Zum ersten Mal *sehe* ich eine KZ-Nummer auf dem Unterarm eines Menschen. Unsägliches Leid ist mit fünf Ziffern tätowiert.

Max Liebster ist bereit, für den Hörfunk und für unser Magazin*3) seine Geschichte dokumentieren zu lassen. Für den 82jährigen Mann und für seine liebevolle Gattin Simone eine enorme körperliche, geistige und vor allem emotionale Belastung, denn am nächsten Tag sitzen wir mehrere Stunden zusammen. Ich will jedes Detail wissen; die ganze Geschichte, auch, wenn es mir die Kehle zuschnürt. Ich lausche gebannt, als er zu erzählen beginnt: „Ich bin der Liebster, Max; geboren in Reichenbach…“

„Ich hatte Mitleid mit den Nazis.“

„Ich bin der Liebster, Max; geboren in Reichenbach im hessischen Odenwald am 15. Februar 1915, während des ersten Weltkriegs“, beginnt Max Liebster seine tragische Geschichte. Er ist einer der wenigen Überlebenden des Holocaust. Ein Buch hat dem Juden das Leben gerettet: Die Bibel...

Sein Vater war in Österreich zur Welt gekommen, war einberufen worden, hatte für Deutschland im ersten Weltkrieg an der Front gekämpft. Gedankt hat es ihm das Vaterland, indem man ihn im KZ Sachsenhausen verbrannte.*4)

„Eigentlich hat mein Vater nicht damit gerechnet, aus dem Krieg heimzukehren“, erinnert sich Liebster. „Doch er kam zurück, und die Familie zog nach Reichenbach, wo wir in der Nibelungenstraße lebten. Mein Vater war Schuhmacher, und zur Volksschule*5) hatte ich es nicht weit - gerade über die Straße. In der Pause, wenn meine Kameraden im Schulhof spielten, bin ich schnell zum Vater rüber und hab' mir ein Marmeladenbrot geholt. Wir hatten Kirschen im Garten, Erdbeeren, Johannisbeeren und auch Gemüse.“

Das Lebensmittelgeschäft Heltmann ließ die Liebsters anschreiben. Geld hatten sie nicht viel. Der Beruf des Schuhmachers war ehrwürdig, aber nicht einträglich.*6) „Immer, wenn ein Paar Schuhe bezahlt wurde, nahm meine Mutter das Geld und rannte gleich zu Heltmanns, um die Schulden zu begleichen“, sagt Liebster. „Ich bin groß geworden in einer ganz normalen Familie, die hart arbeitete und ein ganz gewöhnliches Leben führte. Über

den Garten und eine kleine Landwirtschaft haben wir Obst und Gemüse geerntet. Der Keller, das weiß ich noch, wurde im Herbst mit Äpfeln gefüllt, von denen wir den Winter über aßen. Mein Vater hat die Äpfel immer für uns geschält, und genauso mache ich es heute noch für meine Frau und für mich."
Max Liebster hatte zwei ältere Schwestern. Beide heirateten und wanderten 1937 in die Vereinigten Staaten, bzw. nach Argentinien aus. Gerade noch rechtzeitig. Sie entgingen der Vernichtung.*7)

Schwierigkeiten wegen der jüdischen Herkunft hatte die Schuhmacherfamilie in Reichenbach (heute in Lautertal eingemeindet) nie. Sie war angesehen, hatte Freunde und betete an den jüdischen Feiertagen in der Reichenbacher Synagoge. In der Schule gab es nie Probleme, weder mit den Lehrern, noch mit den Mitschülern. „Einer meiner Spielkameraden war der Sohn eines Fabrikanten aus Lautern", erzählt Liebster. „Die Familie war katholisch. Sie hat mich oft eingeladen und wie einen lieben Freund behandelt. Daß ich Jude war, spielte keine Rolle. Wir waren irgendwie alle Menschen."

1929 kam Max Liebster in die Lehre. Ein Bekleidungsgeschäft in Viernheim nahm den 14jährigen Buben. Dort lernte er Dekoration und Buchführung. Jugendarbeitsschutz wie heutzutage gab es nicht. An den Wochenenden mußte die Kundschaft bedient werden. Darunter waren viele Leute, die einen neuen Anzug mühsam vom kärglichen Verdienst abstottern mußten. „Die haben dann wöchentlich fünf oder zehn Mark bezahlt", sagt Liebster. „Wer nicht kam, um pünktlich zu bezahlen, den mußte ich sonntags mit dem Fahrrad aufsuchen, um das Geld zu

holen. Ich war beschäftigt von morgens früh bis abends spät." *8)
Max Liebster wuchs heran und entdeckte seine Liebe zum Tanzen. Besonders der Wiener Walzer hatte es ihm angetan. „Mir ging das Herz auf bei dieser Musik", erinnert er sich. „Ich fühlte mich wie im siebten Himmel. Es war ein wunderbarer Ausgleich zur Arbeit. Man ist in einer anderen Welt."

Kein Zutritt für Hunde und Juden...

Dann kam das Jahr 1934. Hitlers Propaganda gegen die Juden fruchtete. An den Tanzsälen stand geschrieben: 'Juden kein Zutritt'. Ausgehverbot. Auch das Kino war tabu. Dasselbe galt für Gartenanlagen: 'Kein Zutritt für Hunde und Juden'.

Die Zeitungen und der Rundfunk vermittelten ein wüstes Bild von der angeblichen Plage.*9) Aus dem Osten sei die Brut eingewandert, arm, das bißchen Hab und Gut in Säcken auf dem Rücken tragend. Und heute alle kleine Rothschilds; Bankiers und vor Reichtum stinkende Händler, die dem deutschen Volk das Geld aus der Tasche gezogen hätten.*10)

Der gepredigte Haß fand einen Höhepunkt in der Reichspogromnacht vom 9. auf den 10. November 1938 *11), auch als Reichskristallnacht*12) bekannt (eine von den Nationalsozialisten vermutlich im Hinblick auf die zahllosen zertrümmerten Fensterscheiben geprägte Bezeichnung). Auf Initiative von Reichspropagandaminister Joseph Goebbels veranstalteten NSDAP-Mitglieder*13) und die SA*14) eine Jagd auf alles, was jüdisch war. Bei den angeblich spontanen Kundgebungen wurden 91 Juden, meist Geschäftsleute, ermordet, fast alle Synagogen sowie 171 Wohnhäuser zerstört und über 7.000 jüdische Geschäfte geplündert und verwüstet.

Anlaß für diese Barbarei war das Attentat auf den Legationssekretär der deutschen Botschaft in Paris, Ernst Eduard vom Rath, durch Herschel Grynzspan am 7. November 1938 gewesen. Der 17jährige Jude erschoß vom Rath in der Annahme, den deutschen Botschafter vor sich zu haben. Vor der französischen Kripo gab er später an, aus Rache für die Behandlung seiner Eltern durch deutsche Behörden gehandelt zu haben.*15) Der NS-Führung diente diese Tat als Vorwand für den Versuch, die jüdischen Mitbürger durch massive Gewaltmaßnahmen zur Emigration zu bewegen. Auf Befehl Hitlers wurden rund 35.000 Juden zusammengetrieben und vorübergehend in Konzentrationslager gebracht.
Allein 10.000 kamen nach Buchenwald, Dachau und Sachsenhausen. Um einem schrecklichen Schicksal zu entgehen, konnten sie sich auf Anweisung von Generalfeldmarschall (und ab 1940 Reichsmarschall) Hermann Göring mit hohen Summen freikaufen.

Ein noch größeres Geschäft machte Göring mit der Schadensersatzzahlung nach dem Pogrom. Nachdem sich vielfach herausgestellt hatte, daß die betroffenen Geschäfte*16) in deutschem Besitz waren und von Juden nur als Pächter oder Mieter betrieben wurden, mußten alle Juden im Reich gemeinsam eine Milliarde Reichsmark aufbringen, um den Schaden zu bezahlen.*17)

Auch das jüdische Kleidergeschäft der Oppenheimers in Viernheim*18), dort, wo Max Liebster arbeitete, kam nicht ungeschoren davon. „Die Fenster wurden eingeschlagen und über die Hälfte weggestohlen“, erzählt Liebster. „Immerhin haben wir von der Bürgermeisterei einen Teil ersetzt bekommen.“

Max Liebster, die Oppenheimers (übrigens Verwandte von ihm) und andere Juden hielten sich über eine Woche hinter Weinheim im Wald versteckt. Als sie sich wieder in die Gemeinden wagten, merkten sie schnell, wie ernst die Lage war. Die Familie Oppenheimer wanderte zu Verwandten nach Amerika aus. Max Liebster flüchtete zu Bekannten nach Pforzheim.

Mit Ausbruch des Weltkrieges im September 1939 wurden sie alle durch die SS*19) verhaftet, die Familie auseinandergerissen. Vier Monate vegetierte er im Stadtgefängnis vor sich hin, in einer dunklen schmutzigen Zelle, gerade vier auf drei Meter.*20) Während die meisten Inhaftierten sich einmal täglich im Hof bewegen durften, blieb die Zellentür des Juden Max Liebster verschlossen. Luft bekam er durch einen schmalen Schlitz, und um sich halbwegs fit zu halten, trieb er auf dem rauhen Boden Gymnastik. Neben der Zellentür befand sich, ähnlich einem Sautrog gearbeitet, eine Öffnung in der Wand. Wenn er den Deckel hochklappte, konnte er sein Geschäft verrichten, indem er sich an das Loch stellte. Der Kot fiel nach draußen in einen Kübel. Häftlinge sammelten diese Kübel jeden morgen ein und säuberten sie. Durch eine Klappe in der Tür wurde das Essen hineingereicht. Häftlingskleider wie später in den Konzentrationslagern (aus Sackstoff, gestreift und im Winter etwas dicker) gab es nicht. Man hatte nur die eigenen Kleider, die einmal wöchentlich gewaschen wurden. „Beim Reinigen der Kübel habe ich nie einen anderen Häftling zu Gesicht bekommen, und ich habe nie mit einem Wächter gesprochen. Es gab nie ein Gespräch, nie eine Unterhaltung. Man ist in diesem Zustand kein normaler Mensch mehr, man ist nur eine Maschine, die funktioniert, die brutalisiert wird. In diesen Wochen fragte ich mich, warum wir eingesperrt sind, warum Hitler die Juden umbringen will, warum sich Menschen gegenseitig töten, wenn es doch einen Gott gibt, der sagt: 'Du sollst nicht töten', und die Bibel lehrt: 'Du sollst Deinen Nächsten lieben wie Dich selbst'. Und warum mein Vater leiden muß, der für Deutschland an der Front in Rußland kämpfte, gegen russische Juden; warum gehorcht der Mensch nicht seinem Schöpfer. Ich fand keine Antwort."

Nach Sachsenhausen...

Im Januar 1940 öffnete ein SS-Mann die Zelle, legte Max Liebster in Ketten und brachte ihn nach Karlsruhe in einen Gefangenenzug mit 900 Menschen, dessen Bestimmungsort Sachsenhausen/Oranienburg war. Der SS-Mann suchte lange, bis er in den überfüllten Waggons endlich einen Platz für seinen 'Schützling' fand. „Mit einem Tritt stieß er mich auf den Platz", sagt Liebster, „und dann schrie er: Du Stinkjude wirst niemals lebendig aus dem KZ*21) zurückkommen!"

Liebster hatte Todesangst. Jede Hoffnung war dahin. Sie würden ihn umbringen. Kein Zweifel. Da fiel sein Blick auf einen älteren Mann, der keine Angst in den Augen

hatte, der Friede und Freude im Herzen trug, trotz des Elends um ihn herum. „Er war ein Zeuge Jehovas, und er erzählte mir, daß seine Frau in Ravensbrück*22) ermordet worden sei, seine fünf Kinder in Erziehungsheime gekommen. Aber er war voll innerer Freude. Weil er nicht 'Heil Hitler' gesagt hatte, nicht in den Krieg ziehen wollte, sondern standhaft war. Für mich war das ein Wunder, daß es Menschen auf deutscher Erde gab, die 'nein' sagten zu Hitler, nicht ihr Heil in einem Menschen suchten, sondern in Gott, und die es ablehnten, Menschen umzubringen."
Hitler, der nach 1933 keine Kirchensteuern zahlte, obwohl er niemals aus der Katholischen Kirche austrat und der auf seine Veranlassung hin am 15. März 1935 als Steuerzahler aus den Unterlagen des Münchener Finanzamtes verschwand, war nicht für jeden Deutschen das Maß aller Dinge.*23) Allerdings liest man in Schulbüchern wenig oder nichts von den wahren Widerstandskämpfern, die oft einfache Menschen aus dem Volk waren. So lebte in Berlin eine Frau namens Emmy Zehden. 1944 wurde sie in Plötzensee enthauptet, weil sie drei Jugendliche bei sich versteckt hatte, die den Kriegsdienst verweigern wollten. Zwei Jungs wurden enthauptet, der dritte entkam der Hinrichtung. Die Berliner Behörden entschlossen sich 1992, das vorbildliche Handeln dieser Frau in die Erinnerung zurückzurufen, indem sie eine Straße nach ihr benannten...

Für den Sieg...

Der Transport war lange unterwegs, gut drei Wochen, denn die Räder rollten für den Sieg, wie es an allen Zügen, an allen Lastwagen geschrieben stand. Die Gleise und Straßen mußten dem Krieg Vorrang einräumen. Gefangene durften nur befördert werden, wenn sich zwischen den Militärtransporten eine Gelegenheit bot.

Liebster und die anderen Gefangenen wurden in einem Frankfurter Gefängnis wie Tiere in Käfigen zwischengelagert, von fauligen Tomaten verschmiert, mit denen die Bevölkerung sie unter Schmährufen beworfen hatte, als sie vom Bahnhof in Ketten gelegt ins Gefängnis gebracht worden waren. Die Käfige waren aus Stahl; drei, vier Meter lang, zweieinhalb Meter breit und jeweils für eine Person. Das Bett, eine Art Pritsche mit dünner Matratze, nicht breiter als ein Tisch, war an die Gitterstäbe geschnallt. Für den stinkenden Unrat gab es einen Kübel, die Gefangene sammeln und reinigen mußten. Pro Raum schob man dreißig, vierzig Käfige zusammen.

Durch die Gitterstäbe unterhielt man sich. Der Jude Max Liebster diskutierte mit Zeugen Jehovas, die im Dritten Reich ebenfalls der Vernichtung preisgegeben waren, über Gottes Wort...

Weiter! In den Zug gepfercht. Nach Sachsenhausen. Kalt war es im Januar 1940. Manch einem froren Nase und Ohren, Finger und Zehen ab. Man wärmte sich mit eigenem Urin. SS-Männer standen bei der Ankunft am Bahnhof und fragten jeden Gefangenen, warum er ins

KZ müsse. Liebster: „Der eine war Kommunist, der andere war homosexuell; wieder ein anderer war Schwerverbrecher. Die Fragerei machte Sinn. Die einzelnen Gruppen wurden durch an ihre Kleidung angenähte Winkel unterschieden. So bekamen Kommunisten einen roten und Homosexuelle einen rosa Winkel. Zigeuner und die, die nicht arbeiten wollten, erhielten einen schwarzen Winkel." *24)

Ältere Juden, kranke Juden oder Invaliden wurden oft mit Spritzen getötet, noch bevor sie irgendein KZ erreichten. Max Liebsters Tante kam nach Darmstadt in ein Altersheim und wurde dort umgebracht. Es wurde überhaupt alles aus dem Weg geräumt, was nicht der Nazi-Ideologie entsprach, darunter auch sogenannte 'Untermenschen' wie russische Soldaten. Max Liebster hat es mit ansehen müssen, wie sie in Neuengamme bei Hamburg zu Tode gequält, auf Lastwagen geladen und verbrannt wurden. Ihre Asche legte sich auf die Baracken, auf die Autos, Straßen und Wege, wurde zertreten durch die Lebenden, die die nächsten Leichen aufluden.

Max Liebster war in Sachsenhausen einer von 60.000 Gefangenen.*25) Soweit sich Grausamkeit überhaupt steigern läßt, fiel ihm auf, daß die Zeugen Jehovas in dieser makaberen Hitliste Platz eins innehatten. Sie standen, wie er berichtet, noch weit unter den Juden, waren in einem vom übrigen Lager abgetrennten Bezirk untergebracht, mit elektrischen Zäunen und Stacheldraht vom Rest der Gefangenen abgeschirmt (so verfuhr man auch in Ravensbrück; in Auschwitz gab es für die Zeugen keine eigenen Baracken). Wer mit ihnen sprach und dabei erwischt wurde, erhielt 25 Stockhiebe, wie sie den meisten der gut 400 Zeugen als 'Begrüßung' verabreicht wurden. „Diese Christen wurden naß gemacht, dann ließ man sie die ganze Nacht über nackt in der eisigen Kälte stehen“, erinnert sich Liebster. „Sie froren bei Minustemperaturen von zehn, fünfzehn Grad zwischen den Baracken. Jeder Dritte starb. Wer nicht stehenblieb, sondern versucht hatte auszureißen oder sich zu legen, wurde vor allen Leuten sofort aufgehängt. Bei uns Juden wurde Strafsport eingeführt, um uns zu schwächen. Wir sollten durch körperliche Schwäche sterben, weil man die Munition beim Erschießen sparen wollte. Die Hände im Rücken mußten wir hopsen; hopsen und wieder hopsen. Sachsengruß nannte man das. Stundenlang hocken in den Knien, die Hände im Genick und hopsen. Und wer nicht mehr hopsen konnte, mußte sich in der Menschenasche rollen. Und wer keine Kraft mehr zum Rollen hatte, dessen Kopf wurde von einem SS-Mann solange in die Asche gedrückt, bis er erstickt war.“

In Sachsenhausen*Bild 3) war nicht genug Platz für all die Untermenschen, die täglich in Viehzügen eintrafen. Platz schaffte man durch Vernichtung. Platz aber wollte einfach nicht entstehen. Es kamen immer neue Menschen. In den Schlafsälen lagen Strohsäcke in vier, fünf Reihen, dazwischen ein Gang zum Heraustreten. Jeder Sack war für einen Menschen gedacht. Tatsächlich teilten sich vier und fünf Personen einen Sack.

„Wenn wir morgens aufgewacht sind, lag nebendran immer irgendwo ein Toter“, sagt Liebster. „Beim Appell mußten wir auf die eine Seite die Toten legen. Gegenüber stellten sich die Lebenden auf. Jeden Tag wurde gezählt, wie viele noch übrig waren.“

Die meisten Menschen brachen an Körper und Geist. Die hygienischen und sozialen Zustände waren eine Katastrophe. Zu essen gab es meist Steckrübensuppe. Wer Glück hatte, fand darin hin und wieder ein Kartoffelstück. Liebster: „Wir holten die Suppe in 50-Liter-Kesseln von der Küche. Dazu gab es morgens und abends je ein Stück Brot. Manchmal war ein Stückchen Käse dabei oder ein Streifen Wurst. Am Eingang bekam man seine Ration und aß sie auf dem Strohsack." Bis zu 25 Kilogramm nahm ein Häftling im ersten Monat ab.

In der Regel wurden die Säcke den Tag über im hinteren Teil der Säle gestapelt, drei, vier Meter hoch. Einige Säcke lagen abseits, dort siechten die Sterbenden und Kranken dahin. „Eines Tages sprach mich der Blockälteste an", erzählt Liebster die furchtbarste Szene seiner Leidensgeschichte. „Er habe von einem anderen Liebster gehört, vier, fünf Baracken weiter. Abends machte ich mich auf, um mich zu erkundigen. In einer Ecke hinter Strohsäcken lag ein Mann im Sterben. Es war mein Vater. Er hatte gerade gebetet. Als er mich erkannte, legte er seine Hände auf meinen Kopf und segnete mich mit den Worten aus dem 5. Buch Mose, 6: 4: „Höre, Israel: Der HERR ist unser Gott, der HERR allein! Und du sollst den HERRN, deinen Gott, lieben, mit deinem ganzen Herzen und mit deiner ganzen Seele und mit deiner ganzen Kraft." Da trat der Blockälteste zu uns und sagte: 'Du kannst dem da noch die Ehre geben. Bring' ihn zum Krematorium'. Das war auf der anderen Seite vom Lager. Ich hab' meinen Vater auf meinen Buckel genommen; wie ein Stück Holz; die Glieder baumelten hinten und vorn herunter, und so hab' ich ihn ins Krematorium gebracht. Dort lagen Berge von Toten, die darauf warteten, verbrannt zu werden."

Acht Familienangehörige von Max Liebster ließen in den Lagern ihr Leben.

Menschenasche...

In den Anfangszeiten machte sich die KZ-Verwaltung noch die Mühe, die Asche der Ermordeten an die Familien zurückzuschicken. Man beerdigte sie auf den jüdischen Friedhöfen, wie wir sie in Viernheim, Birkenau, Hemsbach und Reichenbach finden. Doch schon bald unterzog man sich derart verwaltungstechnischen Mühen nicht mehr. Es waren auch zu viele Menschen, die verbrannt wurden, und die Asche vermischte sich, wurde über die Öfen hinaus aufs Land verweht. Liebster nahm an, daß auch seiner Mutter solch ein Schicksal widerfahren war. Erst viel später erfuhr er, daß es ihr gelungen war, nach Argentinien zu seiner Schwester zu fliehen.

Max Liebster weiß bis zum jetzigen Zeitpunkt nicht, ob die Asche seines Vaters im KZ verstreut oder ob sie in die Heimat überführt wurde. Er hat seine Mutter nie darauf angesprochen. Man kann in Bickenbach nachforschen, ob dort ein Bernhard Liebster begraben ist. Das Reichenbacher Heimatbuch führt sein Todesdatum auf. Max Liebster selbst dürstet nicht nach dieser Erkenntnis. Im Vertrauen auf Gott weiß er, daß er seinen Vater eines Tages wiedersehen wird.

Ein Jahr später wurden 30 junge Juden aneinandergekettet auf einen Zug geladen und nach Neuengamme gebracht. Max Liebster war einer von ihnen. Auch hier

herrschte akuter Platzmangel. Nur bei den Zeugen Jehovas gab es eine Möglichkeit, die 'Stinkjuden', wie man sie immer wieder rief, unterzubringen. „In der Baracke lebten 120 Zeugen", sagt Liebster. „Sie mußten täglich Schilfrohr schneiden. Drei Betten waren übereinander frei. Wenn wir nachts zusammenlagen, sprachen mein Bettnachbar Ernst Wauer und ich über Gott, die Bibel, und ich erfuhr, daß Jesus Christus der wahre Messias ist."
In Neuengamme zog ein Zeuge Jehovas für die SS in einem Stall Hasen auf. Alle Abfälle der Küche wurden für die Hasen aufgehoben. Als einmal auf dem Weg zum Stall ein paar Kartoffelschalen vom Wagen fielen, stürzte sich gleich ein Dutzend Gefangener darauf. Manchmal öffnete der Bibelforscher den Stall und ließ Max Liebster hinein, der sich ein paar Reste zusammenklaute. Er aß, wenn andere ihn nicht sahen, um nicht verpfiffen zu werden.*26) Anders als in Sachsenhausen, wo man auf Strohsäcken schlief, gab es in Neuengamme Betten: „Die mußten ganz glatt gestrichen sein, und die Kopfkissen mußten eine eckige Form haben. Wenn es da etwas zu beanstanden gab, bekamen wir nichts zu essen. Das galt auch, wenn ein SS-Mann Staub entdeckte. Mit einem weißen Handschuh fuhr er in alle Ecken und über die Ränder der Fenster. Wenn die Finger dreckig waren, mußten alle hungern."
1944 gab es 20 Konzentrationslager mit 165 Arbeitslagern, als man begann, alle Überlebenden nach Auschwitz zu verlegen. Die Endlösung stand bevor. Das Lager war dafür bestens präpariert.*27) Max Liebster tätowierte man bei seiner Ankunft die Nummer 69733 auf den Unterarm. Und nur die Juden erhielten eine Nummer, denn sie wa-

ren hier, um mit deutscher Gründlichkeit vernichtet zu werden. Die SS-Männer standen Spalier, und die Juden mußten nackt an ihnen vorbeilaufen. Ältere, die Kinder und die kranken Menschen wurden ausgemustert. Der Rest, der noch etwas bei Kräften war, kam in eines der 30 Arbeitslager, die um Auschwitz gruppiert waren. Über alles wurde akribisch Buch geführt. Unter die Nummer kamen Name, Alter, Geburtsort...
Max Liebster teilte man einer Gruppe im Lager Buna zu, die, wie er erzählt, für die IG Farben eine Fabrik aufbauen sollte: „Die hatten den künstlichen Gummi erfunden für Reifen und andere Produkte. Die sollten in dieser Fabrik hergestellt werden. Auf großen Waggons wurden Stahlträger herbeigeschafft, die wir mit Hilfe von Holzrollen, Seilen und mit unseren Händen abluden. Ein Kran zog die Stahlträger hoch. An einem hing ich, mit einer Hand angeklammert, in der anderen einen Sack voller Nägel; 18 Meter über der Erde, ohne jeden Schutz, mußte ich Montagearbeiten verrichten. Wir mußten arbeiten bei jedem Wetter, ganz gleich, ob es regnete oder wie kalt es war. Eines Tages erkältete ich mich und bekam Durchfall. Meine Hose war ganz naß. Toiletten gab es nicht, nur Baumstämme, auf denen 20, 30 von uns gleichzeitig hockten und in ein Loch machten, das dahinter in die Erde gegraben war. Papier zum Säubern gab es nicht. Ein SS-Mann war aus Mannheim gewesen. Er hatte mich am Viernheimer Akzent als einen erkannt, der aus seiner Heimat kam. Er unterhielt sich mit mir ab und zu, und wie er mich in meinem Elend sah, hatte er plötzlich Mitleid. Er sagte: Max, Du kommst morgen früh in mein Büro. Und dann teilte er mich für die Caféteria des Militärs ein, um die Tische zu reinigen und das Essen zu

verteilen. Das rettete mir das Leben. Ich hätte nämlich am nächsten Tag in die Gaskammer geschickt werden sollen. Durch die Reste, die ich hier aß, kam ich wieder zu Kräften. Dieser Mann sagte zu mir, er fühle sich wie ein Schnellzug, der mit 180 Kilometern den Berg hinunterfährt. Wenn er abspringt, wird er tot sein, wenn er weitermacht, die anderen Menschen umzubringen, wird er auch tot sein. Er hat keine Hoffnung gehabt, wieder lebendig aus allem herauszukommen. So hat er gefühlt, daß das ganze System nicht gerecht ist."

Ein SS-Mann zeigte ihm eines Tages Fotos von den schönsten Jüdinnen, um Max Liebster zu demonstrieren, was sie für ein herrliches Leben führten. Die Frauen mußten nackt an den deutschen Soldaten vorbeilaufen, immer wieder. Die Männer vergnügten sich mit ihnen, hatten Champagner und Schnaps im Überfluß und wenn sie ihrer überdrüssig waren, wurden sie vernichtet und durch andere ersetzt. An Weihnachten feierten die SS-Männer mit ihren Familien und Priestern unterm Weihnachtsbaum, sangen 'Stille Nacht, heilige Nacht', beteten. Zwischendurch traten sie in die Kälte des Lagers hinaus. Es krachten Schüsse. Lachen. Dann kamen sie mit blutverschmierten Gesichtern zurück unter den Tannenbaum. Nur eben mal die Pflicht erfüllt. Und jetzt wieder 'Stille Nacht, heilige Nacht'. Ein Handtuch noch, um Blut und Hirn vom Gesicht zu wischen. Zu den Geschenken für die eigene Frau gehörten bisweilen Geldbeutel aus den Brüsten von Jüdinnen gemacht.

Jeden Morgen wurden Juden, die sich fast zu Tode geschuftet hatten, auf Lastwagen geladen. Die atmenden Überreste menschlichen Daseins galt es zu entsorgen. In der Gaskammer. „Wir hörten", sagt Liebster, „daß unsere

Peiniger fähig waren, 4.000 Juden pro Stunde umzubringen - Kinder, Frauen, Männer. Alles, was nicht arbeitsfähig war, wurde vergast. Und auf der Zunge hatten wir den Geschmack verbrannten Fleisches."

Gefangener 69733...

'Gefangener 69733 und Neun' - so mußte sich Max Liebster an- und abmelden. Die Zusatzzahl stand für neun Mann, die unter seiner Aufsicht in der Caféteria Dienst verrichteten und für die er geradestehen mußte. Wäre nur einer der Kameraden weggelaufen, hätte das den sofortigen Tod des Reichenbachers bedeutet. Jede Nummer mußte jeden Tag damit rechnen, Opfer einer Schikane zu werden. Viele Inhaftierte stumpften im Angesicht der Massenhinrichtungen ab; viele beteten aber auch für die Ermordeten, wenn sie an ein Weiterleben nach dem Tod glaubten. „Die Zeugen Jehovas haben, anders als die Juden, nicht für die Toten gebetet", erinnert sich Liebster. „In der Bibel steht 800mal, daß die Toten gar nichts wissen. Die Seele stirbt, sagt die Bibel in Hesekiel 18, Vers 4. Und wenn ein Mensch stirbt, wird er zu Staub, wie Gott das zu Adam und Eva gesagt hat. Es gibt keine Qualen im Fegefeuer oder in der Hölle. Alle sind sie in ihrem Grab. Jesus sagt im Johannesevangelium: Die Stunde wird kommen, in der alle, die in den Gräbern schlafen, meine Stimme hören und aufwachen."

Die Zeugen Jehovas - früher nannten sie sich Ernste Bibelforscher (die Gemeinschaft hieß Internationale Bibelforscher Vereinigung, IBV*28)) - nehmen in der Vernichtungsmaschinerie des Deutschen Reiches eine Sonderstellung ein. Sie akzeptierten Hitlers gottgleiche Stellung nicht. Sie verweigerten sich aus religiösen Gründen der Politik und dem Kriegsdienst und waren damit automatisch Staatsfeinde*29). Selbst den Hitler-Gruß lehnten sie ab. Die Nazis machten Front gegen sie, indem sie fälschlicherweise behaupteten, die Zeugen seien Kommunisten und Staatsfeinde und hätten sich mit den Juden verbündet, um die Welt zu beherrschen. Dr. Michael Berenbaum vom U.S. Holocaust Memorial Museum in Washington (D.C.), der maßgeblich an Steven Spielbergs Film 'Schindler's Liste' mitgewirkt hat, zollt dieser Haltung Respekt: „Man muß sich einmal vorstellen, wieviel Mut es kostete, anders zu sein", sagt er. „Man kommt in einen Raum und hört die Worte 'Heil Hitler!', und da sagt jemand: 'Guten Morgen!'. Dieses Verhalten zeugt von einzigartiger Zivilcourage."

In Lagerberichten von Aufsehern liest man, daß die Baracken dieser christlichen Gruppe stets sauber gewesen seien; es habe auch keinen Verrat untereinander gegeben. Jeder Zeuge wäre sofort aus dem KZ entlassen worden, hätte er seinem Glauben abgeschworen. Er hätte nur ein entsprechendes Dokument unterschreiben müssen *Bild 4). Doch das sei so gut wie nie geschehen, selbst dann nicht, als man ihnen mitteilte, Freiheit könnten sie sonst nur über den Schornstein erlangen, und ihre Reste würde man zu Seife verarbeiten. Die Standhaftigkeit dieser Christen imponierte Max Liebster. Es war für ihn eine Quelle der Kraft in einem Sumpf aus Intrigen, Schmutz

und Barbarei. Die meisten Häftlinge, das zeigen Studien, verloren bereits nach sechs Wochen alle menschlichen Züge wie Höflichkeit, Hilfsbereitschaft, Nächstenliebe. Essen. Trinken. Überleben. Tieren gleich. Gefangenen, die irgendwo erschöpft oder schwer verletzt liegenblieben, riß man Fleischfetzen vom Leib, um den Hunger zu stillen, bevor die Reste verbrannt wurden. Wer ein Ideal besaß - religiös oder politisch, ganz gleich -, dem gelang es, ein wenig länger Mensch zu sein. Die Tiere aber waren nicht die Eingesperrten, sondern die, die einsperrten.
Es mag müßig sein, darüber zu diskutieren, ob Max Liebster heute ein Moslem wäre, hätte er im KZ den Weg zu einer islamischen Gruppe gefunden, die ihre Religion lebt*30). Müßig zu diskutieren, wonach ein Mensch greift, wenn er Halt, wenn er nach einem Sinn im Leben sucht. Für Max Liebster wurde es das Christentum; Gott und sein Wort, die Bibel und ihre Interpretation durch die Zeugen. „Niemals habe ich die Hand erhoben gegen einen SS-Mann, nie Haß verspürt“, sagt er. „Das war gar nicht möglich nach der Lehre, die ich erfahren habe. Ich sah in meinen Peinigern arme Leute, die verblendet sind und inspiriert vom Bösen. Ich hatte Mitleid mit den Nazis.“
Es gab auch Haß und Ablehnung. Liebsters Schwestern beispielsweise wollten nie wieder etwas mit Deutschland zu tun haben.*31) Von den dreißig jüdischen Familien, die in Reichenbach gelebt hatten (und sofern sie dem Abschlachten entronnen waren), kam keine einzige zurück. Die Art und Weise, mit der die Deutschen damals bestritten, von all den Grausamkeiten etwas gewußt zu haben, muß sie besonders abgeschreckt haben. Es gibt eine Fülle von Dokumenten, die darauf hinweisen, daß

weite Teile des deutschen Volkes sehr wohl um die Metzeleien in den KZ wußten. In Ebensee versuchten 4.000 Russen, sich in die nahen Wälder zu retten. Der Lagerkommandant schlug den Bewohnern des Ortes eine Hasenjagd vor. Ziel: Kein einziger darf überleben. Die Hatz führten die 'braven Leutchen' generalstabsmäßig und wahrhaftig im Blutrausch durch - ganz zur Zufriedenheit des Lagerkommandanten. Kein Russe kam davon.

Max Liebster indes erhielt eines Tages von einem SS-Mann den Auftrag, dessen Fahrrad zur Reparatur in eine nahe Werkstatt zu bringen. „Da ging es leicht den Hügel hinab", erzählt Liebster. „Ich stellte einen Fuß aufs Pedal und rollte den Abhang hinunter. Jemand sah das und sagte dem SS-Mann, ich hätte sein Fahrrad entehrt. Der Mann brüllte mich an: 'Du Stinkjude hast mein Rad verunreinigt. Dafür bekommst du 25 Stockhiebe'. So schnallte man mich auf einen Bock, band Füße und Hände fest. Die ersten zehn Schläge brannten wie Feuer. Dann übermittelten die Nerven immer weniger Reize, bis ich nichts mehr spürte. Der Hintern war ganz zerschlagen und vereiterte. Tagelang lief der Eiter in der Hose herunter. Ich konnte nicht sitzen und nicht liegen. Nur, weil ich einen Fuß auf ein SS-Fahrrad gestellt hatte." *Bild 5)

Buchenwald...

Januar 1945. Befehl: Alle Gefangenen müssen von Auschwitz nach Gleiwitz marschieren. Rund 40 Kilometer. Die Lager um Auschwitz werden geräumt. In eisiger

Kälte, die geschwollenen, blasigen Füße oft mit Lappen umwickelt, stapfen Tausende durch den Schnee. Dahinter die SS mit Maschinengewehren im Anschlag. Wer nicht durchhält, wird erschossen und liegengelassen.
In Gleiwitz wurden die Gefangenen auf offene Kohlenwagen verladen, die mit etwas Stroh ausgelegt waren. Max Liebster mußte für die Soldaten belegte Brote austeilen - für jeden Soldaten war ein Brot mit einem Stück Wurst eingepackt. In einem Sack schleppte er die Brote mit sich. Der SS-Mann aus Mannheim sah, daß ein Brot zuviel war. „'Max', meinte er zu mir, 'laß es verschwinden'", sagt Liebster. „Und da hab' ich das Brot in meiner Hose versteckt und in jeder Nacht ein, zwei Bissen gegessen, um den Transport zu überleben."
Ein Gefangener mußte sich jeden zweiten, dritten Tag mit einer heißen Suppe begnügen, während die Reise über Prag nach Buchenwald*32) ging. Die Exkremente häuften sich. Toiletten gab es nicht, austreten durfte man nicht. Es stank bestialisch. Jeden Morgen wurden die Leichen in einen separaten Waggon geworfen. Und mit jedem Tag starben mehr Menschen. Als der Zug in Buchenwald*33) einrollte, transportierte er mehr Tote als Lebende.
Die Gefangenen wurden in ein kleines Lager gestopft, mit Betten, die aus Brettern notdürftig zusammengenagelt und mit etwas Stroh ausgelegt waren. Zwischen acht und zehn Menschen mußten sich solch ein Bett teilen. Typhus brach aus. Eine ärztliche Versorgung gab es nicht. Eitrige Wunden wusch man mit seinem Urin aus. Fauliges Fleisch riß man sich aus. Die Leute starben wie die Fliegen weg. Auch Max Liebster sah sein Ende gekommen. Doch ein Barackenältester, ein Kommunist aus

Reichenbach im Odenwald, half ihm, in dessen Baracke zu wechseln. Dort gab es, sofern übrig war, beim Essenfassen eine Kelle (drei Viertelliter Suppe) Nachschlag, um sich zu stärken.

Leute wie die Blockältesten und viele, die die Gefangenen verwalteten, waren selbst Inhaftierte. Ihnen stand mehr Nahrung zur Verfügung, und sie hatten Handlungsspielräume, die u.a. erlaubten, einen Juden umzuquartieren. Liebster erholte sich allmählich, mußte aber täglich auf einer Baustelle arbeiten. Er erlebte, wie immer mehr Juden auf Viehwagen verladen wurden. Man brachte sie in die Wälder, wo man sie erschoß. Wenn man mehrere Juden hintereinander stellte, konnte man mit einer Kugel auskommen, die die Schädel nacheinander durchschlug. Beerdigt wurden sie von Juden, die anschließend ihr eigenes Grab aushoben. Der Reichenbacher Kommunist, Jakob Kindinger*34) hieß er, behielt Max Liebster unter vielerlei Vorwänden bei sich. Damit riskierte er selbst sein Leben. Doch schließlich gab es keine Vorwände mehr, nur noch wenige Juden lebten*35), und der Befehl lautete: „Völlige Ausrottung!“ Liebster mußte sich mit den verbliebenen Gefangenen zu den Waggons schleppen, wo man die Unglücklichen mit Fußtritten und Schlägen auf die letzte Reise schickte.

Die Offenbarung...

Nahe den Waggons, am Ende der Gleise, befand sich ein Holzhaufen. Dort hatten Christen ein paar Seiten aus der

Offenbarung Jesu Christi an Johannes versteckt. Diese Seiten ins KZ zu schmuggeln, war nur unter Einsatz des Lebens möglich gewesen, denn die Bibel war in den Lagern streng verboten. Die SS exekutierte jeden, der mit dem Buch erwischt wurde. Bibeln kamen meist nur seitenweise und stark verkleinert in die Lager, u.a. mittels eines Stützgürtels. Der Hunger nämlich verursachte bei vielen Gefangenen eine Magensenkung. Eine üble Geschichte, die die Lagerärzte[*36)] durch einen Gürtel korrigierten, der umgeschnallt wurde. Ein im Gürtel befindlicher Ballon wurde dann aufgepumpt, der den Magen wieder in die richtige Position schob. Unter diesen Gürteln war Platz für Seiten aus der Schrift. Verrat unter denen, die die Bibel lasen, ist nicht bekannt.[*37)] „Es war sicher, daß wir erschossen werden", sagt Liebster. „Deshalb beschlossen ein Freund und ich, das Chaos an den Waggons zu nutzen und uns zu dem Holzhaufen abzusetzen. Wenn ich schon sterben mußte, dann wollte ich zuvor diese Seiten lesen."

Sie schlichen sich unbemerkt hinter den Holzhaufen und begannen, die Schrift zu studieren.[*Bild 6 & 7)] Währenddessen brach die Hölle um sie herum los. Amerikanische Maschinengewehre prasselten ihre Salven auf das Lager. Unzählige Tote. Dann wurden die Tore gestürmt. Liebster: „Die SS ist verschwunden; mein Freund, einige wenige andere Gefangene und ich sind übriggeblieben. An dem Abend war es uns, als wären wir in einem wunderbaren Traum." [*38)]

Ein paar Wochen blieben die Überlebenden im Lager. Sie waren zu schwach, um einen längeren Transport zu überstehen.

Sechs Jahre in fünf verschiedenen Lagern - Max Liebster sah während dieser Zeit nie einen Arzt, der sich um ihn gekümmert hätte. Die Amerikaner, die Buchenwald befreiten, waren die ersten, die ihn pflegten. Sie kochten für die Opfer jeden Tag Reis in Milch, um die Schleimhäute, den Magen und die Därme wieder aufzupeppeln. Liebster litt unter Gelenkrheumatismus und hatte hohes Fieber. Die fürsorgliche Pflege brachte ihn halbwegs wieder auf die Beine. In einer Badewanne*39) ließ er sich taufen.

Der Jude Max Liebster war im KZ Christ geworden. Nach dem Krieg kehrte er zunächst nach Reichenbach zurück. „Eine alte Witwe gab mir ein Zimmer, das war 'In der unteren Hohle', so hieß die Straße", sagt er. „Ich war auch in Viernheim, und der Bürgermeister dort schenkte mir ein Motorrad, ein NSU-Leichtmotorrad, das einem SA-Mann gehört hatte, der bei der Befreiung erschossen worden war. Das Motorrad stand beim Bürgermeister im Hof. Er sagte zu mir, ich habe alles verloren, und es sei mehr als recht, wenn ich der neue Besitzer werde. Leider gab es kein Benzin, um damit zu fahren. Da zeigte ich den Amerikanern meine KZ-Nummer und meinen Ausweis. Sie waren angehalten, den Überlebenden zu helfen, und tatsächlich konnten sie mir Benzin besorgen."

Max Liebster schloß sich den Zeugen Jehovas an, wo er in Brooklyn/New York als Schriftsetzer Arbeit fand. Dort lernte er seine Frau Simone kennen, deren Eltern ebenfalls in den KZ unsägliche Qualen erlitten, aber überlebt hatten. Sie selbst war von der Gestapo verschleppt und in die Wessenbergische Erziehungsanstalt

Konstanz gesteckt worden. Aber das ist eine andere Geschichte*40).
1956 heirateten die beiden in Paris. Max Liebster war damals 35, seine Frau 20 Jahre alt. Heute lebt das Ehepaar in den französischen Alpen.
Seine Schwester Hanna und ihr Mann, ein Jude aus Alzey, kauften sich mit Hilfe einer jüdisch-amerikanischen Organisation in Argentinien Land und bewirtschafteten es. Man schrieb sich nach dem Krieg, doch gesehen hat man sich bis heute nicht, wie Max Liebster auch seine Mutter nie wieder sah. Die ältere Schwester Ida konnte er im Januar 1947 in seine Arme schließen, als er amerikanischen Boden betrat.
Ernst Wauer traf er noch einmal in Kaiserslautern nach dem Krieg, kurz bevor sein ehemaliger Bettnachbar aus Neuengamme 1993 starb.
Das Elternhaus an der Reichenbacher Nibelungenstraße mußte einer Sparkasse weichen. Eine Entschädigung hat es bis heute nicht gegeben.*41)

Anmerkungen

Anmerkung 1

Bei der Suche nach Schuldigen hat man nach dem Krieg um große Unternehmen und ihre Manager einen Bogen gemacht. Ohne finanzielle Unterstützung durch die Industrie aber wäre das NS-Regime undenkbar gewesen. Die Rolle der Versicherungen in diesem Rahmen ist erst 1997 öffentlich gemacht worden, obwohl die entsprechenden Unterlagen im Bundesarchiv Koblenz seit Jahrzehnten frei zugänglich sind und belegen, daß der Zweite Weltkrieg für sie ein profitables Geschäft war. Deutsche Versicherungen eroberten im Gefolge der Wehrmacht und der Waffen-SS beinahe den gesamten europäischen Versicherungsmarkt, indem man in den besetzten Ländern die Bestände der bis dato weltweit führenden britischen Assekuranzen übernahm. Und nicht nur das: Die Versicherungsunternehmen waren Geschäftspartner der KZ-Betriebe, die durch Arbeit vernichteten. So trug die Allianz bei der Tischlerei in Dachau 30 Prozent des Risikos, während sich der Gerling Konzern, die Aachener und Münchener Feuerversicherung, die National Allgemeine Versicherungs A.G. und die Württembergische Feuerversicherung den Rest teilten. In Buchenwald und Stutthof versicherten Gesellschaften wie Colonia, Iduna-Germania und die Mannheimer Versicherungsgesellschaft; in Sachsenhausen heimsten ein Dutzend deutscher Versicherungen die Prämien ein, allen voran die

Allianz, die 1940 auch die Zivilangestellten der in Bu-
chenwald[*Bild 8)] und Sachsenhausen errichteten Klinker-
werke versicherten, wo Häftlinge Steine für die Führer-
bauten herstellten. Auf Wunsch der SS sollten alle Zivil-
angestellten, die in Häftlingswerkstätten arbeiteten, ge-
gen Schäden versichert werden, die sie eventuell durch
bösartige Häftlinge erleiden könnten. Für die Haft-
pflichtversicherung wurde pro Person ein Jahresbeitrag
von 50 Pfennigen bis zu einer Reichsmark ausgehandelt.
In Konzentrationslagern wie Auschwitz, Neuengamme
oder Ravensbrück versicherte man in der Zeit von 1940
bis 1945 Fuhrparks, Materiallager, die Häftlingsbaracken
und Rüstungsbetriebe der SS. Mit Haftpflicht-, Unfall-
und Feuerversicherungen machte man Geld. Federfüh-
rend war die Allianz, die am 2. Mai 1941 einen ihrer
Fachleute nach Auschwitz schickte, um in den dortigen
Betrieben „alle Feuerquellen“ zu inspizieren. Spätestens
nach Besichtigungen dieser Art mußte den Verantwortli-
chen klar gewesen sein, daß sie ihr Geld durch Mord an
Menschen verdienten. Zumindest die Allianz dürfte er-
heblich früher gewußt haben, auf was sie sich einließ,
denn ihr Vorstandschef Kurt Schmitt wurde im Juni 1933
in Hitlers Kabinett Reichswirtschaftsminister (den Alli-
anz-Vorsitz legte er damit nieder). Schmitt, 1886 in Hei-
delberg geboren und dort 1950 gestorben, bekleidete bei
der Allianz das Amt des Generaldirektors seit 1921. Hit-
ler hatte er in einem Bierkeller kennen- und bewundern
gelernt. Im Fall eines Bürgerkrieges sicherte er dem
Österreicher fünf Millionen Mark von der Allianz zu,
nicht zuletzt deswegen, weil man sich durch ihn eine
Stärkung der Privatwirtschaft erhoffte. Seit Bismarck
war die Diskussion - auch innerhalb der NSDAP - um

eine Verstaatlichung der Versicherungen nicht mehr zur Ruhe gekommen. Hitler, für den Geld die Macht bedeutete, war für die Allianz, die Schmitt zu einem Weltkonzern formte, der sichere Anker.
Hitler selbst ließ sein Haus bei der Bayerischen Versicherungsbank, einer Tochter der Allianz, versichern. Die Provision strich Martin Bormann ein, der ab 1941 die Parteikanzlei (mit Ministerrang) leitete und zwei Jahre später als 'Sekretär des Führers' großen Einfluß auf Hitler gewann. Bormann wurde 1946 vom Nürnberger Gerichtshof in Abwesenheit zum Tode verurteilt. Er galt jahrzehntelang als verschollen. Für die Staatsanwaltschaft Frankfurt steht seit 1973 fest, daß Bormann tot ist. Er hatte sich am 2. Mai 1945 nach einem Ausbruchsversuch aus dem Führerbunker in Berlin mit Zyankali umgebracht. Die Leiche hatte man auf Veranlassung der Sowjets an der Berliner Invalidenstraße begraben. Bormanns Überreste waren im Dezember 1972 geborgen worden. Eine DNS-Analyse aus jüngster Zeit schloß nochmals jeden Zweifel aus. Bormanns Sohn wurde Priester in der katholischen Kirche und lebt in Hagen, nicht weit von dem Diakon und Pfarrer Gert Otto entfernt, dessen Vater Johannes Otto bei der SS im KZ Sachsenhausen tätig war. Otto und Bormann haben sich erst in jüngerer Zeit kennengelernt (siehe Anmerkung 42 und Kleine Chronik, das Jahr 1939).
Kurt Schmitt wurde 1933 Mitglied der NSDAP sowie der SS. Er brachte es bis zum Brigadeführer. 1935 trat er als Reichswirtschaftsminister aus gesundheitlichen Gründen zurück.
(Vergl. H. Kaienburg: Vernichtung durch Arbeit. Bonn, 1990, und: Der Spiegel, 23/1997, sowie Anmerkung 17)

Anmerkung 2

Auf dem Vernichtungsprogramm des NS-Staates standen auch Behinderte. Hitler widmet sich der Thematik ausführlich in 'Mein Kampf', indem er zunächst die Kirchen kritisiert, die, statt in Afrika zu missionieren, sich lieber um das eigene Volk kümmern sollten: „Es würde dem Sinne des Edelsten auf dieser Welt mehr entsprechen, wenn unsere beiden christlichen Kirchen statt die Neger mit Missionen zu belästigen, die jene weder wünschen noch verstehen, unsere europäische Menschheit gütig, aber allen Ernstes belehren würden, daß es bei nicht gesunden Eltern ein Gott wohlgefälligeres Werk ist, sich eines gesunden armen kleinen Waisenkindes zu erbarmen, um diesem Vater und Mutter zu schenken, als selber ein krankes, sich und der anderen Welt nur Unglück und Leid bringendes Kind ins Leben zu setzen.
Was auf diesem Gebiete heute von allen Seiten versäumt wird, hat der völkische Staat nachzuholen. Er hat die Rasse in den Mittelpunkt des allgemeinen Lebens zu setzen. Er hat für ihre Reinerhaltung zu sorgen. Er hat das Kind zum kostbarsten Gut eines Volkes zu erklären. Er muß dafür Sorge tragen, daß nur wer gesund ist, Kinder zeugt; daß es nur eine Schande gibt: bei eigener Krankheit und eigenen Mängeln dennoch Kinder in die Welt zu setzen, doch eine höchste Ehre: darauf zu verzichten. Umgekehrt aber muß es als verwerflich gelten: gesunde Kinder der Nation vorzuenthalten. Der Staat muß dabei als Wahrer einer tausendjährigen Zukunft auftreten, der gegenüber der Wunsch und die Eigensucht des einzelnen als nichts erscheinen und sich zu beugen

haben... Eine nur sechshundertjährige Verhinderung der Zeugungsfähigkeit seitens körperlich Degenerierter und geistig Erkrankter würde die Menschheit nicht nur von einem unermeßlichen Unglück befreien, sondern zu einer Gesundung beitragen, die heute kaum faßbar erscheint. Wenn so die bewußte planmäßige Förderung der Fruchtbarkeit der gesündesten Träger des Volkstums verwirklicht wird, so wird das Ergebnis eine Rasse sein, die, zunächst wenigstens, die Keime unseres heutigen körperlichen und damit auch geistigen Verfalls wieder ausgeschieden haben wird.“ (Hitler, Mein Kampf, München, 1927)

Im Sommer 1939 erarbeitete Hitlers Leibarzt, Theo Morell, eine Denkschrift zum Thema ‘Vernichtung lebensunwerten Lebens’ auf ausdrücklichen Wunsch des Führers. Im Vordergrund stand die Frage, ob man die Vernichtung gesetzlich verankern oder über den Weg amtsgeheimer Anordnungen durchführen sollte. Nach den Blitzsiegen im Osten Ende Oktober 1939 unterschrieb Hitler eine auf privatem Papier verfaßte Ermächtigung, die auf den 1. September 1939 rückdatiert wurde, wohl deshalb, um sie gegenüber den Ausführenden als Kriegsmaßnahme erscheinen zu lassen: „Reichsleiter Philipp Bouhler und Dr. med. Karl Brandt wurden „unter Verantwortung“ beauftragt, die Befugnisse namentlich zu bestimmender Ärzte so zu erweitern, daß nach menschlichem Ermessen unheilbar Kranken bei kritischster Beurteilung ihres Krankheitszustandes der Gnadentod gewährt werden kann.“

Philipp Bouhler und Karl Brandt waren die beiden ‘Euthanasie’-Beauftragten. Als enger Vertrauter Hitlers stand NSDAP-Reichsleiter Bouhler der Parteikanzlei des

Führers vor. Professor Brandt beriet Hitler in allen gesundheitspolitischen Fragen und wurde 1943 dessen Beauftragter für das gesamte zivile und militärische Gesundheitswesen.
Hitlers formloses Geheimschreiben war weder Befehl noch Gesetz; es ermächtigte ganz einfach zum Töten und hatte die Funktion, Skrupel bei den beteiligten Medizinern und Juristen zu zerstreuen. Das förmliche Gesetz sollte folgen, blieb aber in der Schublade.
Die 1920 erschienene Schrift des Juristen Karl Binding und des Psychiaters Alfred Hoche mit dem Titel 'Die Freigabe der Vernichtung lebensunwerten Lebens' war weit verbreitet. Die Autoren kamen zu dem Schluß, daß unrettbar Kranke und Verwundete sowie 'unheilbar Blödsinnige' für eine Euthanasie in Frage kämen. Hoche hielt jede Pflege derartiger 'Ballastexistenzen' bzw. 'Defektmenschen' für unnötig. Für ihn war es eine „peinliche Vorstellung, daß ganze Generationen von Pflegern neben diesen Menschenhülsen daheraltern". 'Unheilbar Blödsinnigen' sprach er jede Existenzberechtigung ab, da auch der Intellekt und das Selbstbewußtsein nicht über die Stufe des Tieres hinausgelangen würde. Außerdem beklagte er die hohen jährlichen Kosten für einen Anstaltsaufenthalt. Derartige Aussagen sowic das menschenverachtende Vokabular wurden von der nationalsozialistischen Propaganda direkt übernommen.
Bis heute prägt die völlig unwissenschaftliche Klassifizierungswut europäischer Natur'forscher' unsere Vorstellungswelt. Ganz selbstverständlich ist, daß Chinesen eine gelbe Haut haben, und kaum jemand fragt sich, wie sie dazu gekommen sind. Es mag umwerfend klingen, aber ein typischer Chinese ist nicht gelber als ein typi-

scher Deutscher. An der Haut lassen sich Europäer und Chinesen nicht unterscheiden. Der italienische China-Reisende Andrea Corsali berichtet um 1515 nach seinen Begegnungen mit dem Fernen Osten, daß die Chinesen „von unserer Art“ seien. Und der kaiserliche Geheimschreiber Transsylvanus notiert ein paar Jahre später die Aussagen heimkehrender portugiesischer Seeleute, wonach die Chinesen „ein weißhäutiges Volk mit recht hochstehendem Gemeinwesen,... das unserem deutschen ähnelt“, seien.
Als man im 18. Jahrhundert beginnt, die Menschen in Rassen aufzuteilen, benötigt man in dem Erklärungsmodell zwischen den Weißen im Norden und den Schwarzen im Süden eine ‘Zwischenrasse’ und erfindet kurzerhand die Gelben. Per Dekret werden zunächst die Inder, dann auch die Chinesen gelb gemacht. Nach einem damals sehr populären Werk des Göttinger Medizinprofessors Johann Friedrich Blumenbach ist die sogenannte ‘kaukasische Rasse’ von weißer Farbe, die mongolische Rasse dagegen „meist waizengelb (theils wie gekochte Quitten, oder wie getrocknete Citronenschaalen)“, die amerikanische Rasse „kupferroth“ und die afrikanische Rasse schwarz.
Zu ihren ‘wissenschaftlichen Erkenntnissen’ kamen die ‘Rasseforscher’ daheim am Schreibtisch, ohne ihre ‘Objekte’ je zu Gesicht bekommen zu haben. Man hatte gehört, daß Asiaten oft an Gelbsucht erkrankten. Deshalb blieben sie für den Rest ihres Lebens gelb. Auch ein Schriftstück des letzten Kaisers Pu Yi diente als Beweis, der eine Vorliebe für die Farbe gelb hatte: „Sooft ich an meine Kindheit zurückdenke, legt sich ein Schleier von Gelb über meine Erinnerungen: Die glasierten Dachzie-

gel waren gelb, die Sänfte war gelb, das Futter meiner Kleider und Hüte, die Schalen und Teller, aus denen ich aß und trank, waren gelb... Es gab nichts um mich, was nicht gelb war."
Den 'Rothäuten' erging es nicht besser. Der schwedische Naturforscher Karl Linné teilte - ebenfalls im 18. Jahrhundert - die Menschen in 'homo europaeus albescens, homo americanus rubescens, homo asiaticus fuscus und homo africanus niger' ein. Er übersah schlicht, daß die bisweilen rötliche Gesichtsfarbe der nordamerikanischen Indianer allein die Folge von Schminke war, mit der sie sich gern einrieben. Die natürliche Hautfarbe der Indianer ist ein blasses Braun. Dessen ungeachtet wurde in den folgenden Auflagen der Linné'schen Werke aus 'rubescens' (rötlich) ein 'rufus' (fuchsrot) - mit derselben Ferndiagnose, die die Chinesen als gelb erkannt hatte. Daß die Indianer bis heute bei uns als Rothäute gelten, verdanken wir einem Mann, der unser Denken wie kein anderer prägte: Der Philosoph Immanuel Kant (Werke u.a.: Kritik der reinen Vernunft, 1781; Kritik der Urteilskraft, 1790) stufte in seiner Schrift 'Von den verschiedenen Racen der Menschen' die Hautfarbe der Indianer als „kupferfarbig = roth" ein, obwohl er in seinem Leben nie eine Rothaut zu Gesicht bekommen hat.
Die ersten europäischen Siedler Nordamerikas sprachen übrigens nie von Rothäuten, sondern von Indianern, Wilden und Heiden. (W. Demel: Wie die Chinesen gelb wurden, Historische Zeitschrift 255, 1992; U. Bitterli: Die 'Wilden' und die 'Zivilisierten', München, 1976)
So sehr man die unwissenschaftliche Arbeitsweise und die falschen Urteile heute belächeln mag, darf man nicht vergessen, daß sie zu gefährlichen Gedankengebäuden

wuchsen, die Hitlers 'Mein Kampf' maßgebend prägten und zum Massenmord führten. Mit der Machtergreifung 1933 ging sofort das 'Gesetz zur Verhütung von erbkrankem Nachwuchs' einher. Es war die gesetzliche Grundlage für die Zwangssterilisierung von sogenannten Schwachsinnigen, Behinderten und anderen unerwünschten Mitbürgern. Dazu gehörten Hilfsschüler, Zigeuner, Obdachlose, Angehörige von Kommunisten und die Zeugen Jehovas. Zwischen 300.000 und 400.000 Menschen wurden bis 1945 in Krankenhäusern unfruchtbar gemacht. Nicht selten kam es zu tiefen Depressionen, und zahlreiche Selbstmorde waren die Folge.

In der katholischen Kirche war die Auffassung weit verbreitet, daß die Zeugungskraft eines jeden Menschen ein Teil der von Gott gegebenen Lebensordnung sei, die niemand antasten dürfe, auch nicht der Staat. Katholische Würdenträger, die diese Ansicht öffentlich vertraten, erhielten nicht selten Redeverbot oder eine Strafanzeige, weil sie Widerstand gegen den NS-Staat gepredigt hätten.

Die evangelischen Anstalten der Inneren Mission hatten dagegen bereits vor 1933 aus Verantwortung für den Staat und die künftigen Generationen die „Ausschaltung erblich Minderwertiger“ durch freiwillige Sterilisierung gefordert. Das Gesetz der Nazis wurde begrüßt, und bei der Umsetzung wirkte man tatkräftig mit. Eingriffe in die Natur hatte man schon immer als nötig erachtet, um höhere Werte zu retten.

Jedes Paar, das im Deutschen Reich heiraten wollte, mußte eine ärztliche Bestätigung der Heiratsfähigkeit vorlegen. Der Standesbeamte händigte ihnen ein 'Merkblatt für Eheschließende' aus. Darin wurde mit Strafan-

drohung auf die Ungesetzlichkeit von Ehen hingewiesen, die dem Staat einen minderwertigen und unbrauchbaren Nachwuchs bringen würden.
In den Kinos liefen Propagandafilme, die die Sterilisierung als „leichten chirurgischen Eingriff" priesen. Behinderte wurden in diesen Filmen als 'Erbkranke' und als „tief unter dem Tier stehende Idioten" bezeichnet, die künstlich ernährt werden müßten. Man stellte sie mit Schwerverbrechern auf eine Stufe, die von Wärtern unter großer Aufopferung und Selbstüberwindung betreut würden. Bereits in der Schule strich man den arischen Helden, den Soldaten, als erstrebenswertes Ideal heraus (siehe Anmerkung 19). In den Rechenbüchern verglich man die Lebenshaltungskosten von Beamten, Angestellten und Arbeitern mit den viel höheren Anstaltskosten für Behinderte und Verbrecher. Mußte beispielsweise der Arbeiter pro Tag mit RM 2,50 auskommen, verbrauchte ein Geisteskranker RM 4,50 und ein Taubstummer gar RM 6,00. Damit war der Schaden für das Gemeinwohl klar. (Tatsächlich erhielten beispielsweise die Mosbacher Anstalten für Geistesschwache von den Fürsorgeverbänden einen Pflegesatz von täglich RM 1,60. Die meisten Mosbacher Heimbewohner kamen aus der Region Mannheim, Heidelberg und Karlsruhe. Zeitgleich mit dem Wachsen der Anstalten wurden die Pflegesätze übrigens drastisch reduziert.)
Diskriminierungen dieser Art zeigten in der Bevölkerung Wirkung. So rechtfertigt ein Soldat im April 1944 in einem Schreiben an die Erziehungs- und Pflegeanstalt für Geistesschwache in Mosbach den Euthanasie-Gedanken mit den hohen Pflegekosten für seine kranke Tante: „...Für eine geisteskranke Person, die dem Reich doch

garnichts nützen viel weniger noch dienen kann, sondern nur die Arbeitskräfte u. Gebäude wegnimmt, die man heute so notwendig als Pflegepersonal und Lazarette brauchen könnte, werden rund RM 2.500 aufgewendet, nur damit sie dem Leben erhalten bleibt u. in ihrem jämmerlichen Zustand so dahindämmern kann, wo andererseits an den Fronten wertvollstes Menschenmaterial sein Leben für die Erhaltung des Reiches opfert. Diese Theorie ist u. wird mir unverständlich bleiben. Es muß doch heute in unserem Reich einen Weg geben, der eine gerechte Lösung...vorschreibt..."
Dieser 'Weg' war bereits Ende Oktober 1939 eingeschlagen worden, als man Stätten wie die Samariter-Stiftung Grafeneck zu Tötungsanstalten umbaute. Verantwortlich für die Ermordung von Geisteskranken war die 'Organisation T 4'. Das Kürzel wurde vom Dienstsitz in der Berliner Tiergartenstraße 4 abgeleitet. Planer und Lenker von 'T 4' war Dipl.-Wirtschaftsingenieur Viktor Brack, seit 1936 Chef des Hauptamtes II der Kanzlei des Führers und maßgeblich am Aufbau der Vernichtungslager Belzec, Sobibor und Treblinka beteiligt (hingerichtet nach dem Nürnberger Ärzteprozeß). In Grafeneck wurden mit großer Wahrscheinlichkeit im Januar 1940 ähnliche Tötungsexperimente durchgeführt wie zuvor in Brandenburg, die zur Folge hatten, Kranke und Behinderte mit Kohlenmonoxyd zu vergasen. Reichsleiter Bouhler kam dabei die Idee, die Gaskammern als Duschräume mit Brausen und Bänken zu tarnen. Die zuständigen Ärzte ließen dann das Gas in den Vernichtungsraum einströmen.

218 Menschen - ein Drittel war jünger als 15 Jahre - wurden aus den Anstalten Mosbach und Schwarzach im

September 1940 nach Grafeneck deportiert und vergast. Arbeitsfähige Heimbewohner wurden zurückbehalten und insofern bevorzugt. Der Deportation sah man zunächst ohne jede Furcht entgegen. Wie Augenzeugen berichten, freuten sich etliche sogar auf den Ausflug mit den Autobussen. Stutzig wurde man, als die Busse immer wieder zurückkehrten, leer, und neue Menschen mitnahmen. Die geistig höher stehenden Kinder äußerten ängstlich die Vermutung, daß sie „in den Himmel fahren“, und wollten nicht mehr fort. Sie wurden indes, wie man Schweine stempelt, mit einer Nummer versehen und in die roten Busse gepfercht, die innen dunkel waren, weil man die Fenster mit blauer Farbe überstrichen hatte. „Nach Ewigheim“, antwortete ein Busfahrer zynisch auf die Frage nach dem Zielort auf der Schwäbischen Alb. Ein Grafenecker Arzt beschreibt die Vergasung: „Gleich nach dem Eintreffen der Transporte wurden die Kranken einer letzten Überprüfung anhand der Krankengeschichten durch zwei Ärzte unterzogen. Nackt mußten die Kranken vor den Ärzten erscheinen, man habe im voraus die gewählte ‘Todesursache’ aktenmäßig vermerkt oder ggfs. die Zurückschikkung der Kranken aus irgendwelchen Gründen veranlaßt. Dann wurden die zur Vernichtung bestimmten Kranken sofort in einen Raum gebracht, der mit einem Röhrensystem versehen war und hermetisch abzuschließen war. Durch Gucklöcher in der Türe habe man aber alle Vorgänge beobachten können. In diesen Raum brachte man bis zu 75 Mann. Nach ¾ Stunden konnten der Raum bereits wieder geöffnet und die Leichen entfernt werden. Der Tod war unterdessen durch Kohlenoxydvergiftung eingetreten. Die völlig nackten Leichen wurden dann der Verbrennung auf Rosten zuge-

führt, und zwar schmorte man immer eine möglichst fette Leiche mit zwei mageren. Die Asche wurde später in einer Urne den Angehörigen unter Bekanntgabe irgendeiner Todesursache zugesandt."
Ein Angestellter der Aktenverwaltung berichtet: „Ich habe lediglich einmal, um den Argumenten, welche besagten, daß die Vergasungen auf eine humane Art vorgenommen werden, auf den Grund zu gehen, einer Vergasung mit zugesehen. Ich habe hierbei durch das seitlich angebrachte Guckfenster die Beobachtung gemacht, daß die Menschen einen qualvollen Tod starben. Die Dauer meiner Beobachtung erstreckte sich nur auf ca. drei Minuten, da ich den Anblick längere Zeit nicht ertragen konnte." Ein Transportbegleiter schildert: „...Ich sah einmal durch das Guckloch. Es war ein schauriger Anblick, wenn die Kranken nach und nach zusammensackten und durcheinanderfielen. Ich werde den Anblick nie mehr verlieren oder vergessen." (Vergl. Mosbach im 3. Reich, 2. Heft: Uns wollen sie auf die Seite schaffen, Mosbach, 1993)
Die 'gemeinnützige Stiftung für Anstaltspflege', Teil der Dienststelle 'T 4', beschäftigte ein kleines Heer von Büroangestellten, die sogenannte Trostbriefe an die Hinterbliebenen schickten. Die Briefe unterschieden sich unter Angabe fingierter Todesursachen nur in Nuancen. Bürokratische Fehler und die falschen Todesangaben ließen bei zahlreichen Angehörigen Zweifel aufkommen. Viele Eltern reagierten empört. Eine Mutter aus Mannheim schreibt im Oktober 1940: „...Todesursache angeblich Krampf aber ich bin der Meinung, das Gesetz, vor Jahren geplant, ist zur Ausführung gekommen und die armen Kranken, wie das Vieh zum Schlachthof gebracht wird.

Das ist doch ein Massensterben, fällt doch auf, ist hier allgemeines Stadtgespräch. Kenne vier Kranke, wo auch so plötzlich gestorben sind..."
Eine Schwester der Anstalt Wiesloch plagte die Ungewißheit über das Schicksal der deportierten Pfleglinge. Als sie erfuhr, daß sie nach Grafeneck kamen, fuhr sie dort ohne Wissen ihrer Anstalt hin. SS-Wachmannschaften nahmen sie fest, verhöhnten sie und schickten sie mit einer Verwarnung zurück. Sie hatte nicht hinnehmen wollen, daß ihre Patienten plötzlich an irgendeiner Krankheit starben, und sich ihren Reim auf Grafeneck gemacht.
Die Deportationen aus Mosbach und Schwarzach fanden statt, als in Grafeneck schon über 6.000 Heimbewohner vergast worden waren. Daß es sich bei den 'Verlegungen' um eine systematische Mordaktion handelte, war nicht nur in Kirchenkreisen bekannt. Die Spitzen der Kommunalverwaltungen im Deutschen Reich wußten von Anfang an um die Vernichtung der „nutzlosen Esser". Das geht aus einem Protokoll der Sitzung des Deutschen Gemeindetages vom 3. April 1940 hervor.
Während zahlreiche Juristen über die Morde informiert waren und schwiegen, schreibt Vormundschaftsrichter H. Kreyssig in Brandenburg/Havel im Juli 1940 an den Reichsjustizminister: „Jeder aber weiß wie ich, daß die Tötung Geisteskranker demnächst als eine alltägliche Wirklichkeit ebenso bekannt sein wird, wie etwa die Existenz der Konzentrationslager. Es kann gar nicht anders sein. Recht ist, was dem Volke nützt. Im Namen dieser furchtbaren, von allen Hütern des Rechts in Deutschland noch immer unwidersprochenen Lehre sind ganze Gebiete des Gemeinschaftslebens vom Recht aus-

genommen, vollkommen z.B. die Konzentrationslager, vollkommen nun auch die Heil- und Pflegeanstalten."
Kreyssig erstattete gegen Reichsleiter Bouhler sogar Anzeige wegen Mordes. Die einzige Konsequenz: Er wurde vom Reichsjustizminister in den Ruhestand versetzt. Kreyssig war aber weiterhin aktiv in der Bekennenden Kirche.
Auch weiten Teilen der Bevölkerung war klar, was mit den Kranken und Behinderten geschah. Als durch Mosbach 1940 die Busse rollten, wußten viele Stadtbewohner von den Vergasungsaktionen. Es gab kirchliche Kreise, die ihre Empörung über die Euthanasie öffentlich kundtaten. Aus Mosbach ist allerdings kein vergleichbarer Vorgang bekannt wie aus Herten in Südbaden. Dort versammelte sich eine große Menschenmenge um die Busse, als diese im Hof der St. Josefsanstalt eingetroffen waren, und äußerte lautstark ihren Unmut über die anstehenden Todesfahrten. Der spätere Nachkriegs-Bürgermeister von Herten schrieb mit dem Finger in den Staub auf einem Wagen das Wort 'Haarmann', den Namen eines damals bekannten Massenmörders.
Auch die Bevölkerung um Grafeneck probte den Aufstand, unterstützt durch anhaltende Proteste aus kirchlichen Kreisen, so daß Himmler, der Reichsführer der SS, persönlich einschritt, vermutlich, weil er um das Image seiner Truppe fürchtete. Grafeneck wurde Mitte Dezember 1940 geschlossen. Das Tötungspersonal wurde ins hessische Hadamar verlegt, wo die Vergasung wie in Grafeneck durchgeführt wurde.
Am 24. August 1941 erteilte Hitler den Euthanasie-Beauftragten Dr. Med. Brandt und Reichsleiter Bouhler mündlich den Befehl, die Aktion 'T 4' zu beenden. Bis

dahin waren über 70.000 Menschen ermordet worden. Es kam dennoch zu weiteren Tötungsaktionen. So deportierte man im Juli 1944 aus Mosbach 44 Heimbewohner, die meisten jünger als 15 Jahre, nach Eichberg bei Wiesbaden sowie nach Uchtspringe nahe Magdeburg. (Im Mai hatte es einen mündlichen Führer-Entscheid gegeben, daß das Mosbacher Anstaltsgelände dem Unternehmen Daimler-Benz als Wohnstätte für Gefolgschaftsmitglieder überlassen wird. Die Firma hatte einen entsprechenden Wunsch geäußert, als ihr Flugzeugmotorenwerk unter dem Tarnnamen ‘Goldfisch’ in die Gipsstollen bei Obrigheim teilverlagert wurde.) Sie wurden in den dortigen ‘Kinderfachabteilungen’ ermordet, und vermutlich sind sie zuvor zu medizinischen Experimenten mißbraucht worden.

Wie die Landesheilanstalt Eichberg 1947 auf Anfrage der Oberstaatsanwaltschaft Mosbach mitteilte, tötete man die Kinder „durch Eingeben oder Einspritzen von tödlichen Schlafmitteln. Neben diesen Aktionen lief die Aushungerung der nichtarbeitsfähigen Kranken und die Tötung durch Medikamente, die der Willkür des einzelnen Arztes überlassen war.“

Wenn man von der ‘Empörung kirchlicher Kreise’ spricht, so sind damit in der Regel Einzelpersonen gemeint, wie Pfarrer Ernst Wilm, der aus einer kleinen Gemeinde in Ostwestfalen an den Leiter der dortigen Anstalt Bethel im Oktober 1940 schrieb: „Während man hier... noch vorläufig wartet, sterben im übrigen Deutschland Hunderte und Tausende - und die Kirche schweigt dazu, statt sich vor diese Armen zu stellen und zu sagen: Ihre Sache ist unsere Sache und wenn ihr sie trefft, müßt ihr uns auch treffen.“

An Silvester 1940 informierte er seine Gemeinde in einer Predigt über die Massenmorde und rief zum Widerstand auf. Aus Bethel wurden nur wenige (jüdische) Heimbewohner abtransportiert. Wilm kam ins KZ Dachau. Nach dem Krieg wurde er Präses der Evangelischen Kirche von Westfalen.
Für den organisatorischen Ablauf der gesamten 'Gnadentod-Aktion' in Baden war Dr. Med. Ludwig Sprauer verantwortlich, der bereits 1939 in seiner Funktion als Regierungsdirektor in das Programm der Vernichtung eingeweiht war. Sein Handeln rechtfertigte er 1947/48 vor Gericht mit dem Satz: „Ja Gott, ich war Beamter!“

Anmerkung 3

*Zukunft*Beruf heißt das Magazin für Aus- und Fortbildung. Es erscheint als Jahres- bzw. Halbjahresperiodikum der Pressebüro Bergstraße Verlagsgesellschaft, Weinheim, mit regional bezogenen Ausgaben in Baden-Württemberg, Hessen und der Pfalz. 1997 wurde die Geschichte von Max Liebster in drei Regionalausgaben veröffentlicht. Für dieses Buch wurde sie anhand früherer Tondokumente sowie eines weiteren Interviews mit Max Liebster erweitert.

Anmerkung 4

Über 12.000 Juden waren für ihr deutsches Vaterland im Ersten Weltkrieg gefallen, ohne daß es dafür eine spürbare Anerkennung gegeben hätte. Im Gegenteil. Das Kriegsministerium hatte noch 1916 in einer Judenzählung zu beweisen versucht, daß es relativ zur jeweiligen Gesamteinwohnerzahl gesehen mehr jüdische als nichtjüdische 'Drückeberger' gäbe. Die Zählung bewies das Gegenteil und wurde deshalb nicht veröffentlicht. In der Weimarer Republik waren die Juden erstmals vor dem Gesetz gleichberechtigt. Viele von ihnen zeichneten sich durch herausragende Leistungen in Wirtschaft, Kultur und Politik aus. Ihre Gegner sahen darin aber eher eine Bevormundung, eine 'Verjudung' des deutschen Volkes. Was in Amerika zumeist als Bereicherung empfunden wurde, führte in Deutschland oft zu Abneigung und Haß. Die schlechte Wirtschaftslage - und damit einhergehend Erwerbslosigkeit und Armut - traf auch viele Juden. Dennoch machte die Nazi-Propaganda sie für das Elend der Deutschen hauptverantwortlich.

Anmerkung 5

Abgesehen von Maßnahmen wie die Aufhebung der Schulgeldbefreiung für bedürftige jüdische Eltern, führte der Antisemitismus zu zahlreichen Schikanen in den Schulen. Es gab aber auch Solidaritätsbekundungen. Ruth Freund-Joachimsthal erzählt in Geert Platners Dokumentation 'Schule im Dritten Reich. Erziehung zum Tod?' (München, 1984): „Anfang April 1933, nach den Osterferien, kam ich in die Oberprima (heute 13. Klasse) der Dürerschule in Dresden. Noch während der Ferien wurde die Schule 'gleichgeschaltet'. Der neue Deutschlehrer kam in die Klasse mit einem Hakenkreuz im Knopfloch. Vor sich hatte er eine Liste der Schüler, die er vor Beginn des Unterrichts intensiv studierte. Dann stellte er eine Frage, an die ich mich heute nicht mehr erinnere. Was jedoch dann geschah, ist mir unvergeßlich. Ich hob die Hand wie viele meiner Schulkameraden. Der neue Lehrer wies mit dem Finger auf mich und rief mir zu: 'Joachimsthal, Hand herunter, im Deutschunterricht haben Juden nichts zu melden.'
Daraufhin fielen sämtliche Hände meiner Mitschüler zurück auf die Bänke. Es herrschte eine eisige Stille. Der neue Deutschlehrer wartete eine Weile, und dann rief er: 'Hände herauf, ich habe doch Hände gesehen!' Aber niemand in der Klasse meldete sich zu Wort.
Der Lehrer unterbrach die Stunde und ging zum Direktor, der auch 'gleichgeschaltet' war. Nach einer Weile kam der Direktor in die Klasse und beorderte mich hinaus. Später erfuhr ich von meinen Schulfreundinnen, daß er meinen Mitschülern die neue politische Lage erklärt

hatte. Verwirrt ging ich nach Hause und betrat die Schule nie wieder, obwohl viele meiner Schulfreundinnen mich besuchten und versuchten, mich zu überreden, es nicht so ernst zu nehmen und die Schule zu beenden. Ich tat es nicht."

Der Großteil der Lehrer versuchte um 1933/34 noch, eine Diskriminierung jüdischer Schüler zu verhindern. Dennoch sind zahlreiche Fälle einer entwürdigenden Vorgehensweise zu verzeichnen. So wurden in einigen Schulen 'Judenbänke' eingeführt, die in gebührendem Abstand zu den Bänken deutscher Schüler gestellt wurden.

Die Jüdische Rundschau schreibt im Mai 1933: „Auch im Unterricht ergeben sich besonders bei der schon jetzt beginnenden Unterweisung in Rassenkunde für die jüdischen Schüler peinliche Momente. Die vielen Schulfeiern, bei denen das Wesen des deutsch-völkischen Staates unterstrichen wird, müssen sich bei den jüdischen Schülern um so problematischer auswirken, als ja den Kindern bekannt ist, daß das neue Deutschland Juden nicht als vollwertige Staatsbürger anerkennt."

Die Erfahrungen, die jüdische Schüler machten, waren bisweilen völlig entgegengesetzt und zwingen zu einer differenzierten Betrachtungsweise der NS-Zeit. Es gab nicht 'die Juden', und es gab nicht 'die Deutschen'.

Ruth Wertheim schrieb über ihre Schulzeit von 1928 bis 1934: „Mein Klassenlehrer war voller Verständnis und erlaubte mir auch inoffiziell, nicht an den Versammlungen und Hitlerreden in der Aula teilzunehmen. Auch unser Direktor, Dr. Becker, ein ehemaliger Volksparteiler, war rücksichtsvoll... Andere waren Nationalsozialisten und ließen es mich spüren, aber sie waren gerecht und gaben mir die Noten, die mir zukamen... Meine

Klasse war anständig zu mir bis zuletzt. Ich bekam den Hyperion von Hölderlin als Abschiedsgeschenk und, obwohl ich wußte, daß sie alle bis auf drei oder vier zu dem BDM (Bund Deutscher Mädel, die 14- bis 18jährigen Mädchen der Hitlerjugend) gehörten, trugen sie mir zuliebe nie das Abzeichen in der Klasse; und nachmittags, wenn ich sie auf der Straße traf, sah ich sie damit rumlaufen. Ich verließ die Schule ohne Druck, aber weil ich wußte, daß man mich doch nicht zum Abitur zulassen würde."

Ilse Oppenheim machte als Schülerin zwischen 1931 und 1935 ganz andere Erfahrungen: „Rings um uns war Haß und Feindschaft, kein Mensch akzeptierte uns mehr, wir waren Dreck. Vaters Bruder... rasierte man die Haare vom Kopf und mißhandelte ihn. Er mußte mit einem Schild auf die Straße: 'Ich bin ein Schwein. Ich habe mich mit einer Arierin abgegeben.' Ich hatte vorher viele Freundinnen. Wir besuchten uns gegenseitig, spielten und lernten. Plötzlich war alles aus. Wenn ich morgens in die Klasse kam, rümpften sie die Nase: 'Ja, was stinkt denn da so? - Ah, das jüdische Schwein, das immer Knoblauch frißt!' Auch die Lehrer beachteten uns nicht mehr, und die Noten wurden immer schlechter."

Im Zuge des Novemberpogroms wurden alle verbliebenen jüdischen Schüler von den öffentlichen Schulen gewiesen. Im Erlaß des Reichsministers für Wissenschaft, Erziehung und Volksbildung heißt es: „Nach der ruchlosen Mordtat von Paris (vergl. Anmerkung 15) kann es keinem deutschen Lehrer zugemutet werden, an jüdische Schulkinder Unterricht zu erteilen. Auch versteht es sich von selbst, daß es für deutsche Schüler unerträglich ist, mit Juden in einem Klassenraum zu sitzen."

Zwar wurde die Anordnung Wochen später widerrufen, weil schulpflichtige Juden nicht gänzlich ohne Unterricht bleiben könnten; doch die Schulen waren bereits 'gesäubert'. Im Juli 1939 übertrug man das Problem der schulischen Versorgung der Reichsvertretung der Juden in Deutschland.

Anmerkung 6

Die Behörden und die Konkurrenz hatten nur an gut laufenden jüdischen Unternehmen Interesse. Bei kleinen und unrentablen Handwerksbetrieben, die problemlos ausradiert wurden, dachte man nicht an eine Arisierung. Von den 5.800 Handwerksbetrieben, die man im Sommer 1938 zählte, wechselten lediglich 345 in arische Hände. Wie das NS-Regime mit den 'Kleinen' umsprang, dokumentiert der Fall eines Mannheimer Juden und Spenglermeisters, dessen Auswanderung sich verzögerte und der das Badische Finanz- und Wirtschaftsministerium bat, sein Gewerbe weiterhin betreiben zu dürfen. In seinem Bittgesuch vom 10. Dezember 1938 heißt es: „Endesunterzeichneter, geb. am 4. August 1894 in Mannheim, von Beruf Spengler und Installateur, übt dieses Handwerk seit 1920 in hiesiger Stadt selbständig und ohne fremde Arbeitskräfte aus. Infolge der neuesten Verordnung muß ich meine Werkstätte am 31. d. Mts. schließen. Ich habe bereits seit längerer Zeit die feste Absicht, aus Deutschland auszuwandern. Seit August d.J. bin ich auch nachweisbar im Besitze einer ordnungsgemäßen Bürgschaft für USA. Leider erfolgt die Visumserteilung durch das amerikanische Konsulat nicht in der Zeit, die für jeden Auswanderer sehr wünschenswert wäre. Es dürfte ihnen nicht unbekannt sein, daß man sich als Klein-Handwerker absolut keine Vermögensreserve ansammeln konnte, infolgedessen bei Arbeitslosigkeit in eine sehr bedrängte Lage käme. Ich erlaube mir daher, an Sie das höfl. Ersuchen zu richten, mir bis zu meiner Auswanderung eine vorläufige Weiterarbeit zu genehmigen... Meine Kundschaft besteht ausschließlich aus Nichtariern. Ich selbst genieße einen guten Leumund, meine Verpflichtungen habe ich auch immer mit großer Pünktlichkeit und Genauigkeit erfüllt; ebenso habe ich noch nie öffentliche Fürsorge in Anspruch genommen. Während des Weltkriegs bin ich im August 1914 als Kriegsfreiwilliger... eingetreten und habe ununterbrochen bis zum 19. Dezember 1918 bei verschiedenen Formationen meine Pflicht erfüllt und erhielt überall die Führungsnote gut und sehr gut, wie ich durch meinen Militärpaß jederzeit nachweisen kann. Meine politische Gesinnung ist und war ebenfalls immer einwandfrei und makellos, wofür ich ebenfalls einwandfreie Beweise erbringen kann. Aus all diesen angeführten Gründen ersuche ich Sie um eine wohlwollende Prüfung und Genehmigung meines Gesuches."

Das Ministerium lehnte das Gesuch zehn Tage später ab. (H.-J. Fliedner, Die Judenverfolgung in Mannheim 1933 - 1945. Dokumente, Bd. II, Stuttgart 1971)

Anmerkung 7

Die überwiegende Mehrheit der deutschen Juden ging davon aus, daß ihre Gemeinschaft in der deutschen Heimat weiterbestehen werde. So wanderten 1936 mit 25.000 Juden ein Drittel weniger aus als 1933. 1937 ging die Zahl gar auf 23.000 zurück, sicherlich auch eine Folge der Olympischen Spiele, die eine perfekte Illusion scheinbarer Normalisierung zauberten, an der Leni Riefenstahl maßgeblichen Anteil hatte (vergl. auch Anmerkung 7a). Staats- und Parteistellen wurden angewiesen, antijüdische Schmierereien und Verbotsschilder wie 'Juden sind hier unerwünscht' zu entfernen.
Die Judenpolitik des NS-Regimes war bisweilen voller Widersprüche. Während dem Antisemitismus der Straße als staatliche Reaktion am 12. September 1935 die Nürnberger Gesetze folgten, die die rassische Trennung sowie die Entrechtung der Juden festschrieben, hieß es noch im Frühjahr 1935: „Der Führer und Reichskanzler hat angeordnet, daß Einzelaktionen gegen Juden von Mitgliedern der NSDAP, ihrer Gliederungen und der angeschlossenen Verbände unbedingt zu unterbleiben haben: Wer hiernach noch an Einzelaktionen gegen Juden teilnimmt oder dazu anstiftet, muß in Zukunft als Provokateur, Rebell und Staatsfeind betrachtet werden.“
Daß solche Anordnungen nicht selten wirkungslos blieben, erklärte Reichsjustizminister Gürtner bei einer Besprechung im Reichswirtschaftsministerium im August 1935 damit, daß im Volk der „Glauben genährt werde, daß die leitenden Stellen es nicht ungern sähen, wenn ihre einschränkenden Anordnungen übertreten würden,

da sie nur aus politischen Rücksichten nicht so handeln könnten, wie sie gerne wollten.“ Mit dieser Einschätzung hatte er den Nagel auf den Kopf getroffen.

Die Zeit um die Olympischen Spiele nährte bei den Juden offenbar die Hoffnung auf einen Kurswechsel des Regimes, zumal von den rund 2.000 antijüdischen Gesetzen und Verordnungen in den Jahren 1936 und 1937 lediglich 150 - und dies eher planlos - umgesetzt wurden. In einem Berliner Gestapo-Bericht von 1937 heißt es: „Während die Versammlungen der zionistischen Organisationen ohne Beanstandungen abliefen, mußte über zahlreiche Redner des ‘Jüdischen Centralvereins’ Redeverbot verhängt werden, weil sie in öffentlichen Versammlungen in einer mit der Zielsetzung der Reichsregierung unvereinbaren Weise die Versammlungsmitglieder zum Verbleiben in Deutschland aufgefordert hatten.“

Herbert A. Strauss kommt in seinem Beitrag ‘Antisemitismus und Holocaust als Epochenproblem’ (in: Aus Politik und Zeitgeschichte, B 11, März 1987) zu dem Schluß, daß die Verfolgungsmaßnahmen des Regimes bis etwa Ende 1937, die Juden als Bürger zweiter Klasse einzustufen, sie aus dem Staatsdienst zu entfernen und in ihren Berufstätigkeiten zu beschränken, „völlig im Einklang mit den politischen Vorstellungen des deutschen Konservatismus“ war. Nicht gedeckt gewesen seien die relativ kurzen Phasen heftiger Ausschreitungen im ersten Halbjahr 1933 und im Frühjahr 1935, die jedoch nicht einmal bei den christlichen Kirchen nennenswerten Protest hervorriefen. Als sich das Regime etabliert hatte, machte es mit dem, was es von Beginn an vorgehabt hatte, ernst: die Vernichtung der wirtschaftlichen Exi-

stenzbasis des deutschen Judentums und schließlich die Vernichtung der Juden selbst.
Hitlers Beurteilung der Juden findet sich ausführlich in seinem Buch 'Mein Kampf'. „Der schwarzhaarige Judenjunge", schreibt er, „lauert stundenlang, satanische Freude in seinem Gesicht, auf das ahnungslose Mädchen, das er mit seinem Blute schändet und damit seinem, des Mädchens Volke, raubt. Mit allen Mitteln versucht er die rassischen Grundlagen des zu unterjochenden Volkes zu verderben. So wie er selber planmäßig Frauen und Mädchen verdirbt, so schreckt er auch nicht davor zurück, selbst im größeren Umfange die Blutschranken für andere einzureißen. Juden waren es und sind es, die den Neger an den Rhein bringen, immer mit dem gleichen Hintergedanken und klaren Ziele, durch die dadurch zwangsläufig eintretende Bastardierung die ihnen verhaßte weiße Rasse zu zerstören, von ihrer kulturellen und politischen Höhe zu stürzen und selber zu ihren Herren aufzusteigen... So versucht er planmäßig, das Rassenniveau durch eine dauernde Vergiftung der einzelnen zu senken.
Politisch aber beginnt er, den Gedanken der Demokratie abzulösen durch den der Diktatur des Proletariats.
In der organisierten Masse des Marxismus hat er die Waffe gefunden, die ihn die Demokratie entbehren läßt und ihm an Stelle dessen gestattet, die Völker diktatorisch mit brutaler Faust zu unterjochen und zu regieren...
Wirtschaftlich erschüttert er die Staaten so lange, bis die unrentabel gewordenen sozialen Betriebe entstaatlicht und seiner Finanzkontrolle unterstellt werden.
Politisch verweigert er dem Staate die Mittel zu seiner Selbsterhaltung, zerstört die Grundlagen jeder nationalen Selbstbehauptung und Verteidigung, vernichtet den

Glauben an die Führung, schmäht die Geschichte und Vergangenheit und zieht alles wahrhaft Große in die Gosse.
Kulturell verseucht er Kunst, Literatur, Theater, vernarrt das natürliche Empfinden, stürzt alle Begriffe von Schönheit und Erhabenheit, von Edel und Gut und zerrt dafür die Menschen herab in den Bannkreis seiner eigenen niedrigen Wesensart.
Die Religion wird lächerlich gemacht, Sitte und Moral als überlebt hingestellt, so lange, bis die letzten Stützen eines Volkstums im Kampfe um das Dasein auf dieser Welt gefallen sind.
Nun beginnt die große, letzte Revolution. Indem der Jude die politische Macht erringt, wirft er die wenigen Hüllen, die er noch trägt, von sich. Aus dem demokratischen Volksjuden wird der Blutjude und Völkertyrann. In wenigen Jahren versucht er, die nationalen Träger der Intelligenz auszurotten, und macht die Völker, indem er sie ihrer natürlichen geistigen Führung beraubt, reif zum Sklavenlos einer dauernden Unterjochung.
Das furchtbarste Beispiel dieser Art bietet Rußland, wo er an dreißig Millionen Menschen in wahrhaft fanatischer Wildheit teilweise unter unmenschlichen Qualen tötete oder verhungern ließ, um einem Haufen jüdischer Literaten und Börsenbanditen die Herrschaft über ein großes Volk zu sichern.
Das Ende aber ist nicht nur das Ende der Freiheit der vom Juden unterdrückten Völker, sondern auch das Ende dieses Völkerparasiten selber. Nach dem Tode des Opfers stirbt auch früher oder später der Vampir."
Die Bestrebungen der Zionisten interpretierte Hitler auf seine Weise: „Die Herrschaft des Juden im Staate er-

scheint schon so gesichert, daß er sich jetzt nicht nur wieder als Jude bezeichnen darf, sondern auch seine völkischen und politischen letzten Gedankengänge rücksichtslos zugibt. Ein Teil seiner Rasse bekennt sich schon ganz offen als fremdes Volk, nicht ohne dabei auch wieder zu lügen. Denn indem der Zionismus der anderen Welt weiszumachen versucht, daß die völkische Selbstbesinnung des Juden in der Schaffung eines palästinensischen Staates seine Befriedigung fände, betölpeln die Juden abermals die dummen Gojim (Singular: Goi - in der rabbinischen Literatur der einzelne Nichtjude. Der Schabbes-Goi verrichtet in einem frommen jüdischen Haushalt die am Sabbat verbotenen Arbeiten - Anm. d. Autors) auf das gerissenste. Sie denken gar nicht daran, in Palästina einen jüdischen Staat aufzubauen, um ihn etwa zu bewohnen, sondern sie wünschen nur eine mit eigenen Hoheitsrechten ausgestattete, dem Zugriff anderer Staaten entzogene Organisationszentrale ihrer internationalen Weltbegaunerei: einen Zufluchtsort überführter Lumpen und eine Hochschule werdender Gauner."
Möglicherweise war es mit 'Mein Kampf' ähnlich, wie es mit der Bibel ist: Das Buch steht bei jedem daheim, aber keiner liest es. Dennoch aber konnte damals jedermann bereits vor der Machtergreifung durch zahlreiche Kundgebungen und Schriften Hitlers eindeutige Position zur Judenfrage mitbekommen, wie sie in der folgenden Passage aus seinem Buch 'Mein Kampf' hervortritt, indem er zunächst den arischen Herrenmenschen über alles stellt:
„Was wir heute an menschlicher Kultur, an Ergebnissen von Kunst, Wissenschaft und Technik vor uns sehen, ist nahezu ausschließlich schöpferisches Produkt des Ariers.

Gerade diese Tatsache aber läßt den nicht unbegründeten Rückschluß zu, daß er allein der Begründer höheren Menschentums überhaupt war, mithin den Urtyp dessen darstellt, was wir unter dem Worte 'Mensch' verstehen. Er ist der Prometheus der Menschheit, aus dessen lichter Stirne der göttliche Funke des Genies zu allen Zeiten hervorsprang, immer von neuem jenes Feuer entzündend, das als Erkenntnis die Nacht der schweigenden Geheimnisse aufhellte und den Menschen so den Weg zum Beherrscher der anderen Wesen dieser Erde emporsteigen ließ... Würde man die Menschheit in drei Arten einteilen: in Kulturbegründer, Kulturträger und Kulturzerstörer, dann käme als Vertreter der ersten wohl nur der Arier in Frage. Von ihm stammen die Fundamente und Mauern aller menschlichen Schöpfungen, und nur die äußere Form und Farbe sind bedingt durch die jeweiligen Charakterzüge der einzelnen Völker", die als kulturtragend und damit nicht in der Lage, schöpferisch zu wirken, klassifiziert werden. Hitler weiter: „Arische Stämme unterwerfen... fremde Völker und entwickeln nun, angeregt durch die besonderen Lebensverhältnisse des neuen Gebietes (Fruchtbarkeit, klimatische Zustände usw.), sowie begünstigt durch die Menge der zur Verfügung stehenden Hilfskräfte an Menschen niederer Art, ihre in ihnen schlummernden geistigen und organisatorischen Fähigkeiten. Sie erschaffen in oft wenigen Jahrtausenden, ja Jahrhunderten, Kulturen, die ursprünglich vollständig die inneren Züge ihres Wesens tragen, angepaßt den oben schon angedeuteten besonderen Eigenschaften des Bodens sowie der unterworfenen Menschen...", die durch ihre Versklavung, wie Hitler fortfährt, einer nützlichen Tätigkeit zugeführt werden. Ihr Leben sei damit im Endeffekt besser als zu den Zeiten ihrer früheren sogenannten Freiheit. Durch die Rassenvermischung habe der Arier die Reinheit seines Blutes aufgegeben und so den Aufenthalt im Paradies verloren. Den gewaltigsten Gegensatz zum Arier bilde der Jude, dem Hitler einen ausgeprägten Selbsterhaltungstrieb bescheinigt, dessen Verstand aber nicht das Ergebnis eigener Entwicklung, sondern eines Anschauungsunterrichts durch Fremde sei, wie er auch „niemals im Besitze einer eigenen Kultur war", da ihm hierzu die „allerwesentlichste Voraussetzung" fehle: „die idealistische Gesinnung." Die Harmonie der Juden untereinander sei nur eine „scheinbare", die ende, sobald der gemeinsame Feind besiegt oder die Beute erlegt sei: „Fallen beide Gründe weg, so treten die Eigenschaften eines krassesten Egoismus in ihre Rechte, und aus dem einigen Volk wird im Handumdrehen eine sich blutig bekämpfende Rotte von Ratten. Wären die Juden auf dieser Welt allein, so würden sie ebensosehr in Schmutz und Unrat ersticken wie in haßerfülltem Kampfe sich gegenseitig zu übervorteilen und auszurotten versuchen, sofern nicht der sich in ihrer Feigheit ausdrükkende restlose Mangel jedes Aufopferungssinnes auch hier den Kampf zum Theater werden ließe." Für Hitler ist der Jude ein „Parasit im Körper anderer Völker... Wo er auftritt, stirbt das Wirtsvolk nach kürzerer oder längerer Zeit ab."

Die jüdische Religionslehre ist, so liest man weiter, „in erster Linie eine Anweisung zur Reinhaltung des Blutes des Judentums sowie zur Regelung des Verkehrs der Juden untereinander, mehr aber noch mit der übrigen Welt, mit den Nichtjuden also. Aber auch hier handelt es sich keineswegs um ethische Probleme, sondern um außerordentlich bescheidene wirtschaftliche." Das Leben des Juden „ist nur von dieser Welt, und sein Geist ist dem wahren Christentum innerlich so fremd, wie sein Wesen es zweitausend Jahre vorher dem großen Gründer der neuen Lehre selber war (und der, was nicht nur Hitler unterschlägt, Jude war - Anm. d. Autors). Freilich machte dieser aus seiner Gesinnung dem jüdischen Volke gegenüber kein Hehl, griff, wenn nötig, sogar zur Peitsche, um aus dem Tempel des Herrn diesen Widersacher jedes Menschentums zu treiben, der auch damals wie immer in der Religion nur ein Mittel zur geschätzten Existenz sah. Dafür wurde dann Christus freilich an das Kreuz geschlagen, während unser heutiges Parteichristentum sich herabwürdigt, bei den Wahlen um jüdische Stimmen zu betteln und später mit atheistischen Judenparteien politische Schiebungen zu vereinbaren sucht, und zwar gegen das eigene Volkstum."

Hitler schildert zu Beginn seines Buches, wie er Antisemit wurde: „Es ist für mich heute schwer, wenn nicht unmöglich, zu sagen, wann mir zum ersten Male das Wort 'Jude' Anlaß zu besonderen Gedanken gab. Im väterlichen Hause erinnere ich mich überhaupt nicht, zu Lebzeiten des Vaters das Wort auch nur gehört zu haben... Auch in der Schule fand sich keine Veranlassung, die bei mir zu einer Veränderung... hätte führen können.
In der Realschule lernte ich wohl einen jüdischen Knaben kennen, der von uns allen mit Vorsicht behandelt wurde, jedoch nur, weil wir ihm in bezug auf seine Schweigsamkeit, durch verschiedene Erfahrungen gewitzigt, nicht sonderlich vertrauten; irgendein Gedanke kam mir dabei so wenig wie den anderen.

Erst in meinem vierzehnten bis fünfzehnten Jahre stieß ich öfters auf das Wort Jude, zum Teil im Zusammenhange mit politischen Gesprächen. Ich empfand dagegen eine leichte Abneigung und konnte mich eines unangenehmen Gefühls nicht erwehren, das mich immer beschlich, wenn konfessionelle Stänkereien vor mir ausgetragen wurden.
Als etwas anderes sah ich aber damals die Frage nicht an. Linz besaß nur sehr wenig Juden. Im Laufe der Jahrhunderte hatte sich ihr Äußeres europäisiert und war menschlich geworden; ja, ich hielt sie sogar für Deutsche. Der Unsinn dieser Einbildung war mir wenig klar, weil ich das einzige Unterscheidungsmerkmal ja nur in der fremden Konfession erblickte... Vom Vorhandensein einer planmäßigen Judengegnerschaft ahnte ich überhaupt noch nichts.
So kam ich nach Wien."
Die große Wiener Presse, die, wie Hitler weiter schreibt, er zunächst schätzte, lehnte er immer mehr ab, u.a. deswegen, weil sie sich gegen den Deutschen Kaiser wandte und Sympathien mit Frankreich offen zum Ausdruck brachte. Hitler wandte sich verstärkt dem 'Volksblatt' zu, das ihm in vielen „Dingen etwas reinlicher vorkam", mit dessen „scharfem antisemitischem Tone" er aber nicht einverstanden gewesen sei, „allein ich las auch hin und wieder Begründungen, die mir einiges Nachdenken verursachten." So lernte er Dr. Karl Lueger, Wiens Bürgermeister, und die christlich-soziale Partei mit ihrer antisemitischen Einstellung kennen und bewundern. Lueger habe ihm die Augen über die Juden geöffnet. Jetzt sah er nicht nur mehr die Bauten Wiens, sondern auch die Menschen: „Als ich einmal so durch die innere

Stadt strich, stieß ich plötzlich auf eine Erscheinung in langem Kaftan mit schwarzen Locken.
Ist dies auch ein Jude? War mein erster Gedanke... Ich beobachtete den Mann verstohlen und vorsichtig, allein je länger ich in dieses fremde Gesicht starrte und forschend Zug um Zug prüfte, um so mehr wandelte sich in meinem Gehirn die erste Frage zu einer anderen Fassung:
Ist dies auch ein Deutscher?"
Hitler kaufte sich, so berichtet er weiter, die ersten antisemitischen Schriften seines Lebens, die ihm allerdings in ihrer Beweisführung gegen die Juden als unwissenschaftlich vorkamen. Immer wieder hätten ihn schwere Zweifel geplagt, ob man den Juden nicht doch Unrecht zufüge. Wien indes erschien ihm in einem anderen Licht: „Wo immer ich ging, sah ich nun Juden, und je mehr ich sie sah, um so schärfer sonderten sie sich für das Auge von den anderen Menschen ab." Angeekelt habe ihn der scheinbare Kampf zwischen zionistischen und liberalen Juden, „war er doch durch und durch unwahr, mithin verlogen und dann aber wenig passend zu der immer behaupteten sittlichen Höhe und Reinheit dieses Volkes.
Überhaupt war die sittliche und sonstige Reinlichkeit dieses Volkes ein Punkt für sich. Daß es sich hier um keine Wasserliebhaber handelte, konnte man ihnen ja schon am Äußeren ansehen, leider sehr oft sogar bei geschlossenem Auge. Mir wurde beim Geruche dieser Kaftanträger später manchmal übel. Dazu kam noch die unsaubere Kleidung und die wenig heldische Erscheinung... Abgestoßen mußte man aber werden, wenn man über die körperliche Unsauberkeit hinaus plötzlich die moralischen Schmutzflecken des auserwählten Volkes

entdeckte... Gab es denn da einen Unrat, eine Schamlosigkeit in irgendeiner Form, vor allem des kulturellen Lebens, an der nicht wenigstens ein Jude beteiligt gewesen wäre?

Sowie man nur vorsichtig in eine solche Geschwulst hineinschnitt, fand man, wie die Made im faulenden Leibe, oft ganz geblendet vom plötzlichen Lichte, ein Jüdlein." Hitler entdeckte hinter den „gräßlichen Machwerken für Kino und Theater", in der Presse, Kunst und Literatur Juden, die die Seelen vergifteten: „Die Tatsache, daß neun Zehntel alles literarischen Schmutzes, künstlerischen Kitsches und theatralischen Blödsinns auf das Schuldkonto eines Volkes zu schreiben sind, das kaum ein Hundertstel aller Einwohner im Lande beträgt, ließ sich nicht einfach wegleugnen; es war eben so."

Auch das Verhältnis des „Judentums zur Prostitution und mehr noch zum Mädchenhandel" 'studierte' er in Wien: „Als ich zum ersten Mal den Juden in solcher Weise als den ebenso eisig kalten wie schamlos geschäftstüchtigen Dirigenten dieses empörenden Lasterbetriebes des Auswurfes der Großstadt erkannte, lief mir ein leichtes Frösteln über den Rücken.
Dann aber flammte es auf.
Nun wich ich der Erörterung der Judenfrage nicht mehr aus, nein, nun wollte ich sie. Wie ich aber so in allen Richtungen des kulturellen und künstlerischen Lebens und seinen verschiedenen Äußerungen nach dem Juden suchen lernte, stieß ich plötzlich an einer Stelle auf ihn, an der ich ihn am wenigsten vermutet hätte.

Indem ich den Juden als Führer der Sozialdemokratie erkannte, begann es mir wie Schuppen von den Augen zu

fallen. Ein langer innerer Seelenkampf fand damit seinen Abschluß.“
Hitler ‘erkannte’ in allem, was nicht in sein Weltbild paßte, die Handschrift von Juden - ihr Wirken auf den verschiedensten gesellschaftlichen Gebieten hatte System. Sie würden die Welt ins Chaos stürzen, wenn man ihnen nicht Einhalt geböte. Hitler sah sich dazu auserkoren. Als Messias für das kommende Tausendjährige Reich: „Siegt der Jude mit Hilfe seines marxistischen Glaubensbekenntnisses über die Völker dieser Welt, dann wird seine Krone der Totenkranz der Menschheit sein, dann wird dieser Planet wieder wie einst vor Jahrmillionen menschenleer durch den Äther ziehen.
Die ewige Natur rächt unerbittlich die Übertretung ihrer Gebote.
So glaube ich heute im Sinne des allmächtigen Schöpfers zu handeln: Indem ich mich des Juden erwehre, kämpfe ich für das Werk des Herrn.“ In seinem politischen Testament vom 29. April 1945 bildet das Bekenntnis zum Antisemitismus den Abschluß von Hitlers letztem Willen. „Vor allem“, heißt es dort, „verpflichte ich die Führung der Nation und die Gefolgschaft zur peinlichen Einhaltung der Rassengesetze und zum unbarmherzigen Widerstand gegen den Weltvergifter aller Völker, das internationale Judentum.“ Mit seinem letzten Willen entfernt Hitler übrigens auch Göring und Himmler aus der Partei sowie aus allen Staatsämtern: „Göring und Himmler haben durch geheime Verhandlungen mit dem Feinde, die sie ohne mein Wissen und gegen meinen Willen abhielten, sowie durch den Versuch, entgegen dem Gesetz, die Macht im Staate an sich zu reissen, dem Lande und dem gesamten Volk unabsehbaren Schaden zuge-

fügt, gänzlich abgesehen von der Treulosigkeit gegenüber meiner Person."

An den österreichischen Politiker Karl Lueger (1844 - 1910) denken die Wiener heute noch voller Ehrfurcht. Seit 1897 Bürgermeister, baute er die Stadt zu einer modernen Metropole aus, mit zwei Millionen Einwohnern seinerzeit die sechstgrößte Stadt der Erde. Jährlich fanden 30.000 Einwanderer den Weg nach Wien, um dort ihr Glück zu suchen. Doch wer nicht rasch Deutsch lernte, um sich verständigen zu können, fand sich in der Gosse wieder. Wohnungsnot, Teuerung und Arbeitslosigkeit heizten den Ausländerhaß an. Um politisch zu überleben, bastelte Lueger, ein ausgezeichneter Rhetoriker, das Feindbild vom Juden, dem Wien das Elend verdanke. Er verkündete, daß der Antisemitismus erst dann beendet sei, wenn der letzte Jude zugrundegegangen ist.

Hitlers zweites großes Vorbild war Georg Ritter von Schönerer (1842 - 1921), Chef der Alldeutschen in Österreich, die den Anschluß Österreichs an das Deutsche Reich forderten. Schönerer sprach ganz offen von der Ausrottung aller parasitären Rassen und nannte den Antisemitismus die größte Errungenschaft des 19. Jahrhunderts. Hitler lernte seine Parolen auswendig und verbreitete sie später millionenfach.

Die Alldeutschen grüßten Schönerer mit „Heil unserem Führer". Auch das übernahm Hitler, wie übrigens auch das Hakenkreuz, das das heilige Geheimzeichen seines Lieblingsphilosophen Guido von List war. Der österreichische Rassentheoretiker glaubte, daß ein Vernichtungskrieg gegen die arische Rasse im Gange sei, prophezeite aber den Sieg des Herrenvolkes in einem arisch-germanischen Weltkrieg. Als Prophet, als der er sich fühlte,

habe er eine Vision erhalten: Die Geheimnisse der Edda seien ihm enthüllt worden. Es sei geweissagt, daß das germanische Volk zur Weltherrschaft berufen, ja, diese Herrschaft ihm sogar sicher sei, wenn sich das deutsche Volk zuvor gereinigt, sich „entmischt“ und damit zur arischen Rasse zurückgefunden habe. Der Führer werde dann auferstehen und die Arier zur Weltherrschaft führen. (Die Edda enthält zwischen dem 9. und 12. Jahrhundert entstandene, in Island im 13. Jahrhundert aufgezeichnete Götter- und Heldensagen, darunter die ältesten Fassungen der germanischen Sagen, u.a. die Lieder von Sigurd, Brynhild und Gudrun sowie das Lied von Etzel. Eingeleitet wird die Edda mit der Weissagung der Seherin: ihre Vision vom Geschick der Götter, von Schöpfung und Untergang der Erde. - Das Hakenkreuz, ein gleichschenkliges Kreuz mit vier in die gleiche Richtung weisenden, rechtwinkligen, spitzwinkligen oder abgerundeten Armen, ist seit der Steinzeit in Europa, Asien, Afrika und Mittelamerika nachweisbar. Es gilt als Sonnen- und Lebenszeichen. Willkürlich als allein den Indogermanen zugehörig angesehen, wurde es das Zeichen antisemitischer Bewegungen in Deutschland, Ungarn, Schweden, den Niederlanden, Großbritannien und den USA.)
Der Führerbegriff, das Hakenkreuz, das Fundament seines Judenhasses und damit das Verhängnis einer ganzen Epoche, gehen auf die Wiener Jahre Hitlers zurück, als er sich das Gedankengut von ein paar Wirrköpfen einverleibte. Er erlebte im Parlament, wie sich die Nationalitäten - oft sogar in wilden Schlägereien - bekämpften, und lernte hier die Demokratie hassen. Seine erste Wienreise 1906 hatte ihm noch die Mutter bezahlt. Zwei Jahre später, nach ihrem Tod - der Vater war 1903, als Adolf Hit-

ler 14 Jahre alt war, gestorben - trat er ein bescheidenes Erbe an und ließ sich 1908 in Wien nieder. Einige Jahre verbrachte er in einem Männerheim, wo er Glaubensjuden kennenlernte, die zu seinen Freunden zählten. Als sie sich später an den Führer und Reichskanzler wandten, um ihr Leben zu retten, ließ Hitler sich ihre Briefe erst gar nicht vorlegen. Unter seinem persönlichen Schutz seit 1938 allerdings stand der jüdische Arzt Dr. Eduard Bloch, der Hitlers Mutter behandelt hatte. Er durfte 1940 nach Amerika auswandern und wußte über die Familie nichts Schlechtes zu berichten.

Hitler verdiente sich sein Geld als Kofferträger, Schneeschipper und leidlicher Maler von Postkarten. Historiker attestieren ihm eine notorische Unlust zu arbeiten; auch sei der Choleriker nicht belastbar gewesen und habe sich privat sehr abfällig über die Arbeiterklasse geäußert, die er während seiner Zeit im Wiener Männerheim kennengelernt und die er später in seinen Reden sowie in seinem Buch 'Mein Kampf' so sehr gepriesen hatte. (Vergl. u.a. Spiegel TV vom 22.11.1997).

Die in diesem Buch zitierten Passagen aus 'Mein Kampf' finden sich teilweise wörtlich, teilweise in ähnlicher Weise, in Reden und Schriften von Lueger, Schönerer und von List sowie in Zeitungen wie dem radikal-antisemitischen 'Alldeutschen Tagblatt' wieder, dem Organ des Alldeutschen Verbandes, der im Ersten Weltkrieg für die Erweiterung des deutschen Lebensraumes eintrat, nach 1918 gegen die Weimarer Republik agitierte, die Zurückdrängung fremden Volkstums forderte und dem Nationalsozialismus Vorschub leistete.

In 'Mein Kampf' - mit einer Gesamtauflage von zehn Millionen Exemplaren bis 1945 sowie Übersetzungen in

16 Sprachen gehörte das Werk zu den am meisten aufgelegten und übersetzten Büchern der Welt - erläutert Hitler ferner, daß es der Jude war, „der durch seine Presse unendlich geschickt den Gedanken des 'unpolitischen Charakters' der Wehrverbände zu lancieren verstand, wie er wiederum im politischen Leben ebenso schlau stets die 'reine Geistigkeit' des Kampfes pries und forderte. Millionen deutscher Dummköpfe plapperten dann diesen Unsinn nach, ohne auch nur eine blasse Ahnung zu haben, wie sie sich selbst damit praktisch entwaffneten und dem Juden wehrlos auslieferten.
Aber auch hierfür gibt es freilich wieder eine natürliche Erklärung. Der Mangel einer großen neugestaltenden Idee bedeutet zu allen Zeiten eine Beschränkung der Kampfkraft. Die Überzeugung vom Recht der Anwendung selbst brutalster Waffen ist stets gebunden an das Vorhandensein eines fanatischen Glaubens an die Notwendigkeit des Sieges einer umwälzenden neuen Ordnung dieser Erde.
Eine Bewegung, die nicht für solche höchste Ziele und Ideale ficht, wird daher nie zur letzten Waffe greifen.
Das Aufzeigen einer neuen großen Idee ist das Geheimnis des Erfolges der Französischen Revolution gewesen; der Idee verdankt die russische den Sieg, und der Faschismus hat nur durch die Idee die Kraft erhalten, ein Volk in segensreichster Weise einer umfassendsten Neugestaltung zu unterwerfen.
Bürgerliche Parteien sind hierzu nicht befähigt."
Die Kirchenführer, die Hitler zujubelten, mögen bei diesen Sätzen wehmütig an die blutige Entstehungsgeschichte ihrer Religion oder an die Kreuzzüge gedacht haben. War Hitler ihr neuer Messias? Jedenfalls verstand

er es, die katholische Kirche für sich einzunehmen, indem er ihr Wirken als vorbildlich darstellte, beispielsweise anhand des Zölibats: „In der Ehelosigkeit ihrer Priester liegt der Zwang begründet, den Nachwuchs für die Geistlichkeit statt aus den eigenen Reihen immer wieder aus der Masse des breiten Volkes holen zu müssen. Gerade diese Bedeutung des Zölibats wird aber von den meisten gar nicht erkannt. Sie ist die Ursache der unglaublich rüstigen Kraft, die in dieser uralten Institution wohnt. Denn dadurch, daß dieses Riesenheer geistlicher Würdenträger sich ununterbrochen aus den untersten Schichten der Völker heraus ergänzt, erhält sich die Kirche nicht nur die Instinkt-Verbundenheit mit der Gefühlswelt des Volkes, sondern sichert sich auch eine Summe von Energie und Tatkraft, die in solcher Form ewig nur in der breiten Masse des Volkes vorhanden sein wird. Daher stammt die staunenswerte Jugendlichkeit dieses Riesenorganismus, die geistige Schmiegsamkeit und stählerne Willenskraft.
Es wird die Aufgabe eines völkischen Staates sein, in seinem Unterrichtswesen dafür Sorge zu tragen, daß eine dauernde Erneuerung der bestehenden geistigen Schichten durch frische Blutzufuhr von unten stattfindet. Der Staat hat die Verpflichtung, mit äußerster Sorgfalt und Genauigkeit aus der Gesamtzahl der Volksgenossen das von Natur aus ersichtlich befähigte Menschenmaterial herauszusieben und im Dienste der Allgemeinheit zu verwenden."

Äußerungen dieser Art, die in der damaligen Zeit offenbar in sich geschlossene, geniale Gedankengebäude bildeten, beeindruckten nicht nur die Katholische Kirche, sondern auch die breite Masse, die eine phänomenale

Aufwertung erfuhr. Gleichzeitig wurde die militärisch strukturierte, streng hierarchisch funktionierende Gesellschaft propagiert, in der sich jeder freuen durfte, ein daseinsberechtigtes Rädchen im Getriebe zu sein. Sich Vorteile nur aufgrund seiner Herkunft zu verschaffen, erteilte Hitler eine deutliche Abfuhr: „Wenn zwei Völker miteinander konkurrieren, die an sich gleich gut veranlagt sind, so wird dasjenige den Sieg erringen, das in seiner gesamten geistigen Führung seine besten Talente vertreten hat, und dasjenige unterliegen, dessen Führung nur eine große gemeinsame Futterkrippe für bestimmte Stände oder Klassen darstellt, ohne Rücksicht auf die angeborenen Fähigkeiten der einzelnen Träger.“

Dem Juden indes gibt Hitler die Schuld, daß sich die beiden Konfessionen bekämpfen. Sie hätten den Kampf angezettelt und würden letztlich davon profitieren: „Man halte sich die Verwüstungen vor Augen, welche die jüdische Bastardierung jeden Tag an unserem Volke anrichtet, und man bedenke, daß diese Blutvergiftung nur nach Jahrhunderten oder überhaupt nicht mehr aus unserem Volkskörper entfernt werden kann; man bedenke weiter, wie diese rassische Zersetzung die letzten arischen Werte unseres deutschen Volkes herunterzieht, ja oft vernichtet, so daß unsere Kraft als kulturtragende Nation ersichtlich mehr und mehr im Rückzug begriffen ist und wir der Gefahr anheimfallen, wenigstens in unseren Großstädten dahin zu kommen, wo Süditalien heute bereits ist. Diese Verpestung unseres Blutes, an der Hunderttausende unseres Volkes wie blind vorübergehen, wird aber vom Juden heute planmäßig betrieben. Planmäßig schänden diese schwarzen Völkerparasiten unsere unerfahrenen, jungen, blonden Mädchen und zerstören dadurch etwas,

was auf dieser Welt nicht mehr ersetzt werden kann. Beide, jawohl, beide christliche Konfessionen sehen dieser Entweihung und Zerstörung eines durch Gottes Gnade der Erde gegebenen edlen und einzigartigen Lebewesens gleichgültig zu. Für die Zukunft der Erde liegt aber die Bedeutung nicht darin, ob die Protestanten die Katholiken oder die Katholiken die Protestanten besiegen, sondern darin, ob der arische Mensch ihr erhalten bleibt oder ausstirbt. Dennoch kämpfen die beiden Konfessionen heute nicht etwa gegen den Vernichter dieses Menschen, sondern suchen sich selbst gegenseitig zu vernichten. Gerade der völkisch Eingestellte hätte die heilige Verpflichtung, jeder in seiner eigenen Konfession dafür zu sorgen, daß man nicht nur immer äußerlich von Gottes Willen redet, sondern auch tatsächlich Gottes Willen erfülle und Gottes Werk nicht schänden lasse."
Und weiter macht Hitler deutlich: „Es gibt nur ein heiligstes Menschenrecht, und dieses Recht ist zugleich die heiligste Verpflichtung, nämlich: dafür zu sorgen, daß das Blut rein erhalten bleibt, um durch die Bewahrung des besten Menschentums die Möglichkeit einer edleren Entwicklung dieser Wesen zu geben.
Ein völkischer Staat wird damit in erster Linie die Ehe aus dem Niveau einer dauernden Rassenschande herauszuheben haben, um ihr die Weihe jener Institution zu geben, die berufen ist, Ebenbilder des Herrn zu zeugen und nicht Mißgeburten zwischen Mensch und Affe."
Der Hitler-Experte Werner Maser macht in seinem Buch 'Hitlers Briefe und Notizen' (Düsseldorf, 1973) auf einen Entwurf Hitlers für eine monumentale Menschheitsgeschichte aufmerksam, der wohl um 1919 niedergeschrieben wurde und u.a. auf eine „Reinigung der Bibel"

sowie auf eine „Kritische Prüfung des Überrestes“ abzielt.
Maser hebt hervor, daß Hitler in diesen Notizen „im Gegensatz zu seinen späteren Äußerungen in ‘Mein Kampf’ - auffällig oft auf die Bibel verweist. In seinem Entwurf für eine ‘erste Völkergeschichte unter (Zugrundelegung des) Rassengesetzes’ zwingt er die Menschheit in ein dialektisch kraß schwarzweiß malendes Schema, das nur ‘2 Menschenarten’, ‘Schaffende und Drohnen’, ‘Erbauer und Zerstörer’ und ‘Gotteskinder und Menschenkinder’ kennt... Hitler ist zu der Zeit überzeugt, daß der ‘wissende Mensch’, das heißt, der Mensch, der die Gesetze der Natur kenne, die Geschichte tatsächlich in seinem Sinne beeinflussen könne.
Zwei Jahrzehnte später, nachdem er (Hitler) den Höhepunkt seiner Karriere bereits überschritten hat, bekennt er dagegen: ‘Tatsache ist, daß wir willenlose Geschöpfe sind, daß es eine schöpferische Kraft... gibt. Das leugnen zu wollen, ist Dummheit.’“

Anmerkung 7a

Helene 'Leni' Riefenstahl, 1902 in Berlin geboren, wurde 23jährig von dem Regisseur Arnold Fanck für den Film entdeckt. Fanck drehte viele berühmte Berg- und Naturfilme mit Spielhandlung, meist mit Leni Riefenstahl und Luis Trenker in den Hauptrollen, so 'Die weiße Hölle vom Piz Palü' (1929) oder 'SOS Eisberg' (1933).
Erstmals führte Leni Riefenstahl in 'Das blaue Licht' (1932) Regie. Dieses Werk bewertet Meyers Lexikon als „ein optisch faszinierender, jedoch einem (für ihre späteren Werke typisch) seelenlosen Schönheitsideal verpflichteter Film über die Dolomiten."
Ihr Schönheitsideal vom perfekten Körper paßte zu der vom Nazi-Regime propagierten Ethik der arischen Herrenrasse. Hier war eine Identifikation der Riefenstahl mit dem Dritten Reich möglich, so daß sie ihre Arbeit durchaus aus innerer Überzeugung heraus in die Dienste des Regimes stellen konnte; ihr allerdings zu unterstellen, daß sie das rassistische Denken der Machthaber teilte, würde zu weit gehen. Ihr künstlerisches Schaffen spricht dagegen. So lebte sie in Afrika bei dem Stamm der Nuba und glorifizierte auch hier - diesmal als Photografin mit dem Werk 'Die Nuba von Kau' (1976) - den Krieger als solchen, betrieb also weiterhin ihren Körperkult. Im Rahmen ihres Schönheitsideals scheinen Rassen und Figuren austauschbar. Der Vorwurf, den Ray Miller in seinem Film 'Die Macht der Bilder' (Amerika 1993, ausgezeichnet mit dem Emmy Award) erhebt, sie habe eine faschistische Ästhetik geschaffen und für ihre Verbreitung gesorgt, läßt sich kaum aufrecht erhalten, zumal

Körperkulte nicht an einer bestimmten Zeit oder an einem bestimmten System festzumachen sind.
Ein Indiz dafür, daß Leni Riefenstahls Schönheitsideal nichts Politisches an sich hatte und wertneutral - ohne Herabsetzung anderer Rassen - war, ist Hitlers Reaktion auf ihren zweiteiligen Film über die Olympischen Spiele von 1936. Während Hitler die Überlegenheit der 'arischen' Rasse dokumentiert sehen wollte, hatte Leni Riefenstahl einen weiteren Bogen angelegt. So beginnt der erste Teil 'Fest der Völker' mit einem Prolog, der zurück in die Antike führt und Kraft, Schönheit und Anmut feiert. Und der zweite Teil 'Fest der Schönheit' ist im olympischen Dorf in Berlin gedreht und berücksichtigt nicht nur arische Körper.
Dennoch dürfte es Leni Riefenstahl bewußt gewesen sein, daß ihr Ideal und damit ihre Arbeit und ihre Person von den Nazis benutzt wurde, um Deutschland in der Welt über alles zu stellen. Ihr Einverständnis zu Hitler und dem Nationalsozialismus gab sie 1933, als sie Hitlers Auftrag annahm, Propagandafilme mit Dokumentarcharakter zu drehen.
Diese gefährliche Form der Manipulation der Öffentlichkeit durch Bilder unterstand Reichspropagandaminister Joseph Goebbels. Eine intensive Zusammenarbeit mit ihm war damit automatisch gegeben. Unter Leni Riefenstahls Regie entstanden Filme wie 'Sieg des Glaubens' (1933) und 'Triumph des Willens' (1934).
Während des Festaktes der Reichskulturkammer in der Berliner Staatsoper am 1. Mai 1935 zum Tag der Arbeit gab Goebbels die Verleihung des Nationalpreises für Film an Leni Riefenstahl für 'Triumph des Willens' bekannt. Das Geschichtswerk 'Chronik des 20. Jahrhun-

derts' (Stuttgart, 1933) bemerkt dazu: „Der später auch von der internationalen Fachwelt anerkannte Film ist ein Spiegelbild des Reichsparteitages 1934 in Nürnberg und eine Verherrlichung des politischen Rituals dieser Massenveranstaltung. Untermalt von der Musik Richard Wagners übt der Film eine starke psychologische Wirkung auf den Betrachter aus, der sich dem Geschehen kritiklos hingibt. Neben großartigen Aufnahmen bewegender Massenszenen setzt die meisterhaft ins Bild gebrachte Beschwörung des nordischen Typs einen entscheidenden Akzent in diesem Film. Arische Schädel und Schultern in Großaufnahmen, Beispiele für kraftvolle männliche Schönheit - für das Idealbild der NS-Ideologie."
Leni Riefenstahl baut auf eine qualifizierte künstlerische Vorbildung. In den zwanziger Jahren hat sie bei Max Reinhardt in Berlin als Ballett- und Bühnenstar agiert (siehe Anmerkung 11). Arnold Fanck hat sie hier für seine Alpenfilme entdeckt. In der Folgezeit lernt sie die Kunst des Filmemachens und setzt bald eigene Akzente. In Berlin eröffnet sie ein eigenes Studio und zählt zu ihrem Freundeskreis auch Joseph Goebbels. 'Triumph des Willens' wird ihr erster großer Erfolg im Auftrag der Nazis. Ihre Aussage in Ray Millers Film, sie habe mit Goebbels keinen Kontakt gehabt, wird auch durch die Tagebuch-Aufzeichnungen des Propagandachefs Lügen gestraft, die ein Zusammenwirken untermauern. (Werner Maser bemerkt in seinem 1971 erschienen Buch 'Adolf Hitler. Legende, Mythos, Wirklichkeit', daß Goebbels Begegnungen „zwischen Hitler und der schönen, charmanten, versierten und klugen Schauspielerin Leni Riefenstahl eingefädelt" habe, „die im Laufe der Zeit bei-

spiellose Privilegien erhielt... Über die Art der Beziehungen Hitlers zu Leni Riefenstahl fehlen zuverlässige Belege. Und auch die als einstige 'Favoritin' Hitlers bezeichnete blonde, intelligente und exzentrische Schauspielerin Mady Rahl hüllt sich seit Hitlers Tod in Schweigen.") Und ihre Bemerkung, 'ein Künstler, der sich ganz und gar der Kunst widme, habe keine Zeit, sich der Politik zu widmen', muß für viele andere Künstler, die dem Regime den Rücken kehrten und beispielsweise in die USA emigrierten, als Schlag ins Gesicht gewertet werden. (So wandte sich Marlene Dietrich, die nach Amerika ging, später, nach dem 1934 fehlgeschlagenen Versuch von Goebbels, sie für Deutschland zu gewinnen, ab 1937 in aller Öffentlichkeit gegen das Naziregime.) Riefenstahls Popularität und ihr Können hätten ihr im Land der unbegrenzten Möglichkeiten sicher nicht nur schauspielerische Perspektiven eröffnet, sondern auch Wege, ihr Schönheitsideal bildlich umzusetzen. Ihre Entscheidung für Hitler wiegt umso schwerer, da sie mit der Führungselite im engen Kontakt stand. Von daher darf man bereits unterstellen, daß sie über die wahren Absichten der Nazis Bescheid wußte, zumal sie betont, Hitlers 'Mein Kampf' gelesen zu haben, und dieses Buch läßt sich nicht, wie sie vorgibt, ausschließlich auf die sozialen Probleme reduzieren. Hitlers Antisemitismus und seine Endlösungspläne sind mit dem Lösen deutscher sozialer Probleme untrennbar verknüpft (vergl. die Zitate aus 'Mein Kampf' in diesem Buch). Schließlich widerspricht sie sich selbst, wenn sie auf der einen Seite betont, ein wahrer Künstler habe keine Zeit für Politik, auf der anderen Seite aber vorgibt, sie habe mit 'Triumph des Willens' zwei hochpolitische Botschaften vermitteln

wollen: die Beschaffung von Arbeitsplätzen und (sozialen) Frieden.
Daß Leni Riefenstahl über Hitlers Programm informiert war, belegt ferner der zwischen 1940 und 1944 gedrehte Film ‘Tiefland’, der das Thema Kleinbauer gegen Großgrundbesitzer behandelte - ein Lieblingsthema Hitlers, mit dem er erstmals am 24. Februar 1920 an die Öffentlichkeit trat. An diesem Tag verkündete er in München das 25-Punkte-Programm der ‘Nationalsozialistischen Arbeiterpartei’, die bis dato ‘Deutsche Arbeiterpartei’ hieß und von dem Schlosser Anton Drexler 1919 gegründet worden war (Drexler, der das 25-Punkte-Programm mit auf den Weg brachte, war nicht an der Neugründung der NSDAP 1925 beteiligt). Das Programm ist nationalistisch und stark antisemitisch. Es wendet sich scharf gegen Großgrundbesitzer und Großkapitalisten. U.a. enthält es die Forderung nach Verstaatlichung der Konzerne, Übernahme großer Warenhäuser durch die Gemeinschaft und Förderung der Kleinhändler. Die NSDAP kam damit den Interessen der Kleinbürger, der Arbeiter und des Mittelstandes entgegen - ihrer Hauptwählergruppen. Hitler nutzte das Programm lediglich aus wahltaktischen Erwägungen.
Leni Riefenstahl, die kein NSDAP-Mitglied war, hat auch mit ‘Tiefland’ ganz bewußt politisch und im Sinne Hitlers gewirkt, dem sie bereits 1936 mit ihren beiden Filmen über Olympia weltweit zu erstaunlichem Ansehen verholfen hatte. Sie spielte in der NS-Propaganda einen wichtigen Part. Mag man ihr auch abnehmen, daß die Bilder über die Greueltaten in den Konzentrationslagern auf sie wie ein Schock gewirkt haben, so hat sie sich doch nie von dem Regime distanziert, auch nicht, als

sie als Kriegsberichterstatterin an der Front war und die Grausamkeit eines Krieges entsetzt in sich aufnahm.

Anmerkung 8

Lange vor der Machtübernahme durch das NS-Regime hatte es Boykottbewegungen gegen jüdische Unternehmen gegeben, die sie in wirtschaftliche Schwierigkeiten brachten. Immerhin hatten sie - wenn auch bisweilen halbherzig - die Justiz auf ihrer Seite. Das änderte sich mit dem 30. Januar 1933. Hitlers Amtsantritt begleiteten terroristische Gewalttaten, die sich gegen alles, was jüdisch war, richteten: Friedhöfe, Synagogen, Geschäfte, Wohnungen und einzelne Personen. Planmäßige Großaktionen folgten.

In der Jüdischen Rundschau vom 10. März 1933 ist zu lesen: „An den Toren und Eingängen zahlreicher jüdischer Geschäfte, dem Karstadt-Warenhaus Althoff, auf dem eine Hakenkreuzfahne weht, den Epa- und Woolworth-Einheitspreisgeschäften hatten sich große Menschenmengen angesammelt. Starke SA-Posten verhinderten mit dem Hinweis 'Deutsche, kauft in deutschen Geschäften' ein Betreten der Geschäftshäuser und sorgten im übrigen für die Aufrechterhaltung der Ruhe.

Die von diesem Vorgehen betroffenen Kauf- und Warenhäuser haben ebenso wie die übrigen jüdischen Geschäfte angesichts dieser Lage ihre Verkaufsräume geschlossen... Die Polizei hat das Vorgehen der SA geduldet und erklärt, es handele sich nur um eine Protestkundgebung..."

Die Terroraktionen gegen jüdische Unternehmen brachten der Reichsregierung eine schlechte Auslandspresse. Anzeichen eines Handelsboykotts gegen deutsche Produkte machten sich bemerkbar.

Die NSDAP - die Regierung hielt sich bedeckt - reagierte, indem sie für den 1. April 1933 einen Judenboykott ausrief, der bis zur Kapitulation der Auslandspresse dauern sollte.
Daß jüdische Gruppierungen die Zeichen der Zeit nicht erkannten, zeigt das Telegramm des jüdischen Gemeindevorstands von Berlin an das American Jewish Committee New York: „Zeitungsnotizen zufolge dauert dort Greuel- und Boykottpropaganda gegen Deutschland an, angeblich teilweise auch seitens jüdischer Organisationen. Als Deutsche und als Juden müssen wir hiergegen entschieden Verwahrung einlegen. Die Verbreitung unzutreffender Meldungen ist nur geeignet, Schaden anzurichten, das Ansehen unseres deutschen Vaterlandes zu mindern und die Beziehungen der deutschen Juden zu ihren Mitbürgern zu gefährden. Ersuchen dringend, dafür zu wirken, daß jegliche Greuel- und Boykottpropaganda unterbleibt."
Der Boykott entwickelte im Vorfeld eine gefährliche Eigendynamik. Im sächsischen Annaberg beispielsweise machten sich vor jüdischen Geschäften SS-Leute breit, die jedem Käufer, der einen Laden verließ, einen Stempel mit der Inschrift 'Wir Verräter kauften bei Juden' ins Gesicht drückten.
Die Regierung war gezwungen zu taktieren. Eine große Boykottwelle durch das Ausland konnte sich auf die deutsche Wirtschaft tödlich auswirken, die außerdem zu diesem Zeitpunkt auch noch auf die Leistung jüdischer Unternehmen angewiesen war. Goebbels reagierte noch am 31. März, als er verkündete, die 'Greuelhetze' flaue ab, was ein Erfolg der Boykottandrohung sei. Der Boykott werde aber dennoch am 1. April „mit voller Wucht

und Disziplin durchgeführt“. In den Appellen an die eigenen Leute forderte die NSDAP, jede gewalttätige Ausschreitung zu unterlassen. Man wolle keinem Juden auch nur ein Haar krümmen. Wer gegen diese Marschroute verstoße, werde genauso aus der Partei ausgeschlossen wie die Genossen, die in boykottierten Geschäften kaufen würden.

Der Boykott stieß bei der deutschen Bevölkerung nicht nur auf Gegenliebe. Es gab im Gegenteil auch etliche Solidaritätsbeweise.

Ein jüdischer Geschäftsmann schrieb: „Als der Posten... vor meinem Geschäft Aufstellung nahm, hängte ich ein Plakat folgenden Inhalts in mein Schaufenster: ‘Vier Jahre habe ich für Deutschland mein Leben eingesetzt; davon fast drei Jahre auf dem Unterseeboot U.C.22. Zwei Brüder von mir sind in Frankreich für Deutschland gefallen. Wer es mit deutscher Gesinnung vereinbaren kann, der boykottiere mich jetzt und kaufe nicht bei mir.’ An das Plakat befestigte ich meine sechs Kriegsauszeichnungen... Vor meinem Schaufenster stauten sich die Menschen, die fast durchweg für mich Stellung nahmen. Ein General kam, ostentativ an dem Posten vorbei, zu mir ins Geschäft und sprach mir unter ermunternden Worten seine Anerkennung... aus. Ein Landgerichtsdirektor kam und kaufte eine Kleinigkeit, um mir an dem für mich so bitteren Tag seine Treue zu zeigen. Eine Dame, die Frau eines bedeutenden Gelehrten, brachte mir ein Sträußchen Veilchen - und so könnte ich noch viele aufzählen.“

Der Boykott wurde wenig später ausgesetzt, obwohl die internationale Presse nach wie vor schwere Geschütze auffuhr. Die Mehrheit der deutschen Bevölkerung zeigte sich für die Propaganda nicht empfänglich. Fritz Goldschmidt, juristischer Berater für hilfesuchende Juden bei der Reichsvertretung, notiert im Mai 1939: „Trotz der ununterbrochenen Bemühungen der Nazis, die deutschen Juden wirtschaftlich zu ruinieren, blieben die Massen der Bevölkerung als Kunden den jüdischen Kaufleuten, Industriellen, Ärzten und Anwälten treu. Bis 1938 gelang es zwar, an einzelnen Orten und in gewissen Geschäftszweigen die Juden wirtschaftlich zu schädigen; im großen ganzen aber war der Boykott nicht vernichtend. In manchen Gegenden bevorzugten Mißvergnügte offensichtlich jüdische Läden und Betriebe."

Die Lageberichte regionaler offizieller Stellen ergeben kein einheitliches Bild. Es gab Bezirke, in denen sich jüdische Geschäfte behaupteten, und es gab Bezirke, aus denen sie wegziehen mußten. Die Staatspolizeistelle Frankfurt meldete Anfang 1935: „Der Viehhandel liegt, besonders in ländlichen Gegenden, nach wie vor in Händen der Juden... Als Grund wird nach wie vor eine bessere Bezahlung durch die jüdischen Händler als durch die Viehverwertungsgenossenschaft angegeben." Und ein weiterer Bericht fügt hinzu: „...daß die Juden auf dem Lande auch wieder in verstärktem Maße an Tanzlustbarkeiten und ähnlichen öffentlichen Veranstaltungen teilnehmen."

Auch Hans Robinsohn, Mitinhaber eines Hamburger Textil-Kaufhauses, erinnert sich in 'Tradition. Zeitschrift für Firmengeschichte und Unternehmensbiographie 4' aus dem Jahr 1958, daß die Umsätze von 1933 bis 1937 im großen und ganzen ziemlich gleich blieben. „Mit Werbemaßnahmen, sorgfältigster Bedienung und ausgesuchten Warenangeboten gelang es uns, einen großen

Teil der sogenannten 'Laufkunden' zu erwerben, die die Abgänge aufgrund des Boykotts ausglichen. Viele dieser Kunden gehörten einem durch das Regime selbst geschaffenen Typ an, nämlich dem 'Protestkunden'.
Grundsätzliche Gegner des Regimes kauften nun gerade in jüdischen Geschäften..."
Auch mit dem Arbeitsgericht machte Robinsohn ausgezeichnete Erfahrungen: „Ich hatte es mir... angewöhnt, in allen Kündigungsfällen dem zu entlassenden Mitarbeiter ein Vergleichsangebot zu machen, durch das er mehr erhalten würde, als ihm gesetzlich zustand. Meistens wurde auf Grund dieser Angebote auch das arbeitsrechtliche Verfahren beendet, da die Richter es verständlicherweise vorzogen, sich auf diese Weise Verurteilungen 'arischer' Arbeitnehmer zu ersparen. Im ganzen bestand jedoch beim Arbeitsgericht das Bestreben, objektiv zu urteilen und keinerlei politische Momente auf das Verfahren Einfluß erlangen zu lassen. Gelegentliche Versuche, mit groben Schimpfworten antisemitischer Art die Richter gegen unsere Firma einzunehmen, sind sämtlichst gescheitert."
Obwohl Jude, erhielt Robinsohn übrigens jedes Jahr wie amtliche Abgaben aufgemachte Aufforderungen, für Adolf Hitler zu spenden. „Ich entschied mich dafür, überhaupt nicht zu reagieren. Außer ein paar Mahnungen geschah nichts."
Zur wirtschaftlichen Schlagkraft der Juden hatte Hitler bereits in 'Mein Kampf' eindeutig Position bezogen und dargelegt, wie er bei einer Machtübernahme zu verfahren gedachte: „Das Finanzjudentum wünscht... nicht nur die restlose wirtschaftliche Vernichtung Deutschlands, sondern auch die vollkommene politische Versklavung. Die

Internationalisierung unserer deutschen Wirtschaft, d.h. die Übernahme der deutschen Arbeitskraft in den Besitz der jüdischen Weltfinanz, läßt sich restlos nur durchführen in einem politisch bolschewisierten Staat. Soll die marxistische Kampftruppe des internationalen jüdischen Börsenkapitals aber dem deutschen Nationalstaat endgültig das Rückgrat brechen, so kann dies nur geschehen unter freundlicher Nachhilfe von außen. Frankreichs Armeen müssen deshalb das deutsche Staatsgebilde so lange berennen, bis das innen mürbe gewordene Reich der bolschewistischen Kampftruppe des internationalen Judentums erliegt.
So ist der Jude heute der große Hetzer zur restlosen Zerstörung Deutschlands. Wo immer wir in der Welt Angriffe gegen Deutschland lesen, sind Juden ihre Fabrikanten... Die Ausrottung der nationalen völkischen deutschen Intelligenz und die dadurch ermöglichte Auspressung der deutschen Arbeitskraft im Joche der jüdischen Weltfinanz ist nur als Vorspiel gedacht für die Weiterverbreitung dieser jüdischen Welteroberungstendenz. Wie so oft in der Geschichte ist in dem gewaltigen Ringen Deutschland der große Drehpunkt. Werden unser Volk und unser Staat das Opfer dieser blut- und geldgierigen jüdischen Völkertyrannen, so sinkt die ganze Erde in die Umstrickung dieses Polypen; befreit sich Deutschland aus dieser Umklammerung, so darf diese größte Völkergefahr als für die gesamte Welt gebrochen gelten."
Hitler stellt den Juden als eine Einheit dar, mit dem Ziel, die Weltherrschaft zu erlangen und alle Völker zu unterjochen. Wenn man heute über 'den Juden' spricht, verfällt man im Grunde in denselben Jargon. Den 'Juden

als solchen' hat es nie gegeben und gibt es nicht. Dasselbe gilt für die Deutschen. Eine schablonenartige, nicht differenzierende Geschichtsschreibung führt zu einem falschen Bild der Realität und öffnet Räume, in denen Bücher entstehen, wie 'Mein Kampf' eines war, in dem Hitler erklärt: Der Jude „geht seinen Weg, den Weg des Einschleichens in die Völker und des inneren Aushöhlens derselben, und er kämpft mit seinen Waffen, mit Lüge und Verleumdung, Vergiftung und Zersetzung, den Kampf steigernd bis zur blutigen Ausrottung der ihm verhaßten Gegner."

Anmerkung 9

Es gab Tausende von Schmähschildern, die sich gegen die Juden wandten. In Edenkoben wurde dem Wandersmann mitgeteilt, daß die Juden für die Menschheit dasselbe seien wie die Flöhe für den Hund. Die Gemeinde Dahn prophezeite am Ortseingang: „Ist dir die Judenfrage fremd, dann stehst du plötzlich da im Hemd!“
Die Bremer ‘Nationalsozialistische Zeitung’ verkündete am 30. Januar 1930, daß sich ‘zwischen dem deutschen Menschen und dem jüdischen Asiaten’ eine unüberbrückbare Kluft auftue. Unter diesen Gegnern, mit denen man nur ‘mit der Hundepeitsche und dem Stiefelabsatz’ verkehren könne, müsse mit ‘eisernem Besen’ aufgeräumt werden. Der Artikel schloß mit dem Satz: „Und sie werden ausgelöscht werden!“
Die jüdische Presse erkannte zwar, ‘daß eine feindliche Macht die Regierungsgewalt in Deutschland übernommen hat’, die ihre Erfolge zum Großteil einer skrupellosen Judenhetze verdanke; doch war man auch davon überzeugt, daß zwischen dem Hitler in Braunhemd und Stiefeln mit seiner SA, die ‘Juda verrecke’ schrie und das Lied vom Judenblut sang, ‘das vom Messer spritzen muß, wenn es noch mal so gut gehen soll’, und dem Reichskanzler Hitler im Gehrock, umgeben von einflußreichen deutschnationalen und konservativen Bürgern, ein grundlegender Unterschied sei. Was der Parteiführer Hitler gefordert habe, könne der Kanzler Hitler gar nicht wollen. Daß die in der Reichsverfassung festgeschriebene Gleichberechtigung der deutschen Juden durch das NSDAP-Programm ersetzt werden könnte, schien außer-

halb jeder Vorstellungskraft zu liegen. Die Hoffnung vieler kleiner Leute richtete sich auf den Reichspräsidenten, von dem man erwartete, daß er dem antisemitischen Treiben Einhalt gebieten werde. So schrieb die Berlinerin Frieda Friedmann am 23. Februar 1933 an den Reichspräsidenten: „Ich war 1914 verlobt, mein Verlobter fiel 1914. Zwei meiner Brüder Max und Julius Cohn fielen im Jahre 1916 und 1918. Mein letzter Bruder Willy kam erblindet durch Verschüttung aus dem Felde zurück. Er wurde wieder so weit hergestellt, daß er sich ohne Hilfe auf der Straße bewegen kann, seine Nerven jedoch sind futsch, und er ist nicht als normal zu betrachten. Meinem Vater hat dies das Herz gebrochen und wenn ich meine arme Mutter sehe, jammert es mich, denn auch ich habe 1920 einen Kriegsbeschädigten geheiratet, mit dem ich aufgrund seiner Beschädigung sehr unglücklich lebe, so daß ich daran mein ganzes Leben lang trage. Alle haben das Eiserne Kreuz für Verdienst am Vaterland. Jetzt jedoch ist es in unserem Vaterlande so gekommen, daß auf der Straße öffentlich Broschüren gehandelt werden 'Juden raus!', öffentliche Aufforderung zu Pogromen und Gewalttaten gegen die Juden. Wir sind Juden und haben unsere vollste Pflicht für das Vaterland erfüllt. Sollte Ew. Exzellenz da nicht Abhilfe schaffen können, und dessen eingedenk sein, was auch die Juden dem Vaterland geleistet haben? Ist die Judenhetze Tapferkeit oder Feigheit, wenn es im deutschen Staat bei 60 Millionen Menschen 1 % Juden gibt?"
Als Adolf Hitler 1933 an die Macht kam, zählte man im Deutschen Reich tatsächlich knapp über 66 Millionen Einwohner. Davon bekannten sich 500.000 Menschen zum Judentum. Rund 99.000 davon waren keine deut-

schen Staatsbürger. Mit ihnen wollten die deutschen Juden auf keinen Fall gleichgesetzt werden.
Die meisten Juden waren bis zum Novemberpogrom 1938 nach wie vor der Ansicht, daß Hitlers Drohungen nicht ernstgemeint und nicht umgesetzt würden. Als am 1. April 1933 die NSDAP zum Boykott jüdischer Geschäfte, Ärzte und Anwälte aufrief, wandten sich die Repräsentanten deutscher Juden an Hitler und beteuerten, sich 'mit allen Fasern ihres Herzens der deutschen Heimat verbunden' zu fühlen. Sie wiesen daraufhin, daß allein 12.000 Juden im großen Krieg (später in der Geschichtsschreibung der Erste Weltkrieg genannt) für ihr Vaterland das Leben hingegeben, und strichen heraus, daß sie auf den Gebieten friedlicher Arbeit stets mit allen Kräften ihre Pflicht getan haben.
Frieda Friedmanns Brief indes wurde vom Büro des Reichspräsidenten dahingehend beantwortet, daß der Präsident mit Anteilnahme vom schweren Kriegsschicksal der Familie Kenntnis genommen habe und daß er die erwähnten Ausschreitungen gegenüber jüdischen Reichsangehörigen lebhaft mißbillige und bedaure. Der Brief wurde auch Hitler vorgelegt. Er kommentierte handschriftlich an den Rand: „Die Behauptungen dieser Dame sind ein Schwindel!..."

Anmerkung 10

Der 'Wucherjude' ist die Folge des vierten Laterankonzils, das Papst Innozenz III., Urheber des vierten Kreuzzuges (1202 - 1204) und gnadenloser Feind der Juden, die er als „Söhne der Kreuziger“ brandmarkte, im Jahre 1215 einberief. Rücksichtslos setzte er die antijüdischen Bestimmungen durch, die bis heute die Basis für demütigende Lebensbedingungen und bösartige Verleumdungen der Juden bilden.

Innozenz III. verbot den Christen das Zinsnehmen und wälzte die Schuld an den Wucherzinsen auf die Geldgier der Juden ab. Sie waren mit sofortiger Wirkung von allen öffentlichen Ämtern ausgeschlossen, mußten ein Stück gelben Stoffes als Kennzeichen ihrer sozialen Degradierung auf ihr Gewand nähen und durften sich während der Osterwoche nicht in der Öffentlichkeit zeigen. Die neuen Kirchengesetze und die sich darauf stützenden Zunftvorschriften nahmen den Juden nahezu jede Möglichkeit, sich in christlicher Umgebung ihren Lebensunterhalt zu verdienen, ausgenommen durch Geld- und Pfandleihe oder in Ausnahmefällen als Ärzte von Herrschern und Klostergemeinschaften. Trotz der unnachgiebigen Haltung der katholischen Kirche pflegten Kaiser, Fürsten, Stadträte und sogar Bischöfe wirtschaftliche und kulturelle Beziehungen zu Juden.

Der Stauferkaiser Friedrich II. (1212 - 1250) machte die Juden zu Knechten der kaiserlichen Kammer (die servi camerae). Dieser Rechtsstatus stellte die Juden zwar unter den Schutz des Kaisers, machte sie aber zugleich zu dessen Eigentum. Sein Besteuerungsrecht konnte er nach Belieben in jeder Höhe ausüben, es verleihen oder verkaufen. Die Juden erwarben sich einige wichtige Rechte durch Zahlung hoher Geldbeträge: Sicherheit auf der Landstraße; ein faires, legales Verfahren im Fall eines Rechtsstreits zwischen einem Juden und einem Christen und das Recht, sich nicht taufen zu lassen. Die Schutzgelder, die die Juden aufzubringen hatten, waren außergewöhnlich hoch. Um die Beträge zu erwirtschaften, mußten sie überhöhte, wenn auch gesetzlich erlaubte Zinsen nehmen. In der Bevölkerung wuchs dadurch der Haß auf die Wucherjuden, deren Lage sich trotz kaiserlichen Schutzes verschlechterte. So kam es während der letzten Kreuzzüge zu furchtbaren Massakern. Die grausamsten waren das 'Judenschlachten' in Frankfurt/Main um 1250 und die Vernichtung von über 140 jüdischen Gemeinden in Franken, Thüringen, Hessen und Bayern 1298, der die Verleumdung vorausging, Juden hätten eine Hostie, Symbol des Leibes Christi, entheiligt, indem sie sie durchstochen hätten. Es tauchte auch die Ritualmord-Beschuldigung wieder auf. Die Kirche verbreitete, die Juden würden in der Passah-Zeit Christenkinder töten, um deren Blut für rituelle Zwecke zu verwenden. Kaiser Friedrich II. hatte diese Beschuldigung nach eingehender Untersuchung 1236 für unsinnig und unwahr erklärt, zumal Juden jeder Genuß von Blut streng verboten ist und sie sich bereits als unrein empfinden, wenn sie Blut nur berühren. Auch für die Pest, die von 1347 bis 1352 in Europa wütete und ein Drittel der Einwohner tötete, mußten die Juden herhalten. Sie hätten die Brunnen vergiftet, hieß es. Allein in Straßburg wurden daraufhin 2.000 Juden lebendig verbrannt. Die Juden, die ostwärts nach Polen fliehen konnten, waren dort als

Kaufleute, Handwerker und Städtegründer willkommen. Sie brachten neben ihren Bräuchen auch deutsches Kulturgut und die deutsche Sprache mit, aus der sich mit der Zeit unter Einbeziehung hebräischer und slawischer Lehnwörter das Jiddische entwickelte.

Anfang des 16. Jahrhunderts gab es in den meisten deutschen Städten keine Juden mehr. Sie waren getötet oder vertrieben worden. Es setzte der intellektuelle und kulturelle Verfall des Judentums in Deutschland ein, der bis zum Ausgang des 18. Jahrhunderts zu spüren war. Der größte Teil der Überlebenden, besonders in den ländlichen Gebieten, war verarmt. Tausende hausten in Wäldern und an Landstraßen, wo sie sich in Gruppen zusammenschlossen, um sich vor Überfällen zu schützen. Viele taten sich mit christlichen Vagabunden und Bettlern zusammen, die ebenfalls von der Gesellschaft ausgestoßen worden waren. An das Verbot des Zinsnehmens für Christen hielt sich inzwischen nicht einmal mehr die Kirche. Nach wie vor gab es Juden, die Geld verliehen. Davon machten u.a. auch Bauern notgedrungen Gebrauch, die ihrem geistlichen Herrn den Zehnten nicht zahlen oder die Gebühr für einen Ablaß nicht aufbringen konnten. Für die Juden galt dabei das strenge Gebot ihrer Gemeinschaft, Christen niemals zu betrügen, denn die Folgen eines solchen Betruges konnten eine ganze jüdische Gemeinde in Gefahr bringen.

Wenn auch die Juden nach wie vor das Volk waren, das von Generation zu Generation die Verantwortung für den Tod Jesu Christi trug und ihnen Feindseligkeit und Verachtung entgegenschlugen, so gewannen sie doch als Kaufleute und Ärzte das Vertrauen zahlreicher Fürsten, Bischöfe und Patrizier. Wenige stiegen zu Finanzberatern und Leibärzten auf oder wurden angesehene Kaufleute und Händler, deren Einfluß derart wuchs, daß sie offen gegen Verleumdungen auftreten konnten, wie das auf dem Reichstag in Augsburg 1530 der Fall war, als sich die Juden erfolgreich gegen den Vorwurf der katholischen Kirche verteidigten, sie seien am Abfall der Protestanten vom Katholizismus schuld. Der Vorwurf war allein deswegen absurd, weil der Reformator Martin Luther ein erbitterter Gegner der Juden war. In der Hoffnung, die Juden zum christlichen Glauben zu bekehren, plädierte er in seiner Schrift 'Daß Jesus Christus ein geborener Jude sei' 1523 für Toleranz und wies die Anschuldigung des Ritualmordes und der Hostienschändung zurück; doch als die Juden bei ihrem Glauben blieben, beschimpfte Luther sie als halsstarrig und schlug vor, daß „dies verworfene Gezücht der Juden, ekelerregendes Gewürm" zur Zwangsarbeit geschickt werde, daß man ihnen ihre heiligen Schriften wegnehmen und ihre Synagogen und Häuser verbrennen solle. Luthers Kampf gegen das Papstum hatte bei den Juden zunächst Hoffnung auf Verständnis für ihren Glauben und auf menschliche Behandlung erweckt. Jetzt verachteten sie die Diskrepanz zwischen der proklamierten Nächstenliebe der christlichen Kirchen und den Mitteln der Demütigung und der Folter, womit Andersgläubige zum rechten Glauben bekehrt werden sollten, vollends. Indes bestätigte Kaiser Karl V. 1544, daß Juden höhere Zinsen nehmen dürfen als Christen, weil sie höhere Steuern zahlen mußten, weder Grundbesitz hatten noch irgendein Handwerk betreiben durften.

Die Lage der Juden im 16. und 17. Jahrhundert verbesserte sich allmählich, dies vor allem in den Städten

Worms, Frankfurt/Main, Hamburg, Wien und Prag, denen die Juden als Händler und Geldgeber sehr gelegen kamen. Sie mußten sich aber nach wie vor mit erniedrigenden Verordnungen und einer drückenden Besteuerung abfinden. Ihr Leben verbrachten sie hauptsächlich in abgesonderten Stadtvierteln hinter Mauern, deren Tore nachts geschlossen wurden. Im Dreißigjährigen Krieg (1618 - 1648), der weite Teile Mitteleuropas verwüstet hatte, waren sie als Trödler, Geldwechsler, als Pferde- und Kornhändler, als Schmuggler von Nahrungsmitteln und Kriegsmaterial sowie als Beschaffer von Lösegeldern Partner aller kämpfenden Parteien und schützten auf diese Weise die eigenen Gemeinden.

Vom Wiederaufbau Deutschlands im 17. Jahrhundert profitierten auch viele Juden, vornehmlich in den Bereichen der Manufaktur und des Handels. Allmählich setzte der wirtschaftliche und kulturelle Aufschwung jüdischer Gemeinden ein.

Anmerkung 11

Am 12. November 1938 trafen sich führende Nazis unter der Leitung Görings im Reichsluftfahrtministerium, um einschneidende Maßnahmen gegen die Juden zu beschließen. Dazu gehörte auch das Verbot, deutsche Kulturveranstaltungen zu besuchen. Die Reichskulturkammer teilte mit, daß es nicht mehr angängig ist, Juden „an Darbietungen der deutschen Kultur teilnehmen zu lassen. Den Juden ist daher der Zutritt zu solchen Veranstaltungen, insonderheit zu Theatern, Lichtspielunternehmen, Konzerten, Vorträgen, artistischen Unternehmen (Varietés, Kabaretts, Zirkusveranstaltungen usw.), Tanzvorführungen und Ausstellungen kultureller Art, mit sofortiger Wirkung nicht mehr zu gestatten.“
Bereits im Mai 1932 hatte Göring gegenüber der faschistischen Turiner Zeitung das nationalsozialistische Judenprogramm dargelegt: „Wir werden alle Juden... aus den leitenden Stellungen entfernen, ebenso aus der Presse, aus dem Theater, aus dem Film, aus der Schule und aus den Universitäten. Schließlich aus jedem Amt, aus jeder Würde, aus jeder Stellung, in der sie ihren zerstörenden, antinationalen, internationalen oder bestenfalls anationalen Einfluß zum Schaden des deutschen Volkes ausüben könnten.“
Die angebliche jüdische Vorherrschaft im kulturellen und geistigen Leben Deutschlands war eines der wirkungsvollsten Themen der NS-Propaganda. Den Juden als ‘Verwalter der deutschen Kultur’ warf man u.a. vor, sie hätten ihre verlegerische Macht dazu benutzt, ihre ‘Rassegenossen’ zu fördern, und begabte deutsche

Künstler bis zur Bedeutungslosigkeit unterdrückt. Fakt ist, daß gerade nichtjüdische deutsche Autoren durch jüdische Verleger gefördert wurden. Die Juden indes spielten in der Tat eine herausragende Rolle im deutschen Kultur- und Geistesleben. Das gebildete jüdische Bürgertum war eng mit der deutschen Kulturtradition verwachsen. Nachdem Hitler zum Reichskanzler ernannt worden war, verließen Deutschland Wissenschaftler wie Albert Einstein, Otto Stern, Felix Bloch, Gustav Hertz, Otto Fritz Meyerhof, Otto Loewi; Schriftsteller wie Arnold Zweig, Lion Feuchtwanger, Alfred Döblin, Kurt Tucholsky, Elias Canetti; Verleger wie Salman Schokken, die Brüder Ullstein; Philosophen wie Theodor W. Adorno, Max Horkheimer, Martin Buber; Komponisten, Musiker und Dirigenten wie Kurt Weill, Otto Klemperer, Paul Dessau und Arnold Schönberg, der Begründer der Zwölftonmusik; Maler wie Thomas Theodor Heine, Arthur Kaufmann, Julius Wolfgang Schülein; Kunst- und Theaterkritiker wie Alfred Kerr, Max Osborn, Walter Benjamin; in der darstellenden Kunst Größen wie Fritz Kortner, Helene Weigel, Billy Wilder, Ernst Deutsch, Lilli Palmer und Max Reinhardt, der den Titel 'Arier ehrenhalber', den ihm die Nationalsozialisten anboten, ablehnte.

Nach den Aktivitäten des jüdischen Kulturbundes, der am 11. September 1941 von der Gestapo aufgelöst wurde, stand die jüdische Kultur im Zeichen der Endlösung. So furchtbar das klingen mag: in dem 60 Kilometer nördlich von Prag gelegenen Ghetto Theresienstadt gab es umfangreiche Freizeitmöglichkeiten. Von Kinos abgesehen wurde praktisch alles geboten, was auch eine

Großstadt an kulturellen Einrichtungen anbot: „Theater, Konzerte, Vorträge, Bücher und leichtere Genüsse in verschwenderischer Auswahl", wie H.G. Adler in seinem Werk 'Theresienstadt. 1941-1945. Das Antlitz einer Zwangsgemeinschaft' (Tübingen, 1960) schreibt. Wer hier eingeliefert wurde, hatte eine kleine Chance zu überleben.
Theresienstadt war in der zweiten Hälfte des 18. Jahrhunderts von den Habsburgern als Festung angelegt worden. Ende 1941 wurde sie als Konzentrationslager mißbraucht und diente als Sammel- und Durchgangslager für die zur Deportation in den Osten bestimmten Juden des Protektorats Böhmen und Mähren. Aufgenommen wurden Juden aus dem Altreich, der Ostmark sowie später auch aus Holland und Dänemark, die älter als 65 Jahre waren. Dazu kamen Schwerkriegsbeschädigte, Juden mit hohen Kriegsauszeichnungen und jüdische Prominenz. Diese Menschen sollten erreichbar und vorzeigbar bleiben. Das Lager sollte die in- und ausländische Öffentlichkeit über den wahren Charakter der Endlösung hinwegtäuschen. Die SS förderte das kulturelle Leben und half sogar, eine jüdische Stadtkapelle aufzubauen, indem sie die erforderlichen Musikinstrumente (natürlich aus beschlagnahmtem jüdischem Besitz) besorgte. So geschah es, daß die Opfer von ihrem Elend hin und wieder abgelenkt, der Selbsttäuschung und der Wirklichkeitsflucht Tür und Tor geöffnet wurden. Immer wieder gingen Transporte in die Vernichtungslager nach Auschwitz-Birkenau, Treblinka, Belzec und Sobibor, die das Kulturleben erstickten. Es atmete umso heftiger, sobald ein Transport das Lager verlassen hatte und sich die lähmende Furcht in hektische Aktivität verwandelte.

Daß im Osten schreckliche Dinge geschahen, wußte man. Aber die Wahrheit kannte man nicht. Die Leute erfuhren sie erst kurz vor Kriegsende, als die Deutschen die östlichen Lager vor der anrückenden Roten Armee evakuierten und in Theresienstadt bis aufs Skelett abgemagerte Menschen eingeliefert wurden. Die Sängerin Grabovà berichtet: „Rund um den 20. April (1945) kam... der erste Transport der sogenannten Pyjamas... und da öffneten sich uns die Augen. Nun erkannten wir die Wirklichkeit, und von diesem Tage an hörte alles Singen, Spielen und sich Zerstreuen auf.“

Anmerkung 12

Auch Luise Solmitz belegt in ihrem Tagebuch, daß man sich der Faszination des Nationalsozialismus kaum entziehen konnte. Sie war mit einem Juden verheiratet. Ihr Mann war als Fliegeroffizier des Ersten Weltkrieges mit Göring persönlich bekannt und stand später unter dessen schützender Hand. „Wir waren wie berauscht vor Begeisterung, geblendet vom Licht der Fackeln gerade vor unseren Gesichtern und immer in ihrem Dunst, wie in einer süßen Wolke von Weihrauch. Und vor uns Männer, Männer, Männer, braun, bunt, grau, braun, eine Flut von einer Stunde und 20 Minuten. Im zuckenden Licht der Fackeln meinte man nur einige Typen zu sehen, die immer wiederkehrten, aber es waren an 22 - 25.000 verschiedene Gesichter!... 'Juda, verrecke', wurde auch mal gerufen und vom Judenblut gesungen, das vom Messer spritzen solle." Luise Solmitz beschreibt hier einen Fakkelzug aus Nationalsozialisten durch Hamburg. Ihre Sätze bringt sie am 6. Februar 1933 zu Papier. Später fügt sie hinzu: „Wer nahm das damals ernst?" Das war, als sie sich vom Nationalsozialismus distanziert hatte. Inzwischen war nämlich auch ihre Familie von den Nürnberger Gesetzen getroffen worden. Die Tochter hatte als Halbjüdin die Schule verlassen müssen.

'Nürnberger Gesetze' war die Sammelbezeichnung für das 'Reichsbürgergesetz' und das 'Gesetz zum Schutze des deutschen Blutes und der deutschen Ehre', auch kurz 'Blutschutzgesetz' genannt. Auf Anordnung Adolf Hitlers waren sie kurzfristig ausgearbeitet und vom Reichstag im Rahmen des Nürnberger Parteitages der NSDAP

am 15. September 1935 einstimmig verabschiedet worden. Mit dieser Grundlage standen künftig die vollen politischen Rechte nur den Inhabern des Reichsbürgerrechts zu, das neben die Reichs- und Staatsangehörigkeit trat und nur an Staatsangehörige deutschen oder artverwandten Blutes verliehen wurde.
Das Gesetzeswerk schloß die Juden von der Mitwirkung am politischen Leben des deutschen Volkes aus und machte sie zu Menschen zweiter Klasse.
Dem deutschen Volk verkündete man: „Durchdrungen von der Erkenntnis, daß die Reinheit des deutschen Blutes die Voraussetzung für den Fortbestand des Deutschen Volkes ist, und beseelt von dem unbeugsamen Willen, die Deutsche Nation für alle Zukunft zu sichern, hat der Reichstag einstimmig das folgende Gesetz beschlossen, das hiermit verkündet wird:

§ 1: Eheschließungen zwischen Juden und Staatsangehörigen deutschen oder artverwandten Blutes sind verboten. Trotzdem geschlossene Ehen sind nichtig, auch wenn sie im Ausland geschlossen sind...

§ 2: Außerehelicher Verkehr zwischen Juden und Staatsangehörigen deutschen oder artverwandten Blutes ist verboten.

§ 3: Juden dürfen weibliche Staatsangehörige deutschen oder artverwandten Blutes unter 45 Jahren nicht in ihrem Haushalt beschäftigen.

§ 4: Juden ist das Hissen der Reichs- und Nationalflagge und das Zeigen der Reichsfarben verboten...

In den folgenden Paragraphen werden Zuchthaus- und Gefängnisstrafen angedroht, vor allem, was das Zuwiderhandeln gegen die Paragraphen 1 und 2 betraf, da hier der Tatbestand der 'Rassenschande' erfüllt wurde.

Noch zwei Jahre zuvor hatte das Auswärtige Amt der jüdischen Presse des Auslands, die sich Sorgen um die Stellung der Juden in Deutschland machte, mitgeteilt: „Um die Befürchtungen der ausländischen Juden bezüglich des Schicksals der Juden in Deutschland zu beruhigen, wird erklärt, daß das neue deutsche Kabinett Frieden und Ordnung für alle deutschen Bürger zu sichern bestrebt ist und nicht die Absicht hat, sich auf unvernünftige Experimente einzulassen."
Es gab einige Gruppierungen im deutschen Judentum, die der neuen Regierung sogar Sympathie entgegenbrachten. Der 'Verband nationaldeutscher Juden' war weit rechts im politischen Spektrum der Weimarer Republik angesiedelt und forderte zur Reichstagswahl vom 31. Juli 1932: „Wählt deutsch!" - Die Lanze wollte man für die Deutschnationale Volkspartei brechen: „Unser Vaterland ist dort, wo unsere Seele ist. Mit Deutschland sind wir verbunden durch die deutsche Kultur, die seit Jahrhunderten in unserer Familie heimisch ist, durch die deutsche Muttersprache, durch die Liebe zum deutschen Heimatboden, durch das Wissen um unsere Zugehörigkeit zum deutschen Volke. Wir sind Deutsche nicht um irgendwelcher Vorteile willen, sondern durch den Zwang des Gefühls. Diese unverbrüchliche Verbundenheit mit dem deutschen Volke kann uns nicht geraubt werden, nicht durch Drohungen irregeleiteter Judenfeinde, nicht durch Hirngespinste einiger dem Deutschtum künstlich entfremdeter Zionisten, nicht durch Angstpolitik einer kleinen wurzellosen Zwischenschicht. Das Volksgefühl

gibt den Ausschlag, nicht die sogenannte ‘Rasse’. Wer mit seinem Gefühl zum deutschen Volk gehört, wählt am 31. Juli nicht für den vermeintlichen Vorteil der Juden, er wählt für die deutsche Kultur und die deutsche Zukunft.“
Die nationaldeutschen Juden machten Front gegen den Marxismus und wollten Patriotismus um jeden Preis beweisen. Man distanzierte sich von den Ostjuden wie auch von den Zionisten, jene von Theodor Herzl begründete politische Bewegung mit dem Ziel, den Juden eine Heimat in Palästina zu schaffen. Im Frühjahr 1935 forderte man Hitler in einem Brief auf, bei der Wiedereinführung der Wehrpflicht die nationaldeutschen Juden den Ariern gleichzustellen. Der Leiter des Verbands, Rechtsanwalt Max Naumann, bot seinem Führer und Reichskanzler sogar an, bei der notwendigen „Abgrenzung zwischen den zuzulassenden nationaldeutschen Juden und den nicht zuzulassenden Fremdjuden“ Anregungen zu unterbreiten. (In Hannover übrigens gab es eine größere jüdische Gemeinde, die sich bereits während der Weimarer Zeit geweigert hatte, nichtdeutsche Juden als Gemeindemitglieder aufzunehmen. Auch nach Kriegsende weigerten sich einige deutsch-jüdische Gemeinden, Juden nichtdeutscher Staatsangehörigkeit als Mitglieder aufzunehmen. Die traditionellen Unterschiede deutsch-jüdischer und jiddischer Kultur konnten auch nicht durch die jahrelange gemeinsame Leidenszeit beseitigt werden. Vielen deutschen Juden war das als Jargon verschmähte Jiddisch ein Dorn im Auge, und sie hatten nicht die Absicht, sich mit einer Kultur zu identifizieren, die sie als ‘schlechtes Deutsch’ betrachteten. Man wies die religiösen Gebräuche der osteuropäischen Juden zurück und

mied den Umgang mit ihnen. Als besonders übel empfand man deren Schwarzmarktaktivitäten, die in der deutschen Öffentlichkeit angeprangert wurden, während man nichtjüdische Schwarzmarktaktivitäten gern übersah. Die Identifikation von Schwarzmarkt und Jude war für viele deutsche Juden eine Schmach. Man gab sich alle Mühe, auf Distanz zu gehen.) Wenige Monate zuvor, im September 1934, hatte der Verband bereits klar Position bezogen: „Wir haben stets das Wohl des deutschen Volkes und Vaterlandes, dem wir uns unauflöslich verbunden fühlen, über unser eigenes Wohl gestellt. Deshalb haben wir die nationale Erhebung vom Januar 1933 begrüßt, trotzdem sie für uns selbst Härten brachte, denn wir sahen in ihr das einzige Mittel, den in vierzehn Unglücksjahren von undeutschen Elementen angerichteten Schaden zu beseitigen." (Vergl. Klaus J. Herrmann: Das Dritte Reich und die deutsch-jüdischen Organisationen 1933-1934, Köln, 1969)

Auch der Reichsbund jüdischer Frontsoldaten überschlug sich in seiner Loyalität zur Reichsregierung. Im Oktober 1933 teilte man anläßlich des Austritts aus dem Völkerbund mit: „Kameraden! Es geht um Deutschlands Ehre und Lebensraum. Da übertönt in uns ein Gefühl alles andere. In altsoldatischer Disziplin stehen wir mit unserem deutschen Vaterlande bis zum Letzten!" (Der Schild, 27.10.1933)

Die Reichsregierung zeigte sich völlig unbeeindruckt. Die NSDAP verhöhnte die nationaldeutschen Juden. Im 'Völkischen Beobachter' (die Parteizeitung, die Hitler 1920 erwarb und für die er bis 1922 zahlreiche Leitartikel schrieb) wurden die „Anbiederungsversuche" als „plump und verächtlich" zurückgewiesen, die ultradeut-

sche Gebärde als sinnlos erklärt. Der Verband wurde im Herbst 1935 verboten.
Den 'Reichsbund jüdischer Frontsoldaten' hatte man in Berlin im Februar 1919 gegründet. Vorausgegangen war ein entsprechender Aufruf. Jüdische Soldaten waren bei der Rückkehr aus dem Ersten Weltkrieg als 'feige Drükkeberger' begrüßt, die Gefallenen geschmäht worden. Die jüdischen Soldaten sollten sich vereinen, zum „Kampf um unsere Ehre und unser Recht als Deutsche und Juden." Der Bund zählte zeitweilig bis zu 40.000 Mitglieder. Sein Presseorgan wurde 'Der Schild'. Mit zahlreichen Publikationen widerlegte man die Behauptung der Drückebergerei, u.a. mit einem Gedenkbuch für die jüdischen Kriegsopfer, das 10.154 Gefallene namentlich aufführte. (Vergl. auch Anmerkung 4)
So zahlreich die jüdischen Organisationen mit ihren unterschiedlichsten Ansichten und Zielsetzungen waren, so ängstlich-abwartend, meist aber gleichgültig, war die Mehrheit der Juden in ihrer Haltung, wie beispielsweise eine Veranstaltung zur Förderung des jüdischen Handwerks vom 30. Januar 1933 im Café Leon am Berliner Kurfürstendamm belegt. Kurz vor der Sitzung hatte man erfahren, daß Hitler zum Reichskanzler ernannt worden war. Der Zionist und Rabbiner Hans Tramer sagte, daß im Angesicht dieser historischen Wendung alle Differenzen unter Juden sinnlos geworden seien, alle seien jetzt in der gleichen Gefahr. Wie bei Kurt Jakob Ball-Kaduri in: 'Das Leben der Juden in Deutschland im Jahre 1933' (ein Zeitbericht, Frankfurt am Main, 1963) nachzulesen ist, hat Tramers Rede keinen Eindruck hinterlassen: „Das ganze Publikum hielt das für Schwarzmalerei. Es gab keinerlei Echo."

Damals - wie übrigens auch heute, wenn man sich mit Deutschen aus allen Altersgruppen über die NS-Zeit unterhält - erschienen die deutschen Juden - ja, überhaupt die Juden an sich - sowohl in der antisemitischen Agitation als auch in der Vorstellung vieler Nichtjuden als eine geschlossene Einheit, als eine Gruppe mit gleichen Sitten, Gebräuchen und Anschauungen. Das war in jeder Hinsicht falsch. Es gab ein orthodoxes Judentum, das die hebräischen Schriften ('Tenach') als inspiriert erkannte und sich peinlich genau an die Vorschriften der mosaischen Gesetze hielt. Diese Juden glauben, daß der Messias noch kommen und für Israel ein goldenes Zeitalter herbeiführen wird. Meinungsverschiedenheiten innerhalb der Bewegung führten zu Splittergruppen, wie der Chassidismus (hebr. Chassidim: 'Fromme') eine ist. Mitte des 18. Jahrhunderts in Osteuropa begründet, gilt diese jüdische Strömung als besonders strenggläubig.
Mit Beginn des 19. Jahrhunderts formierte sich das als liberal und progressiv bekannte Reformjudentum. Es fußt auf den Ideen Moses Mendelssohns, eines jüdischen Intellektuellen aus dem 18. Jahrhundert, der die Meinung vertrat, die Juden sollten sich eher der westlichen Kultur anpassen, als sich von den Nichtjuden absondern. Für die Reformjuden ist die Thora, das jüdische Gesetzbuch von Moses, keine von Gott offenbarte Wahrheit. Sie betrachten die jüdischen Speisegesetze und die Vorschriften über Reinheit und Kleidung als überholt. Das konservative Judentum entstand 1845 als Nebenzweig der Reformer, weil diese zu viele traditionelle jüdische Bräuche ablehnten. Sie gehorchen den biblischen Geboten und den Gesetzen der Rabbiner, sofern diese den aktuellen Bedingungen des jüdischen Lebens entsprechen.

Auf politischer Ebene stritten Juden, die das Judentum als nationale Einheit und sich selbst als Volk sahen, gegen die, die im Judentum lediglich eine Religionsgemeinschaft erblickten und die Juden als nur durch ihre Religion miteinander verbunden auffaßten. Es darf also nicht verwundern, wenn eine Gruppe wie die Juden mit derart vielen religiösen und politischen Strömungen, außerordentlich schwer unter einen Hut zu bringen war. Als die 'Reichsvertretung der deutschen Juden' endlich installiert werden konnte, schrieb man den 17. September 1933. Die Vertretung war in ihrer Gesamtkonstruktion aber schwerfällig. Ihre Aufgaben sah sie darin, die Jugend im Geiste der Judentums zu erziehen, wirtschaftliche Positionen zu sichern und auszubauen sowie die Auswanderung zu fördern.
Nur wenige Tage bevor die Reichsvertretung gegründet wurde, hatte die evangelische Kirche deutlich gemacht, wo sie künftig stehen werde. Die preußische Generalsynode beschloß, den für andere Bereiche des öffentlichen Lebens bereits geltenden Arierparagraphen auf die Kirche zu übertragen. Geistlicher oder Kirchenbeamter durfte nur sein, wer arischer Abstammung war und sich ohne Vorbehalte für den nationalen Staat und die evangelische Kirche einsetzte. Unter Pfarrer Martin Niemöller formierte sich aber auch Widerstand. Die Gruppe 'Evangelium und Kirche' sah ihre Auffassung vom Christentum durch das neue Gesetz verletzt. Niemöller, der selbst in einem Konzentrationslager gewesen war, rief zur Gründung eines 'Pfarrernotbundes' auf. Später erklärte er, „daß sich christliche Kirchen Jahrhunderte hindurch immer aufs neue dazu hergegeben haben, Kriege, Truppen und Waffen zu segnen, und daß sie in ganz

unchristlicher Weise für die Vernichtung der Kriegsgegner gebetet haben... Wir Christen von heute stehen beschämt da vor einer Sekte wie der der Ernsten Bibelforscher, die zu Hunderten und Tausenden ins Konzentrationslager und in den Tod gegangen sind, weil sie den Kriegsdienst ablehnten und sich weigerten, auf Menschen zu schießen.“

Bereits 1938 erklärte der evangelische Pfarrer T. Bruppacher, indem er anführte, daß die Zeugen Jehovas die Hitlerverehrung und das Hakenkreuz ablehnten: „Obwohl viele, die sich Christen nennen, in der entscheidenden Prüfung versagten, leisten die unbekannten Zeugen Jehovas als christliche Märtyrer... ungebrochenen Widerstand gegen Gewissenszwang und heidnischen Götzendienst... Der künftige Kirchenhistoriker wird einmal anerkennen müssen, daß nicht die großen Kirchen, sondern einige von den verschrienen, belächelten Sektenleuten es gewesen sind, welche als erstes das Rasen des Nazidämons aufgefangen... haben.“

Paul Johnson schrieb in dem Werk ‘History of Christianity’: „Von den 17.000 evangelischen Pastoren gab es nie mehr als 50, die eine längere Strafe (wegen der Weigerung, das NS-Regime zu unterstützen) verbüßten... Die Tapfersten waren die Zeugen Jehovas, die von Anfang an keinen Hehl aus ihrer oppositionellen Überzeugung machten und entsprechend leiden mußten. Sie lehnten jede Zusammenarbeit mit dem Nazistaat ab.“

Daß der Widerstand der Zeugen Jehovas in der breiten Weltöffentlichkeit relativ unbekannt ist, liegt zum einen daran, daß der Holocaust in den Lagern des Ostens stattfand, die von der Geschichtsschreibung eine entsprechend ausführliche Würdigung erhielten, während die

Historiker offenbar etwas nachlässig detaillierte Maßstäbe bei der Bewertung deutscher Lager wie Dachau, Ravensbrück*Bild 9 & 10) oder Buchenwald anlegten, wo die Ernsten Bibelforscher zumeist interniert waren. Wenn überhaupt, so werden sie in Fußnoten abgehandelt, und was dort einmal verschwunden ist, taucht in der Regel nicht mehr auf. Zum anderen versuchten die Zeugen, mit Kriegsende sofort wieder beruflich Fuß zu fassen und ihren Predigtdienst zu verrichten. Sie kamen nie auf die Idee, Wiedergutmachungsforderungen zu stellen, obwohl sie zweifellos Anspruch darauf gehabt hätten. Erst in jüngster Zeit treten sie mit Veranstaltungen, die über diesen vergessenen Teil der Nazizeit informieren, an die Öffentlichkeit. Ein Schritt, der schon vor 50 Jahren notwendig gewesen wäre, wird jetzt endlich umgesetzt. Es ist bedrückend, wenn Vertreter etablierter Kirchen und Journalisten, denen jeder geschichtliche Hintergrund fehlt, öffentlich unterstellen, die Veranstaltungen seien eine einzige Werbekampagne, die noch lebenden Opfer würden zu Propagandazwecken mißbraucht und hinter allem stecke der Versuch, sich im nachhinein doch noch eine Wiedergutmachung zu erstreiten. Als Christ muß die Frage erlaubt sein, wie eine Kirche (der Autor dieses Buches gehört der evangelischen Kirche an) überleben will, die die Zeugen als verfassungswidrig einstuft, sich aber gleichzeitig auf Pfarrer wie Martin Niemöller beruft, um den Widerstand der Kirche im Dritten Reich zu dokumentieren - Niemöller, der seinerseits die Haltung der Bibelforscher als vorbildlich herausstrich. Bei derartigen Widersprüchen darf es nicht verwundern, wenn Christen ihrer Kirche den Rücken kehren - hoffentlich aber nicht dem Christentum als solchem.

Wie gering die Lernbereitschaft bei Kirchenvertretern ist, zeigt auch das 'Stuttgarter Schuldbekenntnis', das im Oktober 1945 vom Rat der Evangelischen Kirchen in Deutschland herausgegeben wurde. Man räumte zwar ein, nicht genug Widerstand gegen Hitler geleistet zu haben, erwähnte aber mit keinem Wort die Verbrechen gegenüber den Juden.

Das war ebenso blamabel wie Konrad Adenauers erste Regierungserklärung vom 10. September 1949, „in der der Bundeskanzler mit keinem Wort die Pflicht der Wiedergutmachung an den Opfern des Nationalsozialismus erwähnte, sehr wohl aber von der Hilfeleistungspflicht gegenüber den Kriegsopfern, Vertriebenen und Ausgebombten sprach." (Vergl. L. Herbst: 'Wiedergutmachung in der Bundesrepublik Deutschland', München, 1979)

Der 'Bruderrat der Evangelischen Kirche in Deutschland' verkündete 1948 die besondere Schuld der Juden am Tod Jesu: „Indem Israel den Messias kreuzigte, hat es seine Erwählung und Bestimmung verworfen... Daß Gott nicht mit sich spotten läßt, ist die stumme Predigt des jüdischen Schicksals, uns zur Warnung, den Juden zur Mahnung, ob sie sich nicht bekehren möchten zu dem, bei dem allein auch ihr Heil steht." (siehe Anmerkung 7)
Diesen Überfluß an Feingefühl kommentiert der Historiker Michael Brenner: „Es bedarf nicht viel Phantasie, sich vorzustellen, wie solche Worte von Kirchgängern nach Jahren antisemitischer Indoktrination aufgenommen wurden. Noch immer wurden Juden von der Kanzel aus als Gottesmörder dargestellt. Nach der Judenverfolgung der vorangegangenen Jahre mag so mancher deutsche Christ zur Feststellung gelangt sein, daß der Holocaust

lediglich eine weitere Bestätigung der Bestrafung Gottes für das Volk der Gottesmörder war."

Die katholische Kirche in Rom hatte bereits 1933 ein Konkordat mit dem Hitler-Regime ausgehandelt. Die treibende Kraft des Vertragswerkes war Kardinal Eugenio Pacelli, der von 1920 bis 1930 Nuntius in Berlin war und als Papst Pius XII. von 1939 bis 1958 regierte (er verkündete übrigens 1950 das Dogma von der Himmelfahrt Mariä). Hitler versprach sich von dem Pakt Vorteile. Offenbar hatte er richtig kalkuliert, wie David A. Yallop in seinem Buch 'Im Namen Gottes?' über den mysteriösen Tod des 33-Tage-Papstes Johannes Paul I. aufzeigt. Pacelli brachte dem faschistischen Deutschland ausgeprägte Sympathien entgegen: „...Ungeachtet des starken Drucks der Weltöffentlichkeit lehnte Papst Pius XII. es ab, Hitler oder Mussolini zu exkommunizieren... Es war der Papst, der sich auf den Standpunkt einer unverbindlichen Neutralität zurückzog, der den deutschen Bischöfen gegenüber vom 'gerechten Krieg' sprach und den französischen Bischöfen ganz dasselbe sagte, was dazu führte, daß sich im Krieg die deutschen Bischöfe auf die Seite der deutschen, die französischen auf die Seite der französischen Waffen schlugen. Es war der Papst, der sich nicht bereitfand, den deutschen Überfall auf Polen - den Greueltaten der SS fielen auch katholische Priester zum Opfer - zu verurteilen, weil, wie er sagte, 'wir nicht vergessen dürfen, daß es im (Deutschen) Reich 40 Millionen Katholiken gibt. Wie würde es ihnen nach einem solchen Akt von Seiten des Heiligen Stuhls ergehen?'

Aus der Sicht des Vatikan bestand eine der wichtigsten Errungenschaften des Konkordats mit Hitler in der verbindlichen Zusage, daß die Kirchensteuer beibehalten würde. Diese Steuer wurde und wird noch heute zusammen mit der Lohnsteuer einbehalten und ans Finanzamt abgeführt... In den Jahren unmittelbar vor dem Zweiten Weltkrieg begannen aus Deutschland beträchtliche Kirchensteuereinnahmen nach Rom zu fließen. Dieser Geldfluß hielt den ganzen Krieg über an und belief sich beispielsweise 1943 auf umgerechnet 100 Millionen Dollar."
Am 8. Dezember 1939, drei Monate nach Ausbruch des Zweiten Weltkrieges, brachte Papst Pius XII. den Hirtenbrief 'Asperis Commoti Anxietatibus' in Umlauf. Der Brief richtete sich an die Militärgeistlichen in den Armeen der kriegführenden Nationen und forderte die Pfarrer auf beiden Seiten auf, ihren jeweiligen Armeebischöfen zu vertrauen. Darin wurden die Feldgeistlichen ermahnt, „als Kämpfer unter der Fahne ihres eigenen Landes auch für die Kirche zu kämpfen."

Daß die römisch-katholische Kirche durchaus auf das Nazi-Regime hätte wirken können, zumal rund ein Viertel der SS-Mitglieder Katholiken waren, zeigte sich bei dem einzigen Massenmordbefehl, den Hitler jemals unterzeichnet hat - die Auslöschung lebensunwerten Lebens.
Rudolf Augstein schreibt: „Clemens August Graf von Galen, Bischof von Münster, sprach aus, was Amtsbrüder in energischen Protestschreiben an den Reichsminister für kirchliche Angelegenheiten, Hanns Kerrl, verurteilt hatten. In einer Predigt am 3. August 1941, sechs

Wochen nach dem Überfall auf die Sowjetunion, mahnte er, daß bald allen 'unproduktiven Volksgenossen', Altersschwachen, Invaliden, Kranken bis zu Kriegsversehrten, die Vernichtung drohe.

Es wurde erwogen, den Bischof von Münster zu verhaften, es fiel auch das Wort liquidieren, und Joseph Goebbels, der das katholische Rheinland kannte, schrieb in sein Tagebuch, ganz Westfalen würde für den Nationalsozialismus verloren sein, täte man dem Bischof etwas an.

Dieses Auftreten brachte Galen über sein Bistum Münster hinaus den Ruf als 'Löwe von Münster' ein, als Widerstandsfigur gegen den Nationalsozialismus, die er keinesfalls jemals war. Ein mutiger, hochgemuter Mann, das war er.

Hier zeigten sich die Grenzen des Hitler-Regimes. Einen Mann wie Galen zu liquidieren, das hätte bedeutet, auch überzeugte Nazi-Bischöfe wie den Erzbischof Konrad Gröber von Freiburg - schon 1933 wurde er förderndes Mitglied der SS - gegen die Nazis aufzubringen... Galen war, sieht man von der Euthanasie-Frage ab, bei der auch er später resignierte, vor allem um seine Diözese besorgt. Die deportierten Juden kümmerten ihn wenig, allenfalls die zum katholischen Glauben konvertierten, die christlichen Juden. Wie nahezu alle katholischen Bischöfe den Beginn des Hitler-Krieges 1939 begrüßt hatten, so predigte auch Bischof Galen zugunsten Hitlers, als der die antichristliche Sowjetunion überfiel. Er sprach nicht gerade von 'zu Tieren entarteten' Russen wie sein Kollege Erzbischof Lorenz Jaeger von Paderborn, aber von 'der drohenden Roten Flut'. Noch nach Kriegsende bedauerte er, daß Hitler diesen grausigen Krieg verloren hatte.“ (Der Spiegel, Nr. 43/20.10.97)

Der Führer hatte seine Marschroute bereits in ‘Mein Kampf’ festgelegt: „Als nationale Sozialisten sehen wir in unserer Flagge unser Programm. Im Rot sehen wir den sozialen Gedanken der Bewegung, im Weiß den nationalistischen, im Hakenkreuz die Mission des Kampfes für den Sieg des arischen Menschen und zugleich mit ihm auch den Sieg des Gedankens der schaffenden Arbeit, die selbst ewig antisemitisch war und antisemitisch sein wird...

...Der Marxismus aber stellt sich als den in Reinkultur gebrachten Versuch des Juden dar, auf allen Gebieten des menschlichen Lebens die überragende Bedeutung der Persönlichkeit auszuschalten und durch die Zahl der Masse zu ersetzen... Im russischen Bolschewismus haben wir den im zwanzigsten Jahrhundert unternommenen Versuch des Judentums zu erblicken, sich die Weltherrschaft anzueignen...“ Sollte es tatsächlich der Wunsch von Papst Pius XII. gewesen sein, für Hitler den Heiligen Krieg gegen den Bolschewismus auszurufen, hätte er ihn gleichzeitig gegen die Juden ausgerufen, da für Hitler beides nicht zu trennen war.

(Bis zu Stalins Tod 1953 war der Begriff ‘Bolschewismus’ im kommunistischen Sprachgebrauch gängig. Er ist ein Sammelname für Theorie und Praxis des Sowjetkommunismus einschließlich Marxismus-Leninismus sowie Stalinismus und geht auf das russische Wort ‘Bolschewiki’, übersetzt: Mehrheitler, zurück. Lenin und seine Anhänger nannten sich selbst so aufgrund einer Mehrheit von zwei Stimmen, die ihre Fraktion 1903 bei einer Abstimmung der Sozialdemokratischen Arbeiterpartei Rußlands erreichte.)

Während der Recherche zu diesem Buch war immer wieder zu vernehmen, daß der Papst auch der Endlösung der Judenfrage aufgeschlossen gegenüberstand und bei Hitler angeregt haben soll, in diesem Zuge auch das Kapitel der Zeugen Jehovas entsprechend abzuschließen. Verifizierende Unterlagen konnten bis Redaktionsschluß nicht gesichtet werden. Der Holocaust-Spezialist Prof. Dr. Henry Friedlander von der City University of New York erklärte auf Anfrage, daß ihm diesbezüglich keine Informationen vorliegen. Er könne sich auch nicht vorstellen, daß es zwischen dem Vatikan und dem Hitler-Regime derartige Absprachen gegeben habe. Rudolf Augstein weist darauf hin, daß Pius mitgeholfen hat, Juden in Klöstern, Kirchen und sogar im Vatikan zu verstecken: „Genaue Kenntnisse darüber, daß mit der systematischen Vernichtung aller jüdischen Männer, Frauen und Kinder Europas begonnen worden war, erhielt er (Pius) spätestens im Sommer 1942... Nachrichten wie die eines italienischen Feldgeistlichen... haben ihn aus Polen erreicht: 'Wir sind aller Menschlichkeit beraubt, der Grausamkeit von Leuten ausgeliefert, denen jedes menschliche Gefühl fehlt. Wir leben ständig unter entsetzlichem Terror, ständig in Gefahr, im KZ zu enden.' Pius soll, als er dies las, geweint haben." In 'Focus' Nr. 47 vom November 1997 wird darauf hingewiesen, daß zur Zeit der deutschen Besetzung Roms 477 Juden im Vatikan und 4.238 Juden in den Klöstern von Rom Unterkunft gefunden hätten. Die den Papst kritisch sehen,

sprechen von Alibi-Juden, um Pius für die Nachwelt in ein besseres Licht zu rücken.
Den Einmarsch deutscher Truppen in Polen begleiteten die deutschen Bischöfe mit einem Aufruf im Martinusblatt vom 17. September 1939: „In dieser entscheidungsvollen Stunde ermuntern und ermahnen wir unsere katholischen Soldaten, in Gehorsam gegen den Führer, opferwillig unter Hingabe ihrer ganzen Persönlichkeit ihre Pflicht zu tun. Das gläubige Volk rufen wir auf zu heißem Gebet, daß Gottes Vorsehung den ausgebrochenen Krieg zu einem für Vaterland und Volk segensreichen Erfolg und Frieden führen möge."
Der Vatikan indes dürfte erheblich früher Kenntnis über das Grauen in den Konzentrationslagern gehabt haben. Die Bibelforscher, deren Schriften ständig und peinlich genau studiert wurden, berichteten bereits 1937 über Experimente mit Giftgas in Dachau. Von den Konzentrationslagern Sachsenhausen und Esterwegen veröffentlichten sie Zeichnungen. *Bild 11) Bis 1940 waren in den Publikationen der Zeugen 20 verschiedene Lager namentlich genannt worden, und es waren Berichte über die menschenunwürdigen Bedingungen erschienen. Immer wieder wurde auf die Vernichtung der Juden aufmerksam gemacht, so u.a. im Juni 1940 in der englischen Ausgabe von 'Trost'. 1943 wies die gleiche Zeitschrift darauf hin, daß ganze Völker - Griechen, Polen und Serben - in den Konzentrationslagern systematisch ausgelöscht werden.
Die bisweilen detaillierten Beschreibungen über Auschwitz, Buchenwald, Dachau und Sachsenhausen waren unter großen Gefahren aus den Lagern geschmuggelt worden und legten die mörderischen Absichten des

Dritten Reiches von Beginn an bloß. Bereits 1933 brachte 'Das Goldene Zeitalter' (engl.) den ersten von vielen Berichten über die Existenz von Konzentrationslagern in Deutschland. 1938 veröffentlichten die Zeugen das Buch 'Kreuzzug gegen das Christentum' in Deutsch, Französisch und Polnisch. Darin wurden die Angriffe der Nationalsozialisten gegen die Zeugen gründlich dokumentiert und die Konzentrationslager Sachsenhausen und Esterwegen schematisch dargestellt. Der Nobelpreisträger Thomas Mann kommentierte das Werk: „Ich habe Ihr so schauerlich dokumentiertes Buch mit größter Ergriffenheit gelesen, und ich kann die Mischung aus Verachtung und Abscheu nicht beschreiben, die mich beim Durchblättern dieser Dokumente menschlicher Niedrigkeit und erbärmlicher Grausamkeit erfüllte... durch Schweigen (wird) der Welt die moralische Apathie... nur allzu bequem gemacht... auf jeden Fall haben Sie Ihre Pflicht getan, indem Sie mit diesem Buch vor die Öffentlichkeit traten."

1935 enthüllten die Zeugen über ihre Zeitschrift 'Das Goldene Zeitalter' (engl.) die „inquisitionsähnlichen Foltermethoden" des NS-Staates und seiner Spitzel. Im darauffolgenden Jahr führte eine landesweite Kampagne der Gestapo zur Verhaftung von Tausenden von Bibelforschern. Die Zeugen reagierten im Dezember 1936 mit einer eigenen Kampagne - über ganz Deutschland verteilten sie Zehntausende von Exemplaren einer Resolution, in der gegen die Verfolgung protestiert wurde. Zur Bestürzung der Gestapo gelang ein halbes Jahr später eine weitere Aktion dieser Art. (Eine historische Würdigung hat Dr. Elke Imberger in ihrem Werk 'Widerstand von unten', Neumünster, 1991, vorgenommen: „Wäh-

rend der ganzen NS-Zeit gab es in Deutschland keine andere Widerstandsorganisation, die eine vergleichbare Initiative durchführte. Die Aktionen der Bibelforscher... sind angesichts der damals herrschenden Bedingungen für Widerstand umso bemerkenswerter, insbesondere, wenn man bedenkt, daß andere Untergrundgruppierungen wie die der illegalen Arbeiterparteien zu diesem Zeitpunkt - gemeint ist die Zeit um 1937 - bereits zerschlagen waren.)
Über Rundfunk hielt der Gründer der Bibelforscher, J. F. Rutherford, zahlreiche Vorträge, die den Nationalsozialismus entlarvten. Am 2. Oktober 1938 erklärte er: „Das allgemeine Volk in Deutschland liebt den Frieden. Der Teufel hat dort als seinen Vertreter einen unbarmherzigen, grausamen, fanatischen Menschen zur Macht erhoben... Auf unmenschliche Art verfolgt er die Juden, weil sie einst Jehovas Bundesvolk waren und den Namen Jehovas trugen, und weil Jesus Christus ein Jude war."
Von Rutherfords Vorträgen wurden Millionen Exemplare gedruckt und weltweit verbreitet. Jehovas Zeugen gehörten nicht nur zu den ersten Opfern des NS-Regimes; sie verurteilten auch entschieden die Grausamkeiten, die an Juden, Polen, Behinderten, an Sinti und Roma und anderen Gruppen begangen wurden. Wer Augen und Ohren halbwegs offen hatte, mußte eigentlich wissen, welchem Zweck die Konzentrationslager dienten. (In Dutzenden von Gesprächen haben alte Menschen dem Autor dieses Buches indes immer wieder beteuert, von all den Greueltaten nichts mitbekommen zu haben. Auch SS-Männer und Soldaten der Wehrmacht, bzw. deren Frauen oder Angehörige, gaben an, unwissend gewesen zu sein. Was sich in den Lagern abgespielt habe, habe strengster Ge-

heimhaltung unterlegen. Sie erzählten auch von ihren Ängsten, sich zu informieren oder sich selbst innerhalb der Familie zu äußern. Wenn überhaupt derartige Thematiken angesprochen wurden, schickte man die Kinder aus dem Zimmer, damit sie in der Schule nichts ausplaudern konnten. Die Furcht vor schweren Repressalien habe im Nacken gesessen. Bisweilen seien über Nacht ganze Familien aus der Nachbarschaft verschwunden. Man habe nicht gefragt, man habe nur geschwiegen. 'Man' schweigt heute noch und trägt damit zum Unverständnis einer Zeit bei, die erst vor wenigen Augenblikken vorbeizog und dennoch so unerreichbar fern ist, daß ein Urteil zu fällen, nur eine Einschätzung zu geben, als abenteuerliches Wagnis erscheint.) Dennoch schrieb die 'Kölnische Volkszeitung' Nr. 182 vom 4. Juli 1936 über den Besuch Bischof Wilhelm Bemings in den Konzentrationslagern seiner Diözese: „Die Besichtigungsfahrt wurde im Lager Aschendorfer Moor beendet, wo der Bischof in der schön ausgeschmückten Vortragsbaracke, in der man einen Altar aufgebaut hatte, eine Ansprache an die Gefangenen hielt, in der er die durch den Glauben auferlegte Pflicht zum Gehorsam und zur Treue gegenüber Volk und Staat besonders hervorhob. Zum Schluß seiner Ansprache brachte er ein dreifaches Sieg-Heil auf Führer und Vaterland aus."

Die Bibelforscher wurden vom NS-Regime als Staatsfeinde eingestuft. Sie weigerten sich in aller Öffentlichkeit, den Nationalsozialismus anzuerkennen, den sie mit ihrer Auffassung vom Christentum als nicht vereinbar ansahen. Als die um 1933 einsetzende Verfolgung kein Ende nahm, schickten Glaubensgenossen aus aller Welt am 7. Oktober 1934 Protesttelegramme an Adolf Hitler.

Darin war die Forderung: „Hören Sie auf, Jehovas Zeugen weiterhin zu verfolgen, sonst wird Gott Sie und Ihre nationale Partei vernichten."
Hitlers Reaktion ist überliefert. Wütend schrie er in der Reichskanzlei: „Diese Brut wird aus Deutschland ausgerottet werden!"
Die 'Brut' bestand 1933 aus etwa 25.000 Zeugen. In den kommenden zwölf Jahren wurden rund 10.000 inhaftiert. Zumeist litten sie in Konzentrationslagern und Strafanstalten. Fast 2.000 büßten nach der aktuellen Forschung ihr Leben ein, davon wurden über 250 hingerichtet. Mehr als 800 Kinder von Zeugen Jehovas wurden durch die Gestapo verschleppt. Sie kamen in NS-Erziehungsheime oder in ideologisch 'zuverlässige' Familien. Das reichsweite Verbot ereilte die Zeugen am 1. April 1935.
Am 20. Juni 1937 verteilten die Zeugen Jehovas unter Lebensgefahr im Dritten Reich über 20.000 Exemplare eines Schriftstückes, überschrieben: „Offener Brief an das bibelgläubige und Christus liebende Volk Deutschlands!"
Darin heißt es: „Es ist nun eine erschreckende Tatsache, daß die gegenwärtigen Machthaber in Deutschland alle aufrichtigen *Bibelchristen*, die offen ihren Glauben an Jehova Gott bekennen und ihm dienen, schmähen, verleumden und *mit grausamen Mitteln verfolgen*...
...Seit vielen Jahren haben wir, Jehovas Zeugen, früher Bibelforscher genannt, in Deutschland unseren Volksgenossen die Bibel und ihre trostreichen Wahrheiten gelehrt und dabei in selbstloser Weise zur Linderung materieller und geistiger Not Millionen verausgabt.
Als Dank dafür sind Tausende von Zeugen Jehovas in Deutschland aufs grausamste verfolgt, mißhandelt und in

Gefängnisse und Konzentrationslager eingesperrt worden. Trotz größten seelischen Drucks und trotz sadistischer körperlicher Mißhandlung, auch an deutschen Frauen, Müttern und an Kindern im zarten Alter, hat man in vier Jahren nicht vermocht, die Zeugen Jehovas auszurotten...
... Die gegenwärtige unchristliche und bibelfeindliche Regierung maßt sich ferner an zu erklären, daß nur die römisch-katholische Kirche und die Staatskirche eine Art Religionsfreiheit ausüben kann, daß aber allen anderen wahrhaft bibelgläubigen Christen *keine Glaubens- und Gewissensfreiheit* gewährt wird."
Zitiert wird auch aus einer Ehrenerklärung, die die Zeugen unterschreiben sollten: „Ich versichere hiermit an Eidesstatt, daß ich die staatsfeindlichen Machenschaften der jüdischen internationalen Bibelforscher-Vereinigung erkannt habe und ich mich als treuer Deutscher von dieser Vereinigung so weit ich ihr angehörte oder nahestand, losgesagt habe... Ich werde die Gesetze und die Anweisungen der Partei und des Staates befolgen und vor allen Dingen auch in meiner Familie den Geist des Führers, besonders im Herzen meiner Kinder, aufrichten... Ich bin mir bewußt, daß jede weitere Betätigung für die Internationale Bibelforscherbewegung...schärfste Bestrafung nach sich zieht, da ich dann nicht mehr wert und würdig bin in der Gemeinschaft des deutschen Volkes zu leben und zu arbeiten..." Die Erklärung fordert im weiteren zum Verrat anderer Bibelforscher auf und endet mit 'Heil Hitler!'
Der Brief listet Drohungen auf, mit denen die Zeugen unter Druck gesetzt werden, und erwähnt Gefängnisstrafen bis zu fünf Jahren, danach Konzentrationslager und

„Mißhandlungen, die sich von den *Folterungen der Inquisitionszeit* nicht mehr unterscheiden... In amtlichen Blättern werden Jehovas Zeugen als Verbrecher, als Staatsfeinde, als Kommunisten und ihre Führer der Bewegung als Juden hingestellt, obwohl alle Welt außerhalb Deutschlands und Millionen bibelgläubige Deutsche davon überzeugt sind, daß die Zeugen Jehovas weder Staatsverbrecher noch Kommunisten noch Juden sind, sondern einfache, anständige, gottgläubige Christen."
Zitiert wird auch aus der Zeitschrift 'Der deutsche Justizbeamte' vom 21. März 1937. Der Bericht macht auf die gefährlichste Quelle der Zeugen, auf die Bibel, aufmerksam: „Diesen Zeugen Jehovas liegt bei ihren Einlieferungen in die Gefängnisse daran, *die Bibel zu bekommen*, damit sie ihre staatsfeindliche Einstellung durch planvoll zusammengesetzte Bibelstellen weiter verfolgen und wenn möglich auf andere Insassen der Gefängnisse übertragen können. Sache der Vollzugsbehörden soll es sein, zu verhindern, daß das Studium der Bibel zu Aufzeichnungen führt, die in staatsgefährlicher Weise verwendet werden können. Es ist somit dem pflichtgemäßen Ermessen der Vollzugsbehörden überlassen, wie sie das verhindern; die Hauptsache ist, daß sie es verhindern... Den christlichen Gefangenen sind die von den kirchlichen Behörden eingeführten Gebets- und Gesangbücher zu verabreichen; evangelische Gefangene erhalten ferner ein Neues Testament mit Psalmen, katholische Gefangene den Diözesan-Katechismus und ein Neues Testament oder die Biblische Geschichte, Jüdische Gefangene erhalten ein Gebetbuch. *Diese Bestimmungen treffen aber auf die Ernsten Bibelforscher als Strafgefangene nicht zu...*

Da... der Zweck der Untersuchungshaft auch darin besteht, den Häftling an neuen strafbaren Handlungen zu hindern, würde es offensichtlich dem Haftzweck widersprechen, den Untersuchungshäftlingen diejenigen Bücher (Bibel und Neues Testament) zu verabfolgen, aus denen sie für ihre innere Zugehörigkeit zu ihrer verbotenen Sekte und deren staatsfeindlichen Einstellung fortdauernd neue Nahrung und Ermunterung entnehmen könnten..."

Die Zeugen schreiben weiter, daß sich in ihren Händen erdrückendes Beweismaterial über die grausamen Behandlungsmethoden befinde, und nennen Namen der Täter, die sich nicht einmal scheuten, Frauen mit Ochsenziemern und Gummiknüppeln zu schlagen. „*Wir besitzen auch nähere Angaben und Namen von ca. 18 Fällen, wo Jehovas Zeugen gewaltsam getötet worden sind.* Anfang Oktober 1936 wurde der... *Zeuge Jehovas, Peter Heinen, von Beamten der Geheimen Staatspolizei im Rathaus zu Gelsenkirchen erschlagen.* Dieser traurige Vorfall wurde dem Herrn Reichskanzler Adolf Hitler berichtet. Abschriften davon erhielten auch der Reichsminister Rudolf Hess und der Chef der Geheimen Staatspolizei, Himmler.

Die grausamen Mißhandlungen und die gewaltsame Verschleppung von Willy Ruhnau... ist bereits als Petition dem Völkerbundsrat unterbreitet und in der Weltpresse bekanntgemacht worden. Die Danziger Polizei weigert sich, irgendwelche Auskunft über den Verbleib Ruhnaus mitzuteilen. Ruhnau ist ohne Zweifel von der Danziger Polizei verschleppt und nachher getötet worden."

Im weiteren machen die Zeugen darauf aufmerksam, daß, um Gott zu dienen, man sich nicht irgendeiner Or-

ganisation anschließen müsse. Es stehe auch allen Menschen frei zu glauben, was sie zu glauben wünschen; wer aber Leben haben und glücklich sein möchte, entscheide sich für Gott, achte nicht auf Menschenlehren, sondern befolge das Wort Gottes und tue allen Menschen gegenüber das Rechte. Die Geistlichen der etablierten Kirchen werden als Teil der herrschenden Klasse geschildert „und sind Freunde der Welt, und die Schrift erklärt, daß sie Feinde Gottes sind. (Jakobus 4: 4)"
Dieser offene Brief ist mit Sicherheit auch im Vatikan gelandet, dort wußte man spätestens 1937 um das Grauen in den KZ und um die menschenverachtenden Verfolgungen ehrbarer Bürger unter dem NS-Regime. Eine menschliche, christliche Reaktion wäre gewesen, mit Nachdruck die Aufklärung der Vorfälle zu verlangen. Wie so oft in der Geschichte, wenn es darauf ankommt, schwiegen auch diesmal die Vertreter Christi auf Erden.
Das Bibelverständnis der Zeugen verbietet übermäßige Menschenverehrung, Kriegsdienst, Beteiligung an politischen Wahlen und das Grüßen von Symbolen des Staates.

Waren die Bibelforscher unter dem NS-Regime mit Juden und Bolschewisten in einen Topf gesteckt, als Staatsfeinde eingestuft und aufgrund ihrer pazifistischen Überzeugung in Konzentrationslager verschleppt worden, stempelte man sie nach dem Krieg in der DDR als „verbrecherische Organisation im Solde der amerikanischen Kriegsbrandstifter" ab. Im August 1950 strich das Innenministerium die Zeugen aus der Liste der erlaubten Religionsgemeinschaften, womit den rund 17.000 Mitgliedern auch die Erlaubnis, sich zu treffen, entzogen wurde. Zu Hunderten kamen sie in Haft und wurden teilweise bei öffentlichen Schauprozessen zu langjährigen Zuchthausstrafen - oft wegen Wehrdienstverweigerung - verurteilt. Nachdem trotz der Repressalien ihre Zahl auf über 20.000 wuchs, bildete die Staatssicherheit 1963 unter dem Decknamen 'Sumpf' eine Sonderkomission, um die Strukturen der Gemeinschaft zu zerschlagen. Sie arbeitete mit Spitzeln, Abhöranlagen, Hausdurchsuchungen und oft menschenunwürdigen Vernehmungsmethoden.

Von 1950 bis 1961 erhielten 2.202 Zeugen insgesamt 12.013 Jahre Haft zugesprochen. Mindestens 50 von ihnen starben in den Gefängnissen und Arbeitslagern an Mißhandlungen, Krankheiten, Unterernährung oder Altersschwäche - alle waren bereits im NS-Staat inhaftiert gewesen. Mit Ende der Ära Ulbricht (1950 - 1971) wurde das Leben für die Zeugen in der DDR erträglicher. Die Volkspolizei verhängte in der Regel nur noch Geldstrafen für das Verbreiten ihres Glaubens. Wehrdienstverweigerer wurden nach wie vor hart angepackt. In einigen Fällen kam es zur Abschiebung in die Bundesrepublik. (Vergl. die aktuellen Daten im Geschichtsarchiv der Wachtturm-Gesellschaft, Selters, Stand: 1997)

Anmerkung 13

Das politische Kampflied der NSDAP war das Horst-Wessel-Lied („Die Fahnen hoch..., 1927), das seit 1933 zusammen mit dem Deutschlandlied die Nationalhymne des Dritten Reiches war. Wessel (1907 - 1930), Verfasser des Liedes, trat 1926 der NSDAP bei und wurde drei Jahre später SA-Sturmführer. Er starb an den Folgen eines Überfalls und wurde von Goebbels zum nationalsozialistischen Märtyrer stilisiert.

Anmerkung 14

In der Nationalsozialistischen Abendzeitung 'Der Angriff' vom 30. Juni 1934 gibt Hitler die Verhaltensregeln für die *S*turm*a*bteilung vor:
„1. Ich verlange vom SA-Führer, genau so wie er vom SA-Mann, blinden Gehorsam und unbedingte Disziplin...
4. Ich verlange insbesondere vom SA-Führer, daß er ein Vorbild in der Einfachheit und nicht im Aufwand ist. Ich wünsche nicht, daß der SA-Führer kostbare Diners gibt oder an solchen teilnimmt. Man hat uns früher hierzu nicht eingeladen, wir haben auch jetzt dort nichts zu suchen. Millionen unserer Volksgenossen fehlt auch heute noch das Notwendigste zum Leben. Sie sind nicht neidisch dem, den das Glück mehr gesegnet hat, aber es ist eines Nationalsozialisten unwürdig, den Abstand zwischen Not und Glück, der ohnehin ungeheuer groß ist, noch besonders zu vergrößern. Ich verbiete insbesondere, daß Mittel der Partei, der SA oder überhaupt der Öffentlichkeit für Festgelage und dergleichen Verwendung finden. Es ist unverantwortlich, von Geldern, die zum Teil sich aus den Groschen unserer ärmsten Mitbürger ergeben, Schlemmereien abzuhalten...
6. SA-Führer oder Politische Leiter, die sich vor aller Öffentlichkeit betrinken, sind unwürdig, Führer ihres Volkes zu sein... Fehler können jederzeit verziehen werden, schlechte Aufführung nicht. SA-Führer, die sich daher vor den Augen der Öffentlichkeit unwürdig benehmen, randalieren oder gar Exzesse veranstalten, sind ohne Rücksicht sofort aus der SA zu entfernen... Von den staatlichen Stellen erwarte ich, daß sie in solchen Fällen

das Strafmaß höher bemessen als bei Nichtnationalsozialisten..."
Allzu ernst haben die Nazis diese Vorgaben nicht genommen. Hitlers Kampfgefährte Julius Streicher - um ein Beispiel zu nennen -, Gründer und Herausgeber des antisemitischen Hetzblattes 'Der Stürmer' und seit 1930 fränkischer NSDAP-Gauleiter, residierte in Nürnberg fürstlich. Als standesgemäße neue Bleibe quartierte er sich kurzerhand in das Palais des Großindustriellen Freiherr von Cramer-Klett ein. Das stattliche Gebäude, das von einem Park umgeben war, wurde auf Kosten der Stadt für Streicher aufwendig umgebaut. Der Gauleiter zahlte keine Miete und auch keine Strom- und Wassergebühren. Für sein Arbeitszimmer ließ er nach eigenen Entwürfen einen protzigen Mahagoni-Schreibtisch mit olivgrüner Lederplatte anfertigen und dazu passend einen Bücherschrank, ebenfalls aus Mahagoni. Ins Eßzimmer kamen ein Nußbaumtisch mit Maserungsfurnier, roßhaargepolsterte Sessel und eine Nußbaum-Vitrine. Unbekannte schmierten an die Fassade des Palais: 'Wo hast du denn die Villa her, es gibt doch keine Bonzen mehr.'
Streicher regierte in Nürnberg selbstherrlich. Er war brutal und verschwenderisch. Für 1,3 Millionen Reichsmark - viele fragten sich, woher das Geld kam - baute er sein Gut Pleikershof aus. Er griff skrupellos in die Kassen von Parteiorganen für alle denkbaren Unternehmungen, wie eine NS-interne Untersuchungskommission einmal herausfand.
Im Hauptkriegsverbrecherprozeß der Alliierten in Nürnberg 1945 wurde Streicher zum Tode verurteilt und im Oktober 1946 hingerichtet.

Anmerkung 15

Herschel Grünspan (man schreibt auch: Grynzspan) hatte am 3. November 1938 von der Abschiebeaktion polnischer Juden aus Deutschland - betroffen waren auch seine Eltern - durch seine Schwester erfahren, die ihm aus Zbaszyn (Bentschen), dem deutsch-polnischen Grenzort, eine Postkarte geschickt hatte. Fünfmal feuerte er auf den Legationssekretär Ernst vom Rath. Zuvor hatte er sich Pistole und Munition gekauft, die deutsche Botschaft in Paris aufgesucht und den Botschafter verlangt. Man verwies ihn an einen jüngeren Herren - Ernst vom Rath. Grünspan wurde ohne Gegenwehr festgenommen und überlebte zunächst in französischem, dann in deutschem Gewahrsam den Nationalsozialismus, dessen Propagandamaschinerie die unüberlegte, tragische Tat in einen Anschlag des internationalen Judentums auf das Deutsche Reich umfunktionierte. Im 'Völkischen Beobachter', dem Mitteilungsorgan der NSDAP, las man am 8. November 1938 unter dem Titel 'Die Verbrecher': „Es ist klar, daß das deutsche Volk aus dieser neuen Tat seine Folgerungen ziehen wird. Es ist ein unmöglicher Zustand, daß in unseren Grenzen Hunderttausende von Juden noch ganze Ladenstraßen beherrschen, Vergnügungsstätten bevölkern und als ausländische Hausbesitzer das Geld deutscher Mieter einstecken, während ihre Rassegenossen draußen zum Krieg gegen Deutschland auffordern und deutsche Beamte niederschießen." Und weiter heißt es: „Die Schüsse in der Deutschen Botschaft in Paris werden nicht nur den Beginn einer neuen deutschen Haltung in der Judenfrage bedeuten, sondern hof-

fentlich auch ein Signal für diejenigen Ausländer sein, die bisher nicht erkannten, daß zwischen der Verständigung der Völker letzten Endes nur der internationale Jude steht.“
So recht glauben mochten das nur die fanatischen Nationalsozialisten. Gerade wegen der postwendend einsetzenden Hetze hielten viele das Attentat für gestellt, darunter auch der Vater des 29jährigen Beamten. Er äußerte sich gegenüber einem jüdischen Nachbarn, der herbeigeeilt war, um seine Anteilnahme kundzutun, er gehe eher von einem nationalsozialistischen Hintergrund als von einem jüdischen Attentat aus.
Eine Berliner Journalistin notierte am 9. November in ihren Aufzeichnungen: „Im Omnibus, auf der Straße, in Geschäften und Kaffeehäusern wird der Fall Grünspan laut und leise diskutiert. Nirgends merke ich antisemitische Entrüstung, wohl aber eine drückende Beklommenheit, wie vor dem Ausbruch eines Gewitters.“ (Ruth Andreas-Friedrich: Der Schattenmann. Tagebuchaufzeichnungen 1938-1945, Berlin, 1947)
Für Regimegegner wie den ‘nichtarischen’ Journalisten Dr. Heinrich Mühsam war klar, daß vom Rath sterben mußte, ansonsten die ganze Propaganda ohne Wert gewesen wäre.
Das Grundproblem für das NS-Regime dabei war, daß sich weder Grünspan noch vom Rath als Schwerverbrecher bzw. Märtyrer empfahlen. Herschels Eltern waren 1911 aus Russisch-Polen nach Hannover gekommen. Der Vater, von Beruf Schneider, war von 1929 bis 1934 als Trödler umhergezogen. Neben den beiden Töchtern, die mit abgeschoben worden waren, hatte er als einzigen Sohn Herschel Grünspan. Der 17jährige lebte in Paris,

hatte die Volksschule mit äußerst mäßigem Erfolg besucht und statt zu arbeiten, lag er der Verwandtschaft auf der Tasche. Sein polnischer Paß war abgelaufen. Aus Frankreich ausgewiesen, hielt er sich illegal in Paris auf. Er war nicht aus dem Holz, aus dem das 'internationale Judentum' seinen Attentäter auf das Deutsche Reich hätte schnitzen können, das in Ernst vom Rath auch nicht gerade den würdigsten Vertreter hatte. Er war zwar NSDAP-Mitglied, aber kein Nazi im strengen Sinne und vertrat offenbar auch keine judenfeindliche Politik. Karriere hatte er noch nicht gemacht. Legationssekretär war er erst im September 1938 geworden. So verkündete das Reichspropagandaministerium am 9. November, daß Hitler den jungen Beamten „wegen seines tapferen Verhaltens zum Gesandtschaftsrat Erster Klasse ernannt" habe. Die Zeitungen wurden aufgefordert, die Meldung besonders gut zu placieren, da man jeden Moment mit dem Tod vom Raths rechnen müsse. Wenig später dann erneut das Ministerium: „Nachdem Herr vom Rath soeben gestorben ist, werden die Zeitungen gebeten, die Nachricht über die Beförderung nicht mehr zu veröffentlichen. Bei Nennung des Dienstgrades ist selbstverständlich Gesandtschaftsrat I. Klasse zu schreiben."
Goebbels teilte den Tod der Öffentlichkeit gegen 22 Uhr mit, gepaart mit einer flammenden Judenhetze und dem Ruf nach Vergeltung. Taktisch hätte die Aktion nicht besser laufen können, denn die Spitzen der Partei saßen an diesem Abend des 9. November im Alten Rathaussaal in München zusammen. Man gedachte hier alljährlich des Marsches auf die Feldherrenhalle, des mißglückten Hitlerputsches von 1923. Auch der Führer war bei diesem Kameradschaftsabend zugegen. Mit ihm beriet sich

Goebbels zunächst und legte mit seinen Haßtiraden erst los, als Hitler den Saal verlassen hatte, mußte er sich doch als Staatsoberhaupt den Rücken freihalten. Für die Parteiführer und die 'alten Kämpfer' war klar, daß ihnen die Vergeltung befohlen worden war.
Mit ihrer blinden Zerstörungswut trafen die Nazis bisweilen gar nicht die Juden. Die Hausbesitzer, deren Versicherungen für die zerschlagenen Scheiben zwischen sechs und zehn Millionen Reichsmark berappen mußten, waren meistenteils nicht jüdisch. Goebbels naive Bemerkung, der Jude müsse den Schaden zahlen, trieb Göring in einen Wutausbruch. Er stellte klar, daß Deutschland keine Rohstoffe habe und das ausländische Glas gegen Devisen kaufen müsse. Schaufensterglas produzierte einzig Belgien, Nutznießer der Pogromnacht, denn eine halbe Jahresproduktion der gesamten belgischen Glasindustrie war in wenigen Stunden zerschlagen worden.
Goebbels indes war mit dem Erreichten zufrieden und steckte auch die Kritik des Obersten Parteigerichts der NSDAP weg, das seine verschleierte Befehlsgebung als unzeitgemäß abtat. Die Öffentlichkeit wisse „bis auf den letzten Mann, daß politische Aktionen wie die des 9. November von der Partei organisiert und durchgeführt sind, ob dies zugegeben wird oder nicht."
Das NSDAP-Gericht nahm sich der Pogromnacht nicht etwa an, um die Vergehen zu verurteilen; es galt vielmehr, die Frage zu klären, wie man den Vandalismus, die Morde und Vergewaltigungen, die Parteigenossen begangen hatten, der öffentlichen Gerichtsbarkeit vorenthalten könne. Man empfahl Hitler als Staatsoberhaupt, in den meisten Fällen die Verfahren vor den ordentlichen Gerichten einfach niederzuschlagen.

Wie intensiv Goebbels die niederen Instinkte in Teilen der Bevölkerung angesprochen hatte und wie wenig man später dazu stehen wollte, mag ein Fall verdeutlichen, bei dem das Mannheimer Landgericht am 24. Juni 1948 das Urteil sprach. Ein Apotheker der Quadratestadt, als Nazi und Judenhasser bestens bekannt und bereits vor 1933 Mitglied der NSDAP, trieb einen Trupp uniformierter SA-Leute bei der Verwüstung und Plünderung von Wohnungen jüdischer Bürger ungestüm an. Er ging in dieser Rolle derart auf, daß sich die hiesige Apothekerschaft 1946 von ihrem Kollegen distanzierte und ihn aus ihrem Kreis ausschloß. Obwohl das Wüten des Pharmazeuten durch zahlreiche Zeugen glaubwürdig bestätigt wurde, bestritt er die Taten und erklärte, von dem Pogrom gar nichts gewußt zu haben, er sei am frühen Morgen des 10. November nach Heidelberg gefahren und erst am Nachmittag, als alles vorbei war, wieder nach Mannheim zurückgereist. Das Gericht verpaßte dem Apotheker zwei Jahre Zuchthaus. In dem Urteil heißt es: „... Er ist Akademiker und verfügte danach über einen Bildungsgrad, der ihm mehr als jedem sonstigen das Unrecht und die Ungeheuerlichkeit der Tat zum Bewußtsein kommen lassen mußte. Weit entfernt davon, aus solcher Erkenntnis die Schlußfolgerung zu ziehen, andere weniger gebildete und einsichtsfähige Personen von der Verübung solcher Scheußlichkeiten, die dem Normalempfinden eines jeden Kulturmenschen Hohn sprechen, abzuhalten, hat er seine Autorität dazu mißbraucht, um anderen mit dem übelsten Beispiel voranzugehen... Die Tatsache, daß er, wie er selbst vorträgt, früher von jüdischen Kreisen finanziell unterstützt wurde, entlastet ihn nicht, sondern belastet ihn umsomehr, als er die frühere Hilfe in übel-

ster Weise vergalt. Dabei hat er auf Kranke und Sterbende, auf frühere Bekannte und auf alleinstehende Frauen keine Rücksicht genommen. Ihn trieb nur der Vernichtungswille.“ Die Richter kritisierten auch die feige Haltung des Angeklagten, der die Ideen und Taten, die er früher als vorbildlich propagierte, nunmehr verleugne. Die bürgerlichen Ehrenrechte wurden ihm für zwei Jahre aberkannt, die Untersuchungshaft auf die Zuchthausstrafe nicht angerechnet.
Weit weniger aufsehenerregend, daher mit entsprechend geringem Niederschlag in den Medien und somit beinahe vergessen sind die vielen Deutschen, die sich schämten, sich von dem Unrecht distanzierten und heimlich ihren jüdischen Nachbarn halfen. In Köln versammelten sich Menschen vor der brennenden Synagoge an der Glokkengasse. Als ein Polizist zum Weitergehen aufforderte, rief eine Passantin: „Dürfen mir uns nicht mal besinn, wat wir jedonn haben sollen?“ Und ein anderer Kölner, vor der zertrümmerten Synagoge in der Roonstraße stehend, notiert, daß er mit seinem ohnmächtigen Zorn nicht allein war: „Es gab noch Bürger, die mit Abscheu, Ekel und Entsetzen still protestierend Zeugen dieses erbärmlichen Schauspiels gewesen sind. Ich bin sicher, daß sie mit mir dachten: Das also ist das Volk, das sich dünkt und den Anspruch erhebt, ein Kulturvolk zu sein. Ich habe mich nie in meinem Leben so geschämt, wie an jenem Tage.“ (T. Burauen, in: H. Matzerath: Vergessen kann man die Zeit nicht, Köln, 1985)
Daneben waren es die kleinen Gesten, die zeigten, was viele Deutsche von der NS-Politik hielten. In den Frühzügen empörten sich oft Arbeiter darüber, daß Juden nicht sitzen durften. Elisabeth Freund erzählt: „Eine

Mutter sah, daß ihr kleines Mädchen neben einem Juden saß: 'Lieschen, setz dich auf die andere Bank, du brauchst nicht neben einem Juden zu sitzen.' Da stand ein 'arischer' Arbeiter auf: 'Und ick brauch nicht neben Lieschen zu sitzen!'" Ein weiteres offenbar typisches Erlebnis schrieb Ursula von Kardorff nieder: „Setz dir hin, olle Sternschnuppe", sagte ein Berliner Arbeiter, und als sich ein Parteigenosse darüber beschwerte, fuhr er ihn an: „Üba meenen Arsch verfüje ick alleene." Auch Leo Baeck schrieb: „Eines Sonntags trat in der vollen S-Bahn ein Mann nahe an mich heran und fragte: 'Ist Tiergarten die nächste Station?' Dann flüsterte er mir zu: 'Ich bin vom Lande. Ich stecke nur schnell ein paar Eier in Ihre Tasche.' Ein anderes Mal kam auf der Straße ein Mann auf mich zu und ließ einen Briefumschlag fallen. Dann hob er ihn wieder auf, überreichte ihn mir und sagte dabei: 'Sie haben das fallen lassen.' Es war ein Bündel Lebensmittelkarten." (W.Benz (Hrsg.): Die Juden in Deutschland, 1933-1945, München, 1996)

Es gab Menschen, die noch weiter gingen und Juden halfen, indem sie Lebensmittelkarten stahlen, Dokumente fälschten oder Verfolgte bei sich aufnahmen, wie Ruth Andreas-Friedrich (Der Schattenmann, Berlin, 1947) einen Fall beschreibt: „Was tut man, wenn ein Mensch, den man in seiner Wohnung verbirgt, eines Tages unvermutet am Herzschlag stirbt? Soll man ihn im Ofen verbrennen? In Rauch auflösen? Durch den Schornstein hinausblasen? Was macht man mit einer Leiche, die nicht gemeldet ist? 'Wir haben sie in unseren Waschkorb gelegt, mit Leintüchern bedeckt und nachts aus dem Hause getragen', vertrauen uns Bekannte an, die in solche Verlegenheit gerieten. 'Im Tiergarten (Berlin) haben wir sie rausgeholt und auf eine Bank gesetzt.' Sie lächeln verstört. Sie sind nicht froh über diese Lösung. Sie haben keine Übung darin, zwischen drei und vier Uhr morgens Leichen aus dem Hause zu schmuggeln und Tote auf einsame Parkbänke zu setzen. Vierzig Jahre lang sind sie solide Bürger gewesen."

Dr. Harry Stern, Rechtsanwalt und Präsident einer jüdischen Loge in Erfurt, erzählte in einem Interview 1954, wie die jüdischen Männer in der Pogromnacht in eine Turnhalle gebracht wurden: „Dort herrschte ein schrecklicher Lärm durch die teilweise offensichtlich betrunkenen Angehörigen der Polizei, SS und SA... An einem Tisch wurden meine Personalien festgestellt, dann wurde ich von zwei Männern ergriffen und in einen Waschraum geführt. Hier standen zwei SA-Männer mit Knüppeln, die uns offenbar verhauen sollten. Einer erhob den Knüppel und berührte mich damit. Der andere sagte: 'Schrei, was Du kannst', was ich tat. Sie wollten offensichtlich ihren Befehl zum Schlagen umgehen. Dann wurde ich aus der Waschzelle herausgestoßen und von anderen SS-Männern ergriffen, mit dem Gesicht zur Wand gestellt; ich fand dabei eine größere Anzahl von anderen Juden vor. Wir mußten in Kniebeuge stehen, was die größte Qual war, die ich je erlebt habe... Einige der Nazis nahmen sich besonders Juden vor, die sie persönlich kannten, um an ihnen ihre Wut auszulassen..." Nach weiteren Mißhandlungen wurden die Juden mit Omnibussen nach Buchenwald transportiert.

In Hamburg waren 6.000 Juden verhaftet worden und wurden noch am 10. November ins KZ Sachsenhausen überführt. Einer von ihnen schrieb: „Unterwegs erlebte ein Bremer junger 17jähriger Mann einen Nervenzusammenbruch, weil er mit hatte ansehen müssen, wie SS-Leute seine Mutter, die aus Schmerz über seine Fortführung schrie, erschossen und dann liegen gelassen wurde. Bei unserer Ankunft in Sachsenhausen empfing uns eine große Anzahl SS-Leute und begann sofort mit derartigen Mißhandlungen durch Treten und Schlagen mit Gewehrkolben und Knüppeln, daß der uns begleitende Schupo fassungslos dabeistand und beschleunigt sich entfernte und - die körperliche Anstrengung und das unausgesetzte Schlagen und Stoßen durch die SS war derart, daß zwei von unserer Gruppe auf dem 15 Minuten langen Marsche tot liegen blieben. Dann begann das furchtbarste, was in der Wirkung vor allem auf mich alle körperlichen Mißhandlungen als gering erscheinen ließ - wir mußten 19 Stunden lang im Lager stehen (bei einzelnen dehnte sich diese Zeit bis zu 25 Stunden aus), und während dieser Zeit, falls einer oder der andere zusammenbrach, Fußtritte und Schläge mit Gewehrkolben in Empfang nehmen. Als erstes ertönte dann der Ruf nach dem Rabbiner, der am Bart gezerrt und mißhandelt wurde, - ihm wurde dann ein Schild in die Hand gegeben mit der Aufschrift: ‘Ich bin ein Landesverräter und mitschuldig am Tode vom Rath’s’.“

Anmerkung 16

1938 verließen 40.000 und 1939 78.000 Juden ihr Vaterland, nachdem das Novemberpogrom 1938 ihnen den Stand der Juden in Nazi-Deutschland schlagartig klargemacht hatte. Am 12. November trat die erste 'Verordnung zur Ausschaltung der Juden aus dem deutschen Wirtschaftsleben' in Kraft. Alle jüdischen Einzelhandelsgeschäfte waren bis zum 31. Dezember 1938 zu schließen. Aus leitenden Positionen mußten alle jüdischen Angestellten entfernt werden. Mit der 'Verordnung über den Einsatz des jüdischen Vermögens' wurde im Dezember 1938 die Zwangsarisierung all der jüdischen Betriebe bewerkstelligt, die noch nicht verkauft oder aufgelöst waren. Die Juden verloren ihr Vermögen. Wertpapiere, Bargeld, Schmuck sowie alle anderen Wertgegenstände mußten auf Sperrkonten deponiert werden.

Ein Protestschreiben eines Münchner Kaufmanns von 1938 an die Industrie- und Handelskammer belegt die rüden Methoden, mit denen die Enteignung durchgezogen wurde: „In den letzten Zeiten war ich öfters bei der Arisierung von jüdischen Geschäften als Sachverständiger, Experte und Gutachter etc. zugezogen und bin von den hierbei zu Tage getretenen brutalen Maßnahmen der zuständigen Stellen der Handelskammern, nationalsozialistischen Wirtschaftsstellen etc. und überhaupt von all dieser Art von Erpressungen an den Juden derart angeekelt, daß ich von nun ab jede Tätigkeit bei Arisierungen ablehne, obwohl mir dabei ein guter Verdienst entgeht. Ich bin Nationalsozialist, S.A. Mann und ein Bewunderer Adolf Hitlers! Aber ich kann als alter rechtschaffener,

ehrlicher Kaufmann nicht mehr zusehen, in welcher schamlosen Weise von vielen arischen Geschäftsleuten, Unternehmern etc. versucht wird unter der Flagge der Arisierung und im Interesse der nationalsoz. Wirtschaft die jüdischen Geschäfte, Fabriken etc. möglichst wohlfeil und um einen Schundpreis zu erraffen.
Die Leute kommen mir vor wie die Aasgeier, die sich mit triefenden Augen und heraushängenden Zungen auf den jüd. Kadaver stürzen, um ein möglichst großes Stück Fleisch herauszureißen!“
Während die ‘Arisierungsgewinne’ in erster Linie deutschen Geschäftsleuten, korrupten Beamten und Parteistellen zugute kam, bereicherte sich der Staat am deponierten jüdischen Vermögen.
Es gab aber auch ehrbare Kaufleute, die einen marktgerechten Preis zahlen wollten. Das scheiterte in den meisten Fällen jedoch an den Überprüfungs- und Genehmigungsbehörden, die die Kaufsumme reduzierten.
Nicht wenige Juden hatten ‘arische’ Freunde, die sogenannten ‘Aufbewarier’. Sie bewahrten Besitztümer wie Teppiche, kostbare Musikinstrumente, Pelzmäntel und vieles andere mehr auf, wobei sie Gefahr liefen, hart bestraft zu werden, denn das Aufbewahren jüdischen Besitzes galt als Diebstahl ‘deutschen Volksvermögens’.
Nach Kriegsende suchten die Juden ihre Aufbewarier und mußten bisweilen feststellen, daß die sich inzwischen als rechtmäßige Besitzer der ihnen anvertrauten Wertgegenstände betrachteten.

Der rasante Verlauf des Verarmungsprozesses nach der Machtergreifung wird deutlich, wenn man den Bevölkerungsteil, der von der Jüdischen Winterhilfe unterstützt wurde, mit dem vergleicht, dem das NS-Winterhilfswerk unter die Arme griff. Der Prozentsatz der jüdischen Hilfeempfänger stieg von 1935/36 bis 1938/39 von 20,5 auf 24,3 Prozent an. In der gleichen Zeit sank der Prozentsatz 'arischer' Hilfeempfänger von 19,4 auf 10,4 Prozent.

Die Jüdische Winterhilfe war ähnlich strukturiert wie das NS-Hilfswerk. Sie war mit Genehmigung der NS-Behörden 1935 eingerichtet worden, als man nach der Verabschiedung der Nürnberger Gesetze Juden als Empfänger und Spender aus dem Winterhilfswerk des deutschen Volkes ausklammerte. Bis dahin waren auch bedürftige Juden betreut worden.

Anmerkung 17

Für die Schäden sollten zunächst die Versicherungen aufkommen. Kurt Schmitt, Aufsichtsratsmitglied der Allianz, bis 1935 Reichswirtschaftsminister unter Hitler und zuvor Generaldirektor des Konzerns, sah in der Reichskristallnacht einen Akt „bürgerlicher Unruhe“, der von den Versicherungen ausgeschlossen war (siehe Anmerkung 1). Die Allianz teilte dem NS-Regime mit, jede Zahlung wäre „eine Abwälzung der dem Judentum auferlegten Strafe auf die rein deutschen Versichertengemeinschaften... Eine solche Regelung würde die Leistungsfähigkeit der deutschen Versicherer zugunsten der Juden schwächen und in höchstem Maße dem gesunden Rechtsempfinden aller Volksgenossen widersprechen.“ Der Konzern bot an, Ariern und Auslandsjuden den Schaden zu ersetzen, damit letztere „keine Gelegenheit erhalten, die Ereignisse des 8. - 10. November in tendenziöser Weise gegen das Deutsche Reich auszunutzen.“

Statt der ursprünglich veranschlagten 20 Millionen Reichsmark zahlten die Versicherungsunternehmen lediglich 1,5 Millionen, wobei die jüdischen Kunden leer ausgingen.

Die Allianz-Hauszeitung riet, die Häuser von Juden künftig nicht mehr zu versichern, da sie „gar zu oft abbrennen“. Glas- und Feuerschäden jüdischer Versicherungsnehmer deklarierte man als Spätfolgen der Reichskristallnacht, auch, wenn sie nicht durch die SS verursacht worden waren. Damit war eine Schadensregulierung ausgeschlossen. (Vergl. Der Spiegel, 23/1997)

Ihre jüdischen Mitarbeiter hatte die Allianz bereits 1936/37 entlassen.

Anmerkung 18

Der Name Oppenheimer ist durch den Aufstieg und Fall des Josef Süß Oppenheimer (1692 oder 1698 in Heidelberg geboren und am 4.2.1738 in Stuttgart hingerichtet), Vertrauter und Hofjude des Herzogs Karl Alexander von Württemberg, bekannt geworden. Er war ein weitblikkender Wirtschaftsorganisator, Kunstsammler und Mäzen, daneben aber auch arrogant und bestechlich. Oppenheimer modernisierte das angeschlagene Finanzwesen des Landes, gründete die erste Bank in Württemberg und wurde aufgrund der von ihm ausgearbeiteten und durch den Herzog eingeführten Reformen zum Feind der Stände. Sie ließen Jud Süß, wie Oppenheimer im Volksmund hieß, nach dem Tod des Herzogs wegen Betrugs und Münzvergehens anklagen. Da nichts zu beweisen war, verurteilte man ihn wegen Geschlechtsverkehrs mit christlichen Frauen zum Tode. In einem Käfig am Galgen aufgehängt, stellte man ihn zur Belustigung eines großen Publikums zur Schau. Die Exekution war als Volksfest geplant. Als Höhepunkt erwartete man, daß Oppenheimer sich in seiner Todesangst taufen lassen würde, was ihm das Leben gerettet hätte. Doch so bedenken- und charakterlos er in die eigene Tasche gewirtschaftet hatte, so standhaft zeigte er sich in seinem Glauben, als er die Leiter zum Todeskäfig bestieg und dabei das jüdische Glaubensbekenntnis zum Einen und Einzigen Gott ausrief. Der Pfarrer, der ihn hätte taufen sollen, schrie ihm einen Fluch nach. Die Leiche blieb den Raben zum Fraß im Käfig. Wilhelm Hauff behandelte Oppenheimers Schicksal in einer Novelle (1828), Lion Feuchtwanger in einem Roman (1929), Paul Kornfeld und Eugen Ortner in Dramen. Auf Hauff und Feuchtwanger basiert der nationalsozialistische Tendenzfilm 'Jud Süß' von Veit Harlan (1940). Harlan hatte vor den Dreharbeiten das Warschauer Ghetto besichtigt und polnische Juden als Statisten benutzt. Seine Absichten legte der Regisseur während seiner Recherchen dar: „Hier zeige ich das Urjudentum, wie es damals war und wie es sich heute noch ganz rein in dem einstigen Polen erhalten hat. Im Gegensatz zu diesem Urjudentum steht nun der Jud Süß, der elegante Finanzberater des Hofes, der schlaue Politiker, kurz: der getarnte Jude." Joseph Goebbels beeinflußte maßgebend Drehbuch und Dreharbeiten, bis der Film den nationalsozialistischen Intentionen entsprach. Der bekannte deutsche Schauspieler Ferdinand Marian spielte die Rolle des Jud Süß.

Im 18. Jahrhundert gab es eine beträchtliche Zahl jüdischer Heereslieferanten, Münzpächter, Hofbankiers und Hofagenten mit weitreichendem Einfluß, oft Vertraute ihrer Herrscher, auf die unbedingt Verlaß war. Dabei blieben angesehene Hofjuden wie die Oppenheimer, Rothschilds, Behrens-Lippmanns, Ephraims, Itzigs oder Liebmanns meist auch Verteidiger ihres Judentums. Sie richteten Schulen, Krankenhäuser, Lehrhäuser und Synagogen ein und brachten damit ihre jüdischen Gemeinden wirtschaftlich und kulturell voran. Die Mehrheit der Juden allerdings blieb arm und war oft auch ohne festen Wohnsitz. Viele schlossen sich christlichen Bettler-, Diebes- und Räuberbanden an, die nach dem Dreißigjährigen Krieg weit verbreitet waren, die unterste Schicht im damaligen sozialen Gefüge. Daneben gab es rein jüdische Banden, die bestens organisiert waren. Sie verfügten über Kundschafter, Nachrichtenübermittler, professionelle Schloßöffner, Diebe und Hehler. Totschlag war tabu - eher mußte man sich verhaften lassen und dann zu entkommen suchen. Was die Lage der ärmsten dieser sogenannten Betteljuden so verzweifelt und ausweglos machte, war die Tatsache, daß sie nirgends Wohnrecht hatten und auch jüdische Gemeinden nach ein oder zwei Tagen wieder verlassen mußten, um diese nicht zu gefährden. Diebstahl und Raub verhalfen so manchem Juden dazu, ein ehrbares Mitglied der Gesellschaft zu werden. Hatte man sich genügend Bargeld auf krumme Touren ergaunert, konnte man sich damit Wohnrecht und Schutzbrief von einem ärmeren Reichsgrafen kaufen oder von einer Behörde durch Bestechung erwerben. Die deutsche Judenheit bestand zur Zeit des Jud Süß aus drei Schichten: Die große Mehrheit gehörte der untersten Schicht an; eine Minderheit zählte zur gutsituierten Mittelschicht, und die schmale Oberschicht bildeten reiche Kaufleute, die Hofjuden und viele Gemeindevorsteher, die oft gleichzeitig Gelehrte und Kaufleute waren. Diebe und Räuber wurden von den Rabbinern offiziell aus der jüdischen Gemeinschaft ausgeschlossen. Sie waren geächtet.

Anmerkung 19

Die *S*chutz*s*taffel, abgekürzt 'SS', wurde 1925 zum Schutz Hitlers und anderer NSDAP-Funktionäre ins Leben gerufen. Sie nahm unter ihrem Reichsführer Heinrich Himmler ab 1929 zusätzlich eine Art 'Polizeidienst' innerhalb der NSDAP wahr. Formal war die SS der Obersten SA-Führung (*S*turm*a*bteilung, Kampfverband der NSDAP, als Massenheer in Straßenkampf und Propaganda zur Terrorisierung politischer Gegner und der Staatsgewalt eingesetzt) unterstellt, sah sich aber als Hitlers persönliches Instrument und wurde nach dem sogenannten Röhm-Putsch (30. Juni 1934) Hitler unmittelbar unterstellt. Zu Himmlers Führungsapparat kam 1931 das Rasse- und Siedlungshauptamt, das u.a. für die 'rassemäßige Ausrichtung' der SS zuständig war. Himmler wollte damit die SS zu einem nationalsozialistischen Führungsorden auf der Grundlage biologischer Auslese heranbilden. Himmlers Ernennung zum 'Reichsführer der SS und Chef der Deutschen Polizei' führte zur Verquickung von Partei- und Staatsamt. Die auf diese Weise eingeleitete Überordnung der Polizei über die Justiz bei Vorbeugung und Strafe nahm verhängnisvolle Dimensionen an, als man während des Krieges Einsatzgruppen aufstellte, die Hunderttausende von Juden, Partisanen und politischen Gegnern ermordeten. Aus der 'Allgemeinen SS' (1939 zählte man rund 240.000 berufstätige Mitglieder) entwickelte die SS-Führung ab 1933 militärisch ausgebildete und bewaffnete Verbände: die 'SS-Verfügungstruppe' (1939 zählte sie über 18.000 Mann) und die SS-Totenkopfverbände zur Bewachung der KZ (mit 8.500 Mann Ende 1938). Nach dem Polenfeldzug 1939 wurden die SS-Verfügungsdivision und die SS-Totenkopfdivision gebildet, Grundlage für den Ausbau der 'Waffen-SS', die von 100.000 Mann (1940) auf rund 900.000 (1944) anwuchs. Entgegen Himmlers Eliteanspruch bestand sie höchstens zur Hälfte aus Freiwilligen. Die Konkurrenzsituation zur Wehrmacht bei der Rekrutierung und die prekäre Kriegslage führten dazu, daß ca. 300.000 Volksdeutsche integriert wurden, indem man sie teilweise zwangsverpflichtete ('Beutegermanen' wurden sie spöttisch genannt). Wenigstens 200.000 Mann waren ausländische Freiwillige, darunter auch auf ausdrücklichen Befehl Himmlers Mohammedaner.

Dem SS-Führungshauptamt teilte er per Blitzfernschreiber mit: „...Bleibe bei meiner Absicht, SS-Bosniaken-Divisionen aus Muselmanen aufzustellen, die heute zum größten Teil nicht auf unserer Seite mitkämpfen, sondern beiseite stehen oder sogar gegen uns kämpfen." Tatsächlich meldeten sich Tausende junger mohammedanischer Bosniaken aus ihrem traditionellen Haß gegen die christlichen Serben heraus, die den Kern von Titos Partisanen stellten, einem Kommunisten, der in Jugoslawien dem NS-Regime zunehmend zu schaffen machte. Von germanischer Rasse konnte bei der 'Muselmanen-Division' überhaupt keine Rede sein, die in Südfrankreich und später auf dem niederschlesischen Truppenübungsplatz Neuhammer ausgebildet wurde. Zu ihren Uniformen trugen die Mohammedaner stets einen Fez, wobei der SS-Totenkopf nicht fehlte.

Für die katholische Kirche muß es ein fürchterlicher Schlag gewesen sein, daß jedes Bataillon seinen mohammedanischen Geistlichen, den 'Imam', hatte und

man sich beim Gebet fromm gen Mekka verneigte. Diese 13. Waffen-Gebirgs-Division-SS stand unter deutscher Führung. Heinrich Himmler, der SS-Soldaten bisweilen unter massiven Druck setzen ließ, um ihren Kirchenaustritt zu erzwingen, teilte Reichspropagandaminister Goebbles stolz mit, daß die Division (vermutlich um die 10.000 Mann) „total kirchlich“ sei. Ihre ersten Gefechte gegen die Partisanen führte sie Anfang 1944.
SS-Brigade-Führer Hermann Fegelein schilderte Hitler die Kampfweise dieser Soldaten gegen die Tito-Anhänger: „Sie bringen sie nur mit dem Messer um... Es kommen auch Fälle vor, wo sie dem Gegner das Herz herausschneiden.“ Daß das Ideal einer arischen Rasse vielleicht doch bloß ein Vorwand war, um die reine Gier nach Macht zu kaschieren, scheint noch deutlicher dadurch belegt zu werden, daß - entgegen der These vom ‘slawischen Untermenschen’ - aus Männern der ‘minderwertigen slawischen Rasse’ die 14. Division der SS aus Galiziern und Ukrainern gebastelt wurde.
Die Waffen-SS nahm auch das ‘Sonderkommando Kaminski’ in sich auf, das aus einer milizartigen russischen Selbstverteidigungsabteilung unter Führung des russischen Ingenieurs Kaminski entstanden war. Während des Warschauer Aufstandes kam der Befehl Himmlers, die ‘Brigade Kaminski’ offiziell in die Waffen-SS einzugliedern. Ihr Kommandeur wurde mit dem Rang eines SS-Oberführers bekleidet. Seine 6.500 Russen begingen Grausamkeiten, die bei den Nürnberger Prozessen auf das Schuldkonto der Waffen-SS - Himmler hatte sie 1941 auf 179 Einheiten und Dienststellen vergrößert - gesetzt wurden. In den letzten acht Kriegsmonaten wurden ungarische, serbische, rumänische, bulgarische und

kaukasische Waffen-Verbände der SS aufgestellt. Hinzu kamen der osttürkische Waffen-Verband der SS 'Harun al Raschid' und der friedfertigste Verband des Dritten Reiches, die Indische Legion, die nie in den Kampf gezogen ist.
Auch die Reichshauptstadt wurde keineswegs nur von Deutschen verteidigt. Holländer, Belgier, Dänen, Schweden, Norweger und Schweizer schossen als Männer der Waffen-SS ihre Panzerfäuste auf russische Panzer ab. Die Theorie von der 'Herrenrasse' und den 'Untermenschen' war von der Realität längst überrollt worden. Bei den Gefechten gegen tapfere, zähe sowjetische Soldaten mit ihren ausgezeichneten, überlegenen Panzern fragten sich SS-Soldaten an der Front zunehmend, ob 'Untermenschen' solcher Leistungen fähig sind und ob die Deutschen vielleicht 'schlechte Obermenschen' seien. Standartenführer wie Gunter d'Alquen, Chef der SS-Kriegberichter-Einheiten, teilten Himmler das Denken der deutschen Soldaten mit und machten klar, daß das Blendwerk von der arischen Rasse seine Wirkung verloren hatte.
Zwischen den KZ-Wachmannschaften und den Feldeinheiten der Waffen-SS fand während des Krieges ein ständiger Personalaustausch statt. Abgesehen von der Reiter-SS wurde die SS 1946 bei den Nürnberger Prozessen mit all ihren Untergliederungen zur verbrecherischen Organisation erklärt. Kurt v. Einem, Brigadegeneral d.Bw.a.D., schreibt: „Die Tragik der Waffen-SS ganz allgemein bestand darin, daß sie als Teil der Gesamt-SS, in ihren ersten Anfängen im wesentlichen aus den 'Schutzstaffeln' und der 'Verfügungstruppe' hervorgegangen, mit all diesen Teilen zusammen dem Befehl

desselben Reichsführers SS unterstand - unabhängig von ihrem jeweiligen Einsatz an der Front. Personelle Überschneidungen konnten deshalb nicht ausbleiben. Dem oberflächlich Informierten ist es daher kaum möglich, zwischen den rein militärischen Verbänden der Waffen-SS und den vielen SS-Einheiten zu unterscheiden, an denen infolge ihrer Verwendung in Heimat und besetzten Gebieten das Odium der KZ-Greuel bis heute hängenblieb. Zur Ehre der Waffen-SS muß gesagt werden, daß ihre verantwortlichen Führer sich von diesen SS-Gruppen scharf distanzierten. Zu Recht bekannten sich die führenden Männer der ehemaligen Waffen-SS auch nach der Niederlage offen zu dem Grundsatz: „Wo das Verbrechen beginnt, hört die Kameradschaft auf.“ (Vergl. auch ‘Soldat und Waffe/Der II. Weltkrieg’, Hamburg, 1978)

Anmerkung 20

Im Gebäude des Geheimen Staatspolizeiamtes in der Berliner Prinz-Albrecht-Straße 8 wurde 1933 ein Gefängnis für Häftlinge eingerichtet, die von der Gestapo zu vernehmen waren. Mit brutalen Foltermethoden versuchte man, die gewünschten Informationen aus den Opfern zu holen. Die Folterungen nannten sich im Amtsdeutsch 'verschärfte Vernehmungen'. Betroffen waren in den ersten Jahren vor allem Kommunisten, Sozialdemokraten und Gewerkschafter, auch Mitglieder der sozialistischen Jugendbewegung und Angehörige kleinerer sozialistischer Parteien und Widerstandsorganisationen sowie Gruppen wie die Zeugen Jehovas und einzelne Vertreter der Kirchen, die es ablehnten, in Hitler den neuen Messias zu sehen.
Der Reichstagsabgeordnete und KPD-Vorsitzende Ernst Thälmann wurde in der Prinz-Albrecht-Straße 8 verhört und schwer mißhandelt. Er schreibt über eine viereinhalbstündige Vernehmung, die mit Erpressungen und gutem Zureden ergebnislos begann: „Darauf erfolgten brutale Angriffsmethoden gegen mich, in deren Verlauf mir vier Zähne aus den Kiefern herausgeschlagen wurden. Sie erzielten keine Erfolge. Als dritter Akt wurde die Hypnose gegen mich zur Anwendung gebracht, die aber völlig wirkungslos blieb... Jedoch der Schlußakt wurde zum eigentlichen Höhepunkt dieses Dramas. Aufforderung an mich, sofort die Hose auszuziehen; gleich darauf packten mich zwei Mann im Nacken und legten mich über einen Schemel. Ein uniformierter Gestapomann, mit einer Nilpferdpeitsche in der Hand, schlug

dann in gewissen Zeitabständen auf mein Gesäß ein. Von den Schmerzen getrieben, schrie ich aus Leibeskräften mehrmals ganz laut auf!
Dann wurde mir der Mund vorübergehend zugehalten, und es gab Hiebe ins Gesicht und Peitschenschläge über Brust und Rücken. Hingestürzt wälzte ich mich am Boden, mit dem Gesicht immer nach unten, und gab auf gestellte Fragen überhaupt keine Antwort mehr. Bekam einzelne Fußtritte hier und da, verdeckte mein Gesicht, war aber bereits so schlapp sowie von heftigen Herzbeklemmungen befallen, daß mir Hören und Sehen verging. Dazu kam der brennende Durst."
Thälmann wurde im KZ Buchenwald am 18. August 1944 ermordet. Er war bis dahin ununterbrochen in Haft geblieben.
Fabian von Schlabrendorff (1907 - 1980) wirkte im militärischen Widerstand und half bei der Vorbereitung zweier Attentate auf Hitler, die fehlschlugen, aber unentdeckt blieben. 1944 wurde er verhaftet und in der Prinz-Albrecht-Straße 8 brutal gefoltert. Er schreibt: „Diese Folterung wurde in vier Stufen vollzogen. Die erste Stufe bestand darin, daß meine Hände auf dem Rücken gefesselt wurden. Dann wurde über beide Hände eine Vorrichtung geschoben, die alle zehn Finger einzeln umfaßte. An der Innenseite dieser Vorrichtung waren eiserne Dornen angebracht, die auf die Fingerwurzeln einwirkten. Mittels einer Schraube wurde die ganze Maschinerie zusammengepreßt, so daß sich die Dornen in die Finger einbohrten.
Die zweite Stufe war folgende: Ich wurde auf eine Vorrichtung gebunden, die einem Bettgestell glich, und zwar mit dem Gesicht nach unten. Eine Decke wurde mir über

den Kopf gelegt. Dann wurde über jedes der bloßen Beine eine Art Ofenrohr gestülpt. Auf der Innenseite dieser beiden Röhren waren Nägel befestigt. Wiederum war es durch eine Schraubvorrichtung möglich, die Wände der Röhren zusammenzupressen, so daß sich die Nägel in Ober- und Unterschenkel einbohrten.
Für die dritte Stufe diente als Hauptvorrichtung das 'Bettgestell'. Ich war, wie vorher, auf dieses gefesselt, während der Kopf mit einer Decke zugedeckt war. Dann wurde das Gestell mittels einer Vorrichtung entweder ruckartig oder langsam auseinandergezogen, so daß der gefesselte Körper gezwungen war, die Bewegung dieses Prokrustesbettes mitzumachen.
In der vierten Stufe wurde ich mittels einer besonderen Fesselung krumm zusammengebunden und zwar so, daß der Körper sich weder rückwärts noch seitwärts bewegen konnte. Dann schlugen der Kriminalassistent und der Wachtmeister mit dicken Knüppeln von rückwärts auf mich ein, so daß ich bei jedem Schlag nach vorne überfiel und infolge der auf dem Rücken gefesselten Hände mit aller Gewalt auf Gesicht und Kopf schlug. Während dieser Prozedur gefielen sich alle Beteiligten in höhnenden Zurufen. Die erste Folterung endete mit einer Ohnmacht."
Schlabrendorff erlitt bei der Folter eine schwere Herzattacke. Man unterzog ihn einer ärztlichen Behandlung, um ihn nach der Genesung erneut zu foltern. Schlabrendorff, später in die KZ Flossenbürg und Dachau eingeliefert, überlebte und war u.a. von 1967 bis 1975 Richter am Bundesverfassungsgericht in Karlsruhe.
Die unfaßbaren Grausamkeiten - viele Opfer starben oder begingen Selbstmord, um sich den Qualen zu entziehen -

wurden offenbar nach dem Krieg in der deutschen Rechtsprechung erfolgreich verdrängt.
Adalbert Rückerl, langjähriger Leiter der Zentralen Stelle der Landesjustizverwaltungen zur Aufklärung von nationalsozialistischen Verbrechen in Ludwigsburg, schreibt über die vergessene strafrechtliche Aufarbeitung in Sachen Reichssicherheitshauptamt: „Seit den Nürnberger Prozessen (die von einem Internationalen Militärgericht verhängten (Todes-)Urteile gegen NS-Verbrecher sind bis heute nicht von der Bundesrepublik anerkannt - Anm. d. Autors) war bekannt, daß die in den Vernichtungslagern und von den Einsatzgruppen der Sicherheitspolizei und des SD (Sicherheitsdienst) verübten Massenmorde, die Aussonderung und Ermordung sogenannter ‘untragbarer’ sowjetischer Kriegsgefangener, die ‘Sonderbehandlung’ (sprich: Erhängung) ausländischer Zwangsarbeiter und die administrative Verhängung von Todesstrafen gegen einzelne Konzentrationslagerhäftlinge durch das Reichssicherheitshauptamt (die Prinz-Albrecht-Straße 8 war bis Kriegsende das Hauptquartier der Geheimen Staatspolizei und seit 1939 auch die zentrale Adresse des Reichssicherheitshauptamtes) angeordnet, organisiert und koordiniert worden waren. Tatort war insoweit Berlin.
Seit 1950 bestanden für die gemäß § 7 StPO für die Strafverfolgung zuständige Staatsanwaltschaft Berlin keine Hinderungsgründe mehr, gegen die - teilweise namentlich schon bekannten - Angehörigen dieses Amtes strafrechtliche Ermittlungsverfahren einzuleiten. Es geschah jedoch seinerzeit nichts. Man hatte es - wie der Generalstaatsanwalt beim Kammergericht Berlin... 1967... offen bekannte - schlichtweg vergessen und fiel

gewissermaßen aus allen Wolken, als man im Jahre 1963 daran erinnert wurde.“

In dem Werk ‘Topographie des Terrors’ (herausgegeben von Reinhard Rürup, Berlin, 1995) wird festgehalten, daß der Berliner Generalstaatsanwalt Günther 1963 einen Stab zur Untersuchung des Komplexes ‘Straftaten durch Angehörige des Reichssicherheitshauptamtes’ bildete: „Die Verdächtigen wurden drei Tatgruppen zugeteilt:

1) Beteiligung an der ‘Endlösung der Judenfrage’,
2) Einwirkung auf Zusammensetzung und Tätigkeit der ‘Einsatzgruppen’,
3) Beteiligung an Massenexekutionen.

Mit den ersten beiden Gruppen wäre erstmals die Strafverfolgung von NS-Verbrechen systematisch auf die ‘mittlere Ebene’ des Verfolgungsapparates, auf die Massenmord-Verwaltungsfachleute und die Schreibtischtäter ausgedehnt worden. 1967 waren die ersten 18 Verfahren gegen rund 300 Beschuldigte anklagereif, 1968 begann der erste Prozeß des Gesamtkomplexes.

Durch eine vom Bundestag verabschiedete Strafrechtsreform, die am 1. Oktober 1968 in Kraft trat, wurden die eingeleiteten Verfahren praktisch undurchführbar gemacht... Da der Anklagevorwurf in der Regel auf ‘Beihilfe zum Mord’, nicht auf Mord selbst lautete, war die Tat nach der Neufassung des § 50 Abs. 2 StGB (der heutige § 28) bereits nach 15 Jahren, d.h. am 8. Mai 1960, verjährt... „Hier ist in der Konsequenz eine Amnestie durch die Hintertür erlassen worden“, klagte ein Berliner Staatsanwalt 1969 im Moabiter Schwurgerichtssaal... Kam es ausnahmsweise dennoch zur Mord-Anklage, waren die Angeklagten regelmäßig ‘dauerhaft verhandlungsunfähig’, wie etwa der ehemalige stellvertretende

Chef des Reichssicherheitshauptamtes, Werner Best, der die Aussetzung seines Verfahrens um 17 Jahre überlebt hat."

Wenn man sich vorstellt, daß die Greueltaten vergessen worden waren; schließlich aufgrund einer geänderten Gesetzgebung verjährt; NS-Verbrecher offenbar mit Glacéhandschuhen angefaßt (hatten sie mit ihren Opfern auch soviel Nachsicht geübt?) wurden, als seien sie selbst Opfer und nicht Täter gewesen; so muß die Frage erlaubt sein, ob hinter all dem Methode steckte. Jedenfalls lassen sich die Vorgänge in ihrer Gesamtheit nicht mit einem Rechtsstaat vereinbaren.

Anmerkung 21

In ‘Meyers Kleines Lexikon’ liest man bereits in der Ausgabe von 1933 (Leipzig) unter dem Stichwort ‘Konzentrationslager’:„(Internierungslager), den Kriegsgefangenenlagern entsprechende Einrichtungen zur Gefangenenhaltung von feindl. oder verdächtigen Zivilpersonen; erstmals bei den Engländern im Burenkrieg (1899 - 1902). Seit 1933 im Dt. Reich eingerichtet für Volksschädlinge.“

Zum Vergleich der ‘Meyer’ von 1981 (Mannheim): „Abk. KZ (KL), Massenlager, die Elemente des Arbeits-, Internierungs- und Kriegsgefangenenlagers sowie des Gefängnisses und Ghettos vereinigen. Vorläufer waren südstaatl. Kriegsgefangenenlager und im Burenkrieg von Lord Kitchener für die Zivilbev. eingerichtete Lager. Die Bez. geht auf die von den Spaniern im kuban. Unabhängigkeitskrieg 1895 - 1902 zu ‘reconcentrados’ (‘Zurückgehaltene’) gemachten Kubaner zurück.“ Danach folgt die Geschichte der Konzentrationslager im Deutschen Reich.

Anmerkung 22

Rudolf Höß schreibt in seiner Autobiographie 'Kommandant in Auschwitz': „Das von Anfang an vollgepfropfte Frauenlager bedeutete für die weiblichen Häftlinge in der Masse die psychische Vernichtung, und dieser folgte über kurz oder lang der physische Zusammenbruch. Im Frauenlager waren in jeder Hinsicht stets die schlechtesten Verhältnisse... Wenn die Frauen einmal einen gewissen Nullpunkt erreicht hatten, ließen sie sich vollkommen gehen. Als vollkommen willenlose Gespenster wankten sie durch die Gegend,... bis sie dann eines Tages still hinübergingen." Einige Häftlinge, denen Autorität übertragen worden war, waren mit schuld an den Grausamkeiten. Höß schreibt: „Sie übertrafen ihre männlichen Pendants bei weitem, in Unverwüstlichkeit, Niederträchtigkeit, Gemeinheit und Verworfenheit... Ein erfreulicher Gegensatz waren die Bibelforscherinnen - Bibelbienen oder Bibelwürmer genannt. Leider waren es zu wenig."

In dem berüchtigten Konzentrationslager für Frauen in Ravensbrück hatte man auch Margarete Buber fünf Jahre inhaftiert. Sie und ihr Mann waren Anfang der 30er Jahre prominente Mitglieder der Kommunistischen Partei Deutschlands gewesen. In ihrem Buch 'Als Gefangene bei Stalin und Hitler', 1949 erschienen, zeichnet sie ein bedrückendes Bild: „Voller Neid und Mißgunst blickte einer auf den anderen. Um den Brotkanten, um das etwas größere Stückchen Margarine oder Wurst kam es zu Haßausbrüchen und Racheschwüren. Zwischen Wecken und Antreten war eine Dreiviertelstunde Zeit, in der die

Betten gebaut sein mußten, der Häftling sauber gewaschen, gekämmt und angezogen, der Schrank in vorschriftsmäßiger Ordnung und das 'Frühstück' eingenommen sein mußte. Das wäre unter normalen Verhältnissen schon eine Kunst, aber nun denke man sich eine Baracke, die von Hunderten von Frauen wimmelte, die in aller Eile versuchten, dasselbe zu tun. Die Flüche hagelten nur so."

Im Kontrast dazu erlebte Margarete Buber als Blockälteste in Block 3 die Bibelforscherinnen: „Hier herrschte eine andere Atmosphäre. Es war ruhig und roch nach Scheuerpulver, Desinfektionsmittel und Kohlsuppe. Zweihundertsiebzig Frauen aßen zu Mittag... alle waren Musterexemplare der Sauberkeit und Ordnung... Staub wischte man selbst auf den Querbalken des Dachstuhls... Die Bibelforscherinnen erzählten mir, daß manche Aufseherinnen auf die Tische stiegen, um die Sauberkeit der Balken zu kontrollieren, und daß sie speziell weiße Handschuhe anlegten und mit der Hand oben über die Schränke fuhren, um Staub zu finden... In Block 3 wurde weder gestohlen, betrogen noch denunziert. Jede dieser Frauen war nicht nur äußerst pflichtbewußt, sondern fühlte sich auch für die Gemeinschaft der ganzen Baracke verantwortlich." Ihre ungeheure Kraft, so Margarete Buber weiter, nahmen die Bibelforscherinnen aus ihrem einfachen und befriedigenden Glauben, der ihnen auch half, bei all den Demütigungen, die sie ertragen mußten, sich ihre menschliche Würde zu bewahren. Um die friedliche Einheit der Zeuginnen zu zerstören, bekamen sie hundert asoziale Zugänge. Margarete Buber schreibt: „Denunziation, Diebstahl, Prügelei waren in unseren friedvollen Block eingebrochen wie die Wölfe in die

Schafherde. Die Asozialen zeigten bald die 'Zeugen Jehovas' wegen ihres Bibelstudiums und ihrer religiösen Gespräche an (beides war unter Strafe verboten). Sie stahlen alles, wessen sie nur habhaft werden konnten. Da sie sich als Vertreter der Autorität fühlten, waren sie gewöhnlich sehr aggressiv und herausfordernd... Damit die Asozialen nicht jedes Gespräch überwachen konnten, ließ ich sie an den hinteren Tischen beieinandersitzen und gab ihnen im Schlafsaal die Betten des 'dritten Stockwerkes'. Die Lagerleitung... muß alle chronischen Bettnässer des Lagers zu uns geschickt haben, und die bepinkelten nun Nacht für Nacht die unter ihnen schlafenden Zeugen Jehovas... Die Bibelforscher nahmen sich der Asozialen an, als seien sie verlorene Schwestern. Sie fragten, ob sie vielleicht Hunger hätten und ihre 'Nachkelle' haben möchten oder etwa eine Scheibe Brot. Und wie gern sie das wollten! Ich beobachtete diese christliche Nächstenliebe mit gemischten Gefühlen, doch sie verfehlte nicht ihre Wirkung. Die Asozialen wurden durch die Freundlichkeit und Güte beschwichtigt, und dann begannen die Zeugen Jehovas eine Kampagne, um ihnen geistiges Licht zu zeigen. In kurzer Zeit häuften sich die Fälle: Asoziale, Zigeuner, eine Polin, eine Jüdin, Leichtpolitische meldeten sich 'nach vorn' und erklärten, von nun ab 'Zeugen Jehovas' zu sein, und baten um einen lila Winkel! Die SS beschimpfte sie, schmiß sie raus und ergriff als erste hysterische Maßnahme die sofortige Verlegung der hundert Asozialen..."

Anmerkung 23

Guy Canonici, Präsident des Cercle Européen des Témoins de Jéhovah anciens déportés et internés, sieht die Antwort auf die Fragen, warum die Zeugen Jehovas der politischen NS-Ideologie im Wege standen und warum Hitler Millionen von Menschen für sich hat begeistern können, darin, daß er ein Messias war.
Canonici schreibt: „Im Altertum bezeichnete der Titel ‘Messias’ sowohl den politischen als auch den religiösen Führer. Der ‘Messias’ ist die Erwartung Israels. Diese Bezeichnung weist auf den vollkommenen Führer hin, der das auserwählte Volk in eine neue Erde leiten wird.
‘Messias’ bedeutet ‘Gesalbter’ in hebräisch. David, König Israels, wird der ‘Messias’ genannt, aber dasselbe Wort gilt auch für den Priester. Das Wort ‘Messias’ bezeichnet also gleichzeitig den König und den Priester.
Für den Christen verkörpert sich dieser Begriff nur in Jesus Christus...
...Genau betrachtet erscheint der Nationalsozialismus mit den Merkmalen einer vom Messianismus tief durchdrungenen Religion versehen. Am Neujahrstag 1932 behauptet Hitler: „Wer nicht für mich ist, ist gegen mich. Mit mir, mit meiner Bewegung, ist der Allmächtige.“ Im August 1933 sagt der Generalvikar Steinmann: „Wir wissen, daß unser Vorsteher uns von Gott geschenkt wurde, um uns als Führer zu dienen.“
Die Jugend läßt sich bezaubern. Valerie Helwig, Mitglied des ‘Bundes deutscher Mädchen’, erzählt: „Als Mann hat Adolf Hitler für uns absolut nichts dargestellt. Das war wie ein Übermensch. Er war nicht sinnlich ein-

gestellt, sondern er war Adolf Hitler, der Führer. Das ist wohl so etwa, wie ich es mir vorstellen kann, die Leute... die damals vielleicht zu Jesus aufgeschaut haben. Es war für uns etwas, was man nicht erfassen konnte. Es war ein anderer Mensch."

Der Anschluß Österreichs 1938 bestärkte Hitler in seiner Überzeugung, daß sein Schicksal göttlicher Natur war: „Ich glaube, daß es... der Wille Gottes war, einen Jungen von hier ins Reich zu schicken, ihn aufwachsen zu lassen, ihn zum Rang eines Führers der Nation zu erhöhen und ihm jetzt zu ermöglichen, sein Vaterland an das Reich anzuschließen."

Göring führte ihn als den Erretter vor: „Wir vermögen den Dank, mein Führer, nicht in Worten anzusprechen. Wir vermögen auch nicht, unsere Treue und Zuneigung zu Ihnen durch Worte zu dokumentieren. Alles, was an Dank, an Liebe und an glühendem Vertrauen zu Ihnen da ist, mein Führer, das ist Ihnen heute aus Hunderttausenden von Augen entgegengeleuchtet. Ein ganzes Volk, eine ganze Nation fühlt sich heute stark und glücklich, weil in Ihnen diesem Volke nicht nur der Führer, weil in Ihnen dem Volke auch der Retter erstanden ist."

Goebbels drückte seinen Glauben wie folgt aus: „Wir brauchen nicht zu wissen, was der Führer machen will. Wir glauben an ihn."

Wie Christus ist Hitler ebenfalls der Logos: „Ich weiß sehr wohl, daß man die Menschen durch das Wort für sich gewinnt."

Sein Fluidum als Redner magnetisiert. Kurt Lüdecke erzählt, daß „er sich buchstäblich von der von ihm ausstrahlenden Überzeugungskraft behext fühlte, ebenso von seinem unbeugsamen Willen und seiner aufrichtigen

Leidenschaft. Er behauptet, diese Erfahrung sei nur mit einer religiösen Erleuchtung zu vergleichen."
Der Begriff des auserwählten Volkes ist aus dem jüdisch-christlichen Gedankengut übernommen. Aber Hitler drückt deutlich aus, daß „es nicht zwei auserwählte Völker geben kann. Wir sind das Volk Gottes. Diese wenigen Worte bestimmen alles."
Hitlers Propaganda hat die Berufung, „der Menschheit ein neues Evangelium zu verkündigen." Es ist die Verkündigung einer nahen Rettung. Hitler versichert: „Die heutige Welt ist ihrem Ende nahe."
Am 10. Mai 1933, gegen Mitternacht, werden Bücher in Berlin verbrannt. Dr. Goebbels ruft aus: „Die Seele des deutschen Volkes kann sich wieder entfalten. Diese Flammen beleuchten nicht nur den endgültigen Ausgang eines Zeitalters, sie erleuchten gleichzeitig die neue Ära."
Am Parteitag, dem 5. September 1934, kündigt Hitler das Dritte Reich einer tausendjährigen Herrschaft an: „Die nationalsozialistische Revolution, als revolutionärer Machtprozeß, ist beendet. Als Revolution hat sie vollständig den Zweck erfüllt, der von ihr zu erwarten war. Wir alle wissen, wem die Nation den Auftrag gegeben hat! In den nächsten tausend Jahren wird es in Deutschland keine Revolution mehr geben."
Hitler bezeichnet das christliche Heil als den Rivalen des Heils Deutschlands: „Ich schaffe das Dogma der Erlösung der Menschheit durch das Leiden und den Tod eines göttlichen Heilands ab und schlage die Erlösung des Individuums durch das Leben und die Taten des neuen Führers und Gesetzgebers vor, der den Massen die Last der Freiheit erleichtern wird." Und... er sah sogar „das

ewige Leben voraus, das der Graal nur den blutreinen Menschen gewähren wird."
...Am 1. Mai 1937 versichert Hitler: „Unser neues Reich wird seine Jugend niemandem geben; es wird selber die Jugend holen, und ihr sein eigenes Lehren und seine Erziehung geben." Durch solche Behauptungen erhöht sich Hitler als Vater der Nation. In dieser neuen Gemeinschaft... hat die Jugend einen anderen Vater und eine andere Familie gefunden. Dieser Vater wird von der Jugend so sehr bewundert, daß sie ihn vergöttert. Im Kreise dieser neuen Familie entdeckt sie eine neue Brüderschaft. Die Kinder singen:

„Adolf Hitler ist unser Retter, unser Herr,
der edelste Führer aus der ganzen, ganzen Welt.
Für Hitler leben wir
und für ihn sterben gerne wir.
Für den Führer bis zum Tod,
denn er ist, er ist unser Gott."

...Diesen Messias wollten die Zeugen Jehovas nicht anerkennen. Sie konnten nicht mit 'Heil Hitler' grüßen, denn Jesus Christus allein ist der Heiland. Sie konnten keinen Kriegsmessias annehmen, denn sie erwarten den Friedensfürsten. Sie konnten nicht Jesus für Hitler verleugnen. Sie liebten die Herrschaft Jehovas, des Gottes, der den Frieden herbeiführt. Sie konnten nicht die Herrschaft Wotans, des Kriegsgottes, lieben."

Soweit Guy Canonici. Der Europäische Kreis der verhafteten und deportierten Zeugen Jehovas mit ihm als Präsidenten will die Erinnerung an die Zeugen wachhal-

ten, die wegen ihrer Treue zu Gott verfolgt und gefoltert wurden, und aufzeigen, wie die Bibelforscher ihren Glauben bekundet haben. Während des NS-Regimes büßten viele Zeugen, nur, weil sie den Hitler-Gruß verweigerten, ihre Pension ein, und sie verloren auch ihren Arbeitsplatz (und nicht nur die Bibelforscher mußten Repressalien hinnehmen, wenn nicht korrekt gegrüßt wurde). In den Kündigungsschreiben hieß es: „Nachdem Sie die Anwendung des deutschen Grusses verweigert haben, kündigen wir Ihnen aus diesem Anlaß das Arbeitsverhältnis.“ (‘Standhaft - Trotz Verfolgung’, Film, USA, 1996)
Der Ausdruck ‘Tausend Jahre’, der in der Offenbarung des Johannes in Kapitel 20, die Verse 2 - 5, sechsmal vorkommt, prägte die Bezeichnung ‘Millenium’, von den lateinischen Wörtern ‘mille’, das ‘tausend’ bedeutet, und ‘annus’, das mit ‘Jahr’ übersetzt wird. Das Millenium ist der Zeitabschnitt, in dem Christus auf der Erde herrschen wird, eine Zeit des allgemeinen Friedens, des Wohlstandes, des langen Lebens und der Gerechtigkeit. Kirchenväter wie Justin und Irenäus haben diese Stelle so ausgelegt, daß hier auf eine zukünftige, wörtlich zu nehmende Zeit hingewiesen wird. Während die Scofield Bibel (die revidierte Elberfelder Übersetzung) bei der Interpretation in diese Richtung tendiert, will die Bibelübersetzung nach V. Hamp und J. Kürzinger das ‘Tausendjährige Reich’ symbolisch verstehen, als eine der endgültigen Vernichtung Satans vorausgehende Herrschaft Christi mit seinen Auserwählten: „Die Zahl 1000 ist wie alle Zahlen in der Offenbarung nicht im mathematischen Sinn zu nehmen, sondern in ihrem, für uns allerdings geheimnisvollen Symbolwert.“

Der Bibeltext nach Scofield lautet:
„20
1. Und ich sah einen Engel aus dem Himmel herabkommen, der den Schlüssel des Abgrundes und eine große Kette in seiner Hand hatte.
2. Und er griff den Drachen, die alte Schlange, die der Teufel und der Satan ist; und er band ihn tausend Jahre
3. und warf ihn in den Abgrund und schloß zu und versiegelte über ihm, damit er nicht mehr die Nationen verführe, bis die tausend Jahre vollendet sind. Nach diesem muß er für kurze Zeit losgelassen werden.
4. Und ich sah Throne, und sie setzten sich darauf, und das Gericht wurde ihnen übergeben; und <ich sah> die Seelen derer, die um des Zeugnisses Jesu und um des Wortes Gottes willen enthauptet worden waren, und die, welche das Tier und sein Bild nicht angebetet und das Malzeichen nicht an ihre Stirn und an ihre Hand angenommen hatten, und sie wurden lebendig und herrschten mit dem Christus tausend Jahre.
5. Die übrigen der Toten wurden nicht lebendig, bis die tausend Jahre vollendet waren. Dies ist die erste Auferstehung.
6. Glückselig und heilig, wer teilhat an der ersten Auferstehung! Über diese hat der zweite Tod keine Macht, sondern sie werden Priester Gottes und des Christus sein und mit ihm herrschen die tausend Jahre.
7. Und wenn die tausend Jahre vollendet sind, wird der Satan aus seinem Gefängnis losgelassen werden
8. und wird hinausgehen, die Nationen zu verführen, die an den vier Ecken der Erde sind, den Gog und den Magog (wohl eine Zusammenfassung aller Gottesfeinde

- Anm. d. Autors), um sie zum Krieg zu versammeln; deren Zahl ist wie der Sand des Meeres.
9. Und sie zogen herauf auf die Breite der Erde und umzingelten das Heerlager der Heiligen und die geliebte Stadt; und Feuer kam aus dem Himmel herab und verschlang sie.
10. Und der Teufel, der sie verführte, wurde in den Feuer- und Schwefelsee geworfen, wo sowohl das Tier als auch der falsche Prophet sind; und sie werden Tag und Nacht gepeinigt werden von Ewigkeit zu Ewigkeit."

Übrigens fielen auch die Juden auf einen Messias herein, der Mitte des 17. Jahrhunderts das Judentum weltweit in Atem hielt. Die fürchterliche Judenhetze des Kosaken Chmelnitzky im Jahre 1648, der 200.000 Menschen zum Opfer fielen, sowie Berechnungen der Kabbalisten, nach denen in genau diesem Jahr das messianische Zeitalter anbreche, versetzte die Juden überall in eine Endzeitstimmung. Sie waren empfänglich für einen falschen Messias.
Schabatai Z'wi (auch: Sabbatai Zwi), ein in Smyrna (Kleinasien) geborener Jude, löste die mächtigste, massenpsychotische Züge tragende, messianische Bewegung in der Geschichte des Judentums aus. Sie brach erst in sich zusammen, als Schabatai Z'wi zum Islam übertrat, um sein Leben zu retten. Ob er tatsächlich an sich selbst geglaubt hatte oder ein Betrüger war, kann historisch wohl nicht einwandfrei bewertet werden.

Die Hitlerjugend indes wurde auf den neuen Messias eingeschworen - allein 1937 5.000 Jungen und Mädchen auf der Tromm im Odenwald, wie Unterlagen dokumen-

tieren, die nach dem Krieg hätten verbrannt werden sollen. Der damals beauftragte Gemeindediener einer Odenwälder Gemeinde versteckte sie stattdessen bei sich auf dem Speicher zusammen mit Unterlagen, die belegen, wer im Odenwald in der NSDAP Mitglied war. 86jährig übergab er 1986 Teile davon dem Autor dieses Buches und gewährte Einblick in die Ordner, die nicht den Flammen zum Opfer gefallen waren.
Es ist erstaunlich, wieviele NSDAP-Mitglieder nach dem Krieg in der SPD - aber auch in anderen Parteien - auftauchten und dort Funktionen übernahmen. Ihre eigene Nazi-Vergangenheit ist ihnen gänzlich unbekannt.
Unbekannt ist im Odenwald offenbar auch die Feierstunde am 23. Mai 1937 mit „mehr denn 5.000 Jungen und Mädels der Volksschulen des Kreises Heppenheim auf der Höhe des Berges“, die das Buch ‘Tromm 1937’ vom Verlag ‘Landschaftsbund Volkstum und Heimat’ (Darmstadt, 1937) in Wort und Bild festhält. Die Jugend begab sich unter die Obhut des Messias und Führers mit folgender Formel:

ADOLF HITLER
Dir sind wir allein verbunden!
Wir wollen in dieser Stunde das
Bekenntnis erneuern:

DER OPFERGANG DER NATION
ist mein Weg!

DAS SCHICKSAL DER NATION
ist mein Schicksal!

DIE FREIHEIT DER NATION
ist meine Freiheit!

WIR GLAUBEN
auf dieser Erde allein
an Adolf Hitler.
Der Nationalsozialismus
ist unseres Volkes
großer Glaube.

WIR GLAUBEN
Daß es einen Herrgott
im Himmel gibt.
Er hat uns geschaffen,
er führt und lenkt uns,
er segnet unseren Kampf

WIR GLAUBEN
Daß dieser Herrgott uns
ADOLF HITLER
gesandt hat.
Denn Deutschland soll in
alle Ewigkeit leben!

Und weiter heißt es:

KAMERADEN
Uns formt das gleiche Blut,
uns trägt die Heimaterde,
uns führt des Nordens Mut!
Älter als Kirchen und Klöster
ist unsrer Väter Land,

fester als jede Taufe bindet
des Blutes Band!
Unser Reich, ihr Brüder,
ist von dieser Welt,
es gesund zu bauen
hat uns Gott bestellt

Und von Hans Baumann findet sich das folgende Gedicht:

Nun laßt die
Fahnen fliegen
in das große
Morgenrot,
das uns zu
neuen Siegen
leuchtet oder
brennt zum
Tod.

Anmerkung 24

Die Juden erhielten einen gelben Stern, die Zeugen Jehovas einen lila Winkel (Dreieck). Sie waren die einzige Religionsgemeinschaft, die gesondert gekennzeichnet wurde. Von den etwa 25.000 Zeugen, die es 1933 in Deutschland gab, wurden bis 1945 rund 10.000 inhaftiert, von denen ca. 1.200 zu Tode kamen. Die farbigen Winkel führte man erstmals im KZ Dachau, dem ‘Modellager’ der SS, ein. Politische Häftlinge erhielten einen roten Winkel. Grün war für Kriminelle vorgesehen; schwarz für die Asozialen; blau für die Emigranten; und braun (nicht schwarz, wie Max Liebster erzählt) für die Zigeuner. Jüdische Häftlinge trugen - je nach Einlieferungsgrund - unter dem roten, blauen oder grünen Dreieck einen gelben Winkel, so daß auf diese Weise ein sechszackiger, zweifarbiger Judenstern gebildet wurde.
Mit dem Planen einer Kennzeichnungspolitik hatte man bereits 1933 begonnen.
Adolf Hitler erklärte am 29. April 1937 vor NSDAP-Kreisleitern, indem er auf einen Journalisten reagierte, der die Einführung eines Judenabzeichens forderte: „Also, der Herr Redakteur fordert im Namen seiner Leser von mir, daß ich das tue. Zunächst: Längst eh’ dieser Herr Redakteur von der Judenfrage eine Ahnung hatte, habe ich mich doch schon sehr gründlich damit beschäftigt; zweitens, dieses Problem der Kennzeichnung wird seit zwei, drei Jahren fortgesetzt erwogen und wird eines Tages so oder so natürlich auch durchgeführt. Denn: das Endziel unserer ganzen Politik ist uns ja allen ganz klar. Es handelt sich bei mir immer nur darum, keinen Schritt

zu machen, den ich vielleicht wieder zurück machen muß, und keinen Schritt zu machen, der uns schadet. Wissen Sie, ich gehe immer an die äußerste Grenze des Wagnisses, aber auch nicht darüber hinaus. Da muß man nun die Nase haben, ungefähr zu riechen: 'Was kann ich noch machen, was kann ich nicht machen?' (Große Heiterkeit und Beifall) Auch im Kampf gegen einen Gegner. Ich will ja nicht gleich einen Gegner mit Gewalt zum Kampf fordern, ich sage nicht: 'Kampf!', weil ich kämpfen will, sondern ich sage: 'Ich will dich vernichten! Und jetzt Klugheit, hilf mir, dich so in die Ecke hineinzumanövrieren, daß du zu keinem Stoß kommst, und dann kriegst du den Stoß ins Herz hinein.' Das ist es! (Bravorufe)" (H. v. Kotze und H. Krausnick: Es spricht der Führer. 7 exemplarische Hitler-Reden, Gütersloh, 1966)
Hitler erteilt seine Zustimmung, den Judenstern einzuführen, am 20. August 1941 (siehe: Kleine Chronik, 1941). Reichspropagandaminister Goebbels obliegt es, das Modell zu entwerfen. Die Verteilung wird den jüdischen Organisationen aufs Auge gedrückt. Jeder Jude muß pro Stern zehn Pfennige bezahlen. Mit den Einnahmen werden die Herstellungskosten (drei Pfennige/Stck.) sowie die durch die Verteilung entstehenden Verwaltungskosten gedeckt. Mit der Unterschrift unter die Empfangsbescheinigung verpflichtet man sich, das Kennzeichen „pfleglich zu behandeln und bei seinem Aufnähen auf das Kleidungsstück den über das Kennzeichen hinausragenden Stoffrand umzuschlagen." Die Würzburger 'Mainfränkische Zeitung' kommentiert am 9. Oktober 1941: „Am Judenstern sind sie jetzt zu erkennen. Es ist aus mit der Tarnung unter heuchlerischer Biedermannsmaske. Neben den angeborenen, seit Jahrhunderten ver-

erbten Kennzeichen: Krummnasiger ‘Synagogenschlüssel’, Plattfüße, watschelnder Gang, Schlappohren und unstetem Blick, tragen seit einiger Zeit die noch in Würzburg verbliebenen Juden den gelben Stern mit der Aufschrift ‘Jude’.“

Die meisten Juden reagierten auf die Einführung des Judensterns mit Fassungslosigkeit, Entsetzen und Verzweiflung, und manchmal mußten sie mit dem Leben bezahlen, wenn sie den Stern nicht trugen. Bei einem Zwangsarbeiter in Dresden reichte es, daß der Stern verdeckt war, als er sich auf dem Weg zur Arbeit befand: „Da fuhr... eine Limousine vorbei, eine schwarze Limousine war der bekannte Gestapowagen, und er wurde hineingezerrt. Er wurde nie wieder gesehen. Die haben ihn nicht einmal in ein KZ gebracht, sondern gleich umgebracht. Für das Verdecken des Sterns. Ein paar Tage später haben sie seine Frau auf die Gestapo bestellt und gefragt: ‘Was, du trägst noch nicht Witwenkleidung?’ Sie hatte gedacht, ihr Mann wäre nur arrestiert...“

(M. Brenner: Am Beispiel Weiden, Jüdischer Alltag im Nationalsozialismus, Würzburg, 1983)

Anmerkung 25

Wie sehr und wie rasch das KZ Menschen veränderte, beschrieb Erich Guttmann, Sohn eines Rabbiners, der zweimal nach Sachsenhausen kam. Bei seiner zweiten Inhaftierung bemerkte er: „Ich kam wieder unter meine früheren Gefährten, soweit sie noch da waren. Und die, die ich wieder sah, hatten sich gewiß nicht vorteilhaft verändert. Diese 4 Wochen des Fortseins hatten mich angesichts der eigenen Sorgen oft ihre Gesichter vergessen lassen. Jetzt aber war ich erschüttert. Sie waren verändert, äußerlich und seelisch, oder sollte ich eher sagen, moralisch? Mit eingefallenen Gesichtern, in die der Kummer oder die Ergebenheit in das Schicksal unweigerlich ihre Spuren eingezeichnet hatten, trugen sie ihr hartes Los. Sie hatten sich in einem erschreckenden Maß an den Ton und die Gewohnheit des Lagerdaseins akklimatisiert; ihr eigenes Ich war längst von ihnen abgefallen und der Körper barg nichts mehr, was auf eine Persönlichkeit schließen lassen konnte. Sie waren rauh und rücksichtslos geworden. Ihre Stimmen scharf und oft gemein. Sie empfingen mich mit einer Roheit, die mich zutiefst abstieß.“

Anmerkung 26

Estrongo Nachama, bekannt als der ‘Sänger von Auschwitz’, erzählt ein ähnliches Erlebnis: „1943 wurde ich von Griechenland nach Auschwitz deportiert... Anfang 1945 wurden wir nach Oranienburg, ins Lager Sachsenhausen, getrieben - zu Fuß natürlich. Es gab schon gar kein richtiges Essen mehr in Oranienburg. Wir haben überlebt, weil es im Lager Hunde gab, die von der SS natürlich noch gefüttert wurden. Um neun Uhr morgens und um zwei Uhr nachmittags bekamen die ihre Hundekuchen. Bei den Hunden war keine Wache - die Hunde waren ja selbst die Wache. Mit einem Freund habe ich mich zu den Hunden durchgeschlagen, und es ist uns gelungen, ihnen das Hundefutter wegzunehmen. Wir mußten es so machen, daß einer die Hunde ablenkt und der andere schnell zum Hundefutter geht. Das war sehr gefährlich, weil wir auf diese Art und Weise ganz nahe an die Hunde herankamen. Jedenfalls konnten wir so drei bis vier Menschen ernähren. Von der Wassersuppe und dem bißchen Brot hätten wir nicht überlebt.“ .“
(M. Brenner: Nach dem Holocaust, München, 1995)
Nachama wurde 1987 mit dem Bundesverdienstkreuz ausgezeichnet. Er gehört weltweit zu den besten jüdischen Kantoren und war in vielen Film- und Fernsehrollen (u.a. in ‘Cabaret’) zu sehen.

Anmerkung 27

Zyklon ist die Handelsbezeichnung für blausäurehaltige Begasungsmittel zur Schädlingsbekämpfung. Der Begriff diente im Zweiten Weltkrieg als Deckname für Blausäure, die in den Vernichtungslagern zur Massentötung verwendet wurde. Das tödliche Gas war ein Produkt aus den Werkstätten von Fritz Haber. Der deutsche Chemiker, 1868 in Breslau geboren und 1934 in Basel gestorben, gilt als Vater des chemischen Krieges (Senfgas). Seine größte wissenschaftliche Leistung, für die er 1918 den Nobelpreis für Chemie erhielt, ist die Darstellung von Ammoniak aus Stickstoff und Wasserstoff unter hohem Druck, das sogenannte Haber-Bosch-Verfahren. Daß ein Kriegsverbrecher den Nobelpreis erhielt, war großen Teilen der Weltöffentlichkeit unerklärlich und wurde von starken Protesten begleitet. Haber war Jude. Verwandte von ihm wurden in Auschwitz vergast. Carl Bosch, 1874 in Köln geboren und 1940 in Heidelberg gestorben, Direktor der BASF in Ludwigshafen und 1935 Vorsitzender des Aufsichts- und Verwaltungsrates der I.G. Farbenindustrie AG und 1931 ebenfalls mit dem Nobelpreis ausgezeichnet, bekannte sich dazu, den Krieg um Jahre verlängert zu haben. Tatsächlich ergänzten sich das Machtstreben des NS-Regimes und das Gewinnstreben der Industrie auf ideale Weise. Hätte die chemische Industrie den Krieg verhindern können? Jedenfalls verdiente sie gut an ihm.

Wie wichtig die Industrie für eine erfolgreiche Kriegsführung ist, erkannte erstmals Walther Rathenau, 1867 in Berlin geboren. Seine auf ihn zurückgehende Einbindung der Industrie ins Militär, das moderne Zusammenspiel zwischen Staat und Industrie, verlängerte die beiden Weltkriege um Jahre. Rathenau war Direktor der Elektrochemischen Werke GmbH in Bitterfeld, gehörte zum Vorstand der AEG und wurde als Jude in der Weimarer Republik Außenminister. Als sozial- und kulturphilosophischer Schriftsteller war er einer der meistgelesenen Autoren seiner Zeit. Er hegte die Utopie einer Zukunftsgesellschaft jenseits von Sozialismus und Kapitalismus. Am 24. Juni 1922 wurde Außenminister Rathenau durch zwei antisemitisch-rechtsradikale ehemalige Offiziere ermordet.

Anmerkung 28

Sicher mag es unter den Zeugen Jehovas auch das eine und andere schwarze Schaf geben, das es mit dem Missionieren zu gut meint und die Leute bei den Türgesprächen partout überzeugen will und so auf die Nerven geht. In der Regel aber laufen die Türkontakte sehr höflich ab, und wer mit den Zeugen nichts zu tun haben will, kann es ihnen freundlich sagen, sie lassen einen dann in Ruhe. Man kann sie aber auch zu einer Tasse Kaffee in die Wohnung bitten und über Gott und die Welt diskutieren, ohne gleich in Endzeitstimmung zu verfallen. Bei den Gesprächen wird man rasch feststellen, wie unzulänglich die eigenen Bibelkenntnisse sind. Blättert man nach einem solchen Besuch einmal in diesem Buch und läßt sich von der Heiligen Schrift faszinieren, hat sich die Investition in die Tasse Kaffee gelohnt. Spricht man das Thema im Bekanntenkreis an, erfährt man die unterschiedlichsten Reaktionen. Sie reichen von: „Und? Was erzählen die so? Haben die ihre Schlauchboote für die nächste Sintflut schon aufgeblasen?“ bis hin zu: „Was? Du gibst dich mit Verfassungsfeinden ab? Und da wagst du dich noch in mein Haus?“ Beim Nachhaken stellt sich meist heraus, daß man über die Zeugen und ihre Ansichten herzlich wenig weiß. Bei der intensiven Recherche fühlt man sich unwohl, wenn man unter Journalisten auf Kollegen stößt, die sogar Kommentare über die Zeugen schreiben, ohne das geringste über sie zu wissen. Sich mit Unwissenheit über die Medien mitzuteilen, ist leider eine weit verbreitete Form der Berichterstattung und übrigens nicht neu. Das Conan-Prinzip - erst Rübe ab

und dann fragen, worum es geht - ist bequem und nicht zuletzt deshalb journalistischer Alltag, weil Schreibtischtäter meist ungeschoren davonkommen. Daß es in der Öffentlichkeit ein Informationsdefizit über die Zeugen gibt, liegt aber auch an ihnen selbst. Erst in jüngster Zeit öffnen sie sich durch Veranstaltungen über ihr Leben im Dritten Reich, lehnen es aber leider - aus wie sie sagen: religiösen Motiven - nach wie vor ab, an Diskussionen mit 'Aussteigern' teilzunehmen, die teilweise über psychische Knebelungen, bisweilen regelrechten Psychoterror und andere furchtbare Erlebnisse berichten. Gerade weil diese Erlebnisse ernst genommen und hinterfragt werden sollten, ist es ärgerlich, daß Journalisten von vorn herein die Möglichkeit genommen wird, auch die andere Seite zu berücksichtigen. Und der Betrachter kann sich nur ein einseitig gefärbtes Bild machen.
Der Historiker Dr. Garbe sieht als einen Grund für die zurückhaltende Position der Wachtturm-Gesellschaft „Ängste und schlechte Erfahrungen, insbesondere mit Journalisten, denen in erster Linie an zweifelhaften 'Enthüllungsstories' gelegen war". (Dr. D. Garbe: Zwischen Widerstand und Martyrium: die Zeugen Jehovas im 'Dritten Reich', München, 1997). Die Wachtturm-Gesellschaft selbst mag ein Informationsdefizit über die Zeugen nicht in ihrem eigenen Verhalten begründet sehen, „denn Jehovas Zeugen sind weltweit dafür bekannt, daß sie allen Menschen die biblische Botschaft überbringen. Sie sind jederzeit bereit, aufrichtigen Personen in allen Dingen des Glaubens Rede und Antwort zu stehen. Gerade die oben genannte journalistische Praxis, mit der Jehovas Zeugen vielmals konfrontiert wurden, gab jedoch zu vermehrter Vorsicht Anlaß... Journalisten sehen

in ‘Aussteigern’ eine sehr willkommene Informationsquelle und haben oft aus verschiedenen, für sie gewichtigen Gründen einfach kein Interesse, in gebührender Weise die andere Seite zu berücksichtigen. Möglich wäre es ihnen durchaus, denn zum einen stand und steht die Literatur der Zeugen Jehovas jeder interessierten Person zur Verfügung, andererseits verschließen sich Jehovas Zeugen einem echten Interesse mit dem Ziel einer sachlichen, fairen und objektiven Information und Darstellung der Glaubensgemeinschaft nicht.“ (Stellungnahme der Wachtturm-Gesellschaft vom 12. 1. 1998 an den Autor).

Um mit den Zeugen Jehovas in eine vernünftige Kontroverse über Gott, die Bibel und die Welt zu kommen, müßte der deutsche Durchschnittsbürger ein solides Bibelstudium erfahren. ‘Bibelfest’ könnte man über den Religionsunterricht in unseren Schulen werden. Die Versäumnisse hier sind unentschuldbar. Umfragen unter Schülern aus jüngerer Zeit ergaben, daß nicht einmal die zehn Gebote bekannt sind. Eine Gesellschaft ohne Religion, ohne (zu vermittelnde) ethische Werte geht irgendwann zugrunde.

Über ihren Predigtdienst zur Zeit des Dritten Reiches weiß Gertrud Pötzinger zu berichten, daß sie einmal in einer tschechischen Gemeinde die Wachtturmschriften anbot, indem sie von Tür zu Tür zog. Eine Frau eilte mit den Schriften zum Pfarrer, der sie sofort an sich nahm und erklärte, daß sie verboten seien. Er begab sich ins Dorf und beschlagnahmte das Material. Die Frauen kamen zusammen und unterhielten sich über den Vorfall. Daraufhin zeigte der Pfarrer die Zeugen an, weil sie einen Aufruhr im Dorf angezettelt hätten. Gertrud Pötzinger wurde verhaftet. Bei den stundenlangen Verhören erbrach sie sich jedesmal aus Angst. Sie hat das Konzentrationslager Ravensbrück überlebt und fand nach dem Krieg sogar ihren Mann wieder, der über Dachau in das Vernichtungslager Mauthausen/Österreich deportiert worden war. Neun Jahre hatten sie sich nicht gesehen und nicht gewußt, ob der andere überlebt hatte. Sie waren getrennt worden, nachdem sie gerade dreieinhalb Monate verheiratet gewesen waren. Beide sind nach 1945 über dreißig Jahre als Prediger der Zeugen Jehovas quer durch Deutschland unterwegs gewesen. Als Zeitzeugin erzählt Gertrud Pötzinger, daß die Vergasungstransporte auch schwarze Transporte genannt wurden. Die Opfer mußten zuvor ihre Zähne abgeben und konnten, da die Aktion der Geheimhaltung unterlag, nur erahnen, was mit ihnen geschehen würde. Daß sie vergast wurden, erfuhr man, weil einige der Unglücklichen auf ihre Kleidung schrieben, was mit ihnen geschah. In den Effektenkammern, wo die Habseligkeiten gesammelt wurden, fanden andere diese Hinweise und verbreiteten die Nachrichten.

Im KZ hatte sie einmal einen evangelischen Geistlichen um eine Bibel gebeten. Der verweigerte ihr das Buch, denn schließlich sei sie ja wegen ihrer Bibelforschung in Ravensbrück. „Im Konzentrationslager wird man hart", sagt Gertrud Pötzinger. „Wenn auf dem Appellplatz Gefangene erschossen wurden, dann zählte man sie. Und wenn es weniger als am Vortag waren, rief man aus: 'Och, heute sind es nur neun'." Den Frieden habe sie sich dennoch im Herzen bewahrt, sagt sie. „Aus Frieden wird Freude und Fröhlichkeit. Und die steckt an. Und mit der Liebe zu Gott kann man auch kämpfen."

Anmerkung 29

Das Bundesverwaltungsgericht in Berlin verweigerte mit einem Urteil vom 26. Juni 1997 (Az G7 C 11.96) den Zeugen Jehovas den Status einer Körperschaft des öffentlichen Rechts. Damit werden die Zeugen nicht den großen deutschen Kirchen (und auch nicht Religionsgemeinschaften wie die Baptisten oder die Mormonen, die diese Anerkennung erhalten haben) gleichgestellt. Steuerprivilegien und andere Vergünstigungen bleiben verwehrt. Das Gericht erklärte, die Zeugen seien dem Staat gegenüber zwar nicht negativ eingestellt, doch stehe das aus religiösen Gründen für alle Mitglieder geltende Wahlverbot im Widerspruch zum Demokratieprinzip. Mit diesem Urteil hob das Gericht eine Entscheidung des Berliner Oberverwaltungsgerichts auf. Gegen das Urteil des Bundesverwaltungsgerichts wurde am 13. August 1997 Verfassungsbeschwerde erhoben.

Die Zeugen Jehovas gehören mit nach eigenen Angaben bundesweit 190.000 Mitgliedern nach den christlichen Großkirchen zu den bedeutenderen Religionsgemeinschaften. Im Zentrum der Lehre der 1881 in den USA gegründeten Gemeinschaft mit weltweit fünf Millionen Anhängern stehen das Weltende (damit ist nicht das Ende der Erde gemeint, sondern der 'Abschluß des Systems der Dinge', gemäß Matthäus 24:3, Neue-Welt-Übersetzung, der die Auslöschung der von Gott entfremdeten Menschenwelt bringt) und die Wiederkehr von Jesus Christus (gelehrt wird kein zukünftiges sichtbares Kommen Jesu Christi; vielmehr hat nach den Zeugen Jesu unsichtbare Gegenwart im Himmel bereits 1914 begonnen). Staatliche Organisationen, andere Religionen und Kirchen gelten als Teile einer von Satan beherrschten Welt. Die Zeugen verweisen dazu auf den Bericht Jesu im Matthäusevangelium (Kapitel 4). Satan bietet Jesus alle Königreiche dieser Welt für einen Akt der Anbetung an. Dies hätte er - nach Auslegung der Zeugen - nicht tun können, wenn er nicht die Verfügungsgewalt über die Welt hätte. Als weiterer Beweis wird das Johannesevangelium (Kapitel 12) angeführt, wo Jesus Satan als den Herrscher dieser Welt bezeichnet. Politische Betätigung oder Kriegs- und Zivildienst werden abgelehnt.

Kurt-Helmuth Eimuth, ehemaliger Leiter der Evangelischen Arbeitsstelle für Religions- und Weltanschauungsfragen in Frankfurt am Main, kommt in seinem Buch ‘Die Sektenkinder’, erschienen 1996 im Verlag Herder, Freiburg, zu dem Schluß, daß die Lehre der Zeugen Jehovas auf Kinder und Jugendliche ausgrenzend wirkt. Schon im Kindesalter würden sie zu sozialen Märtyrern erzogen. Eine Ablösung aus der Gemeinschaft, die von ihren Mitgliedern eine starke Anpassung fordere, gehe fast immer mit Orientierungslosigkeit und Depressionen einher. Den Kindern und Jugendlichen werde auch das Einüben in die demokratische Willens- und Meinungsbildung untersagt. Sogar bei Klassensprecherwahlen sei ein Mitwirken nicht gestattet, so daß man den Zeugen eine demokratische Grundhaltung absprechen müsse. Offenkundig sei ferner die physische Gefährdung von Kindern und Jugendlichen durch das unmenschliche und unbiblische Verbot der Bluttransfusion, womit die Zeugen sich herausnehmen, Menschen ihre Berechtigung zum Weiterleben abzusprechen.

Die Wachtturm-Gesellschaft weist darauf hin, daß die Aussage, der Zivildienst werde abgelehnt, nicht dem wahren Sachverhalt entspreche. „Manche Länder verlangen von den Betreffenden, Zivildienst zu leisten, zum Beispiel eine nützliche Tätigkeit für das Allgemeinwohl zu verrichten, die als nichtmilitärische Dienstpflicht betrachtet wird. Könnte ein Christ einen solchen Dienst durchführen? Auch in diesem Fall muß ein Gott hingegebener, getaufter Christ eine persönliche Entscheidung treffen, gestützt auf sein biblisch geschultes Gewissen." ('Der Wachtturm', Selters, Mai 1996).
In einer Stellungnahme vom 12. 1. 1998 an den Autor dieses Buches widerspricht die Wachtturm-Gesellschaft Eimuths Einschätzung: „Es stimmt... nicht, daß Kindern von Zeugen Jehovas die Teilnahme an Klassensprecherwahlen verboten sei. Da in unserem Land die Wahl der Klassensprecher und das Ausüben des Amtes eines Klassensprechers keine politischen Aspekte beinhaltet - Schulen in Deutschland haben die Verpflichtung zu politischer Neutralität - , ist es eine Gewissensentscheidung des einzelnen Schülers, an derartigen Wahlen teilzunehmen oder nicht. Ein Verbot seitens der Wachtturm-Gesellschaft gibt es nicht.
Es wird oft der Vorwurf erhoben, Jehovas Zeugen seien demokratiefeindlich, weil sie sich u.a. nicht an politischen Wahlen beteiligen und sich nicht in politische Ämter wählen lassen. Das Demokratieprinzip schließt ausdrücklich die Wahlfreiheit als eines seiner Bestandteile ein. Nicht nur Jehovas Zeugen, sondern auch viele andere Bürger machen von ihrem Recht der Stimmenthaltung Gebrauch. Totalitäre Systeme zeichnen sich besonders dadurch aus, daß sie angeblich freie Wahlen

veranstalten, dann aber durch Druck den Bürgern das Recht verweigern, sich der Stimmabgabe zu enthalten. Was die Wahl in politische Ämter betrifft, so folgen Jehovas Zeugen dem Beispiel Jesu Christi, der sich von jedem politischen Amt fernhielt, selbst als das Volk ihn zum König machen wollte. Der christliche Grundsatz der Unvereinbarkeit von politischen und religiösen Aktivitäten wird auch von anderen Religionen anerkannt. Dennoch unterstützen Jehovas Zeugen den Staat und seine Vertreter und sind als gesetzestreue Bürger bekannt. Sie leisten vielfach zivile Dienste in Krankenhäusern, Altenheimen oder in anderen dem Allgemeinwohl dienenden Institutionen.

Wenn es um die Frage der Verwendung von Blut geht, werden oft Emotionen hochgespielt, um Jehovas Zeugen in der Öffentlichkeit in Verruf zu bringen. Zu betonen ist, daß Jehovas Zeugen Ärzte und deren medizinische Behandlung sehr schätzen. Sie lehnen Blut nicht ab, um Märtyrer zu sein oder weil sie ihre Kinder 'opfern' wollen, sondern sie entscheiden sich aus Glaubensgründen für verfügbare medizinische Behandlungsalternativen. In Deutschland gibt es über 3.300 Ärzte, die bereit sind, alle Möglichkeiten derartiger Behandlungsalternativen auszuschöpfen. Vor dem Hintergrund der möglichen Risiken, die mit einer Bluttransfusion verbunden sein können, wie z.B. Hepatitis und HIV-Infektionen oder immunologisch bedingte Nebenwirkungen, unterstützen uns diese Ärzte auch aus medizinischen Gründen bei unserer Entscheidung... Es wurden bereits blutlose Herztransplantationen durchgeführt... Im Oktober 1993 wurde die dreijährige Chandra Sharp in ein Krankenhaus in Cleveland (Ohio, USA) eingeliefert, weil sie nicht nur an einer

Herzvergrößerung, sondern auch an Herzversagen litt. Mit einem Gewicht von nur 9 Kilogramm galt sie als unterernährt, und ihr Wachstum war zum Stillstand gekommen - sie benötigte eine Herztransplantation. Sie hatte nur noch wenige Wochen zu leben. Ihre Eltern stimmten einer Herzverpflanzung zu, lehnten aber Bluttransfusionen ab. Sie sind Zeugen Jehovas... Am 29. Oktober pflanzte der behandelnde Chirurg Chandra ein anderes Herz ein. Einen Monat später wurde berichtet, es gehe ihr gut.

Wir stimmen auch nicht mit der Aussage überein, daß es sich bei der Ablehnung von Bluttransfusionen um ein 'unmenschliches und unbiblisches Verbot' handelt. Unmenschlich deshalb nicht, weil durch die Ablehnung der Bluttransfusion mehr Menschen gerettet und ihr Wohlbefinden gewahrt wird als Gefahren durch eventuelle Risiken auftreten können... Die Medizin hat besonders in der blutlosen Chirurgie enorme Fortschritte gemacht, wodurch eine erhöhte Sicherheit bei Operationen gewährleistet ist. Zur Behauptung, die Ablehnung von Blut sei unbiblisch, könnten eine Anzahl von Texten aus der Bibel angeführt werden, wie z.B. Apostelgeschichte 15:28, 29; 1. Mose 9:3,4; Apostelgeschichte 15:19, 20; 3. Mose 17:11-16.

Die Entscheidung, sich des Blutes zu enthalten, wird von jedem einzelnen auf Grund eines Bibelstudiums vor der Taufe auf freiwilliger Basis getroffen. Man kann somit sicher nicht behaupten, daß 'die Zeugen sich herausnehmen, Menschen ihre Berechtigung zum Weiterleben abzusprechen'."

Eimuths Buch 'Die Sekten-Kinder', das auch andere Sekten untersucht, so beispielsweise mit einem ausgezeichneten Beitrag über die Scientology-Organisation aufwartet, ist mit der Einschätzung der Zeugen Jehovas mittlerweile in die Schußlinie scharfer Kritik geraten. So schreibt Dr. Richard Singelenberg, Sozialanthropologe mit dem Spezialgebiet 'Religiöse Bewegungen' von der Universität Utrecht (Niederlande): „Dies ist ein schlechtes Buch... In der gesamten Abhandlung bin ich davon ausgegangen, daß der Autor - auf Grund seiner Vorbildung - dieses kontroverse und äußerst sensitive Thema aus wissenschaftlicher Sicht behandelt. Das ist nicht geschehen... Statt eine objektive Analyse eines sehr komplizierten sozialen Phänomens und einer mißverstandenen öffentlichen Streitfrage zu liefern, hat der Verfasser zu seiner reinen Aufreihung von Klischees Zuflucht genommen und den bereits vorhandenen Bestand an Vorurteilen und Stereotypen um ein weiteres Beispiel erweitert."

Es bliebe anzufügen, daß eine Gruppe, die sich selbst jede politische Betätigung verbietet, ein Staatsgefüge - gleich, welche Struktur es hat - auch nicht gefährden kann. Sofern die Kindererziehung kritikwürdig erscheint, müßte angesichts wachsender Kriminalität bei Jugendlichen aus 'normalen' Gesellschaftsschichten und der zunehmenden Brutalität an deutschen Schulen die Erziehung in evangelischen und katholischen Familien hinterfragt werden, die christliche Werte offenbar kaum mehr vermitteln kann.

Ergänzt werden sollte ferner, daß die Zeugen bei ihren Arbeitgebern durch Fleiß, Disziplin und Ehrlichkeit auffallen. Und wenn auch nicht ihrer Auslegung biblischer Texte in jedem Punkt zugestimmt werden kann, muß festgehalten werden, daß die Wachtturm-Gesellschaft maßgebende wissenschaftliche Arbeit zur Bibel geleistet hat. Schlußendlich muß es bei der historischen Bewertung der Grausamkeiten in den Konzentrationslagern unerheblich sein, ob das Opfer Jude, Roma, Widerstandskämpfer, Katholik oder Bibelforscher war. Ermordet wurden stets Menschen.

Anmerkung 30

Der Lageraufenthalt hatte für Häftlinge bisweilen den Verlust des Glaubens zur Folge. Der Schriftsteller Philip Yancy erklärte: „Einige Überlebende verloren ihren Glauben an Gott. Besonders Juden waren anfällig dafür. Sie waren in dem Glauben erzogen worden, daß sie das auserwählte Volk seien. Doch plötzlich fanden sie heraus, daß - so sagte ein Jude bitter - Hitler der einzige ist, der sein Versprechen gehalten hat."

Anmerkung 31

U.a. auch ein Schreiben von Dr. Leo Löwenstein, Gründer und weltanschaulicher Leiter des Reichsbundes, an Hitler zeigt, daß die Vorschläge des Bundes immer wieder die Bitte mit einschlossen, die alteingesessenen jüdischen deutschen Familien besonders zu berücksichtigen. Man lebte in der Illusion, nur den 'zugewanderten' Juden würde eine schlechte Behandlung widerfahren. Viele glaubten, daß der Auslöser für die NS-Verfolgung nur die Ostjuden seien, die seit Beginn des 20. Jahrhunderts eingewandert waren. Man glaubte trotz des Hasses, den die Nationalsozialisten verströmten, an eine einigermaßen erträgliche Zukunft. Und da deutsch-jüdische Organisationen dafür plädierten, im Reich zu bleiben, kehrten einige Juden in den ersten Jahren nach der Machtergreifung wieder nach Deutschland (viele aus Frankreich, nachdem dort 1934 das Gesetz zur 'Beschränkung ausländischer Arbeitskräfte' in Kraft trat) zurück, zumal sich die Situation beruhigt zu haben schien - worauf man gehofft hatte. Die Bayerische Politische Polizei reagierte im März 1935: „Männliche Emigranten werden in das Konzentrationslager Dachau eingewiesen; zurückkehrende Frauen kommen in das Konzentrationslager Moringen." Daß die Rückkehr ein tödlicher Fehler war, mußten die Betroffenen wohl spätestens im November 1938 eingesehen haben.

Den Juden grundsätzlich Blindheit beim Einschätzen des NS-Regimes vorzuwerfen, wäre nur aus Sicht der Nachkriegsperspektive haltbar. Es gab im Vorfeld der Endlösung gute Gründe, nicht an Auswanderung zu denken.

Viele deutsche Juden fühlten sich mit ihrer Heimat verbunden und hatten im privaten Umfeld zahlreiche Freundschaften mit Deutschen. Die Gefahr durch den Nationalsozialismus wurde u.a. dadurch verkannt. Noch 1937 schrieb ein Jude: „Weshalb soll ich auswandern, es wird nicht alles so heiß gegessen, wie es gekocht wird. Wir leben schließlich in einem Rechtsstaat. Was kann mir schon passieren, ich bin Frontkämpfer, habe vier Jahre für mein Vaterland an der Westfront gekämpft, war Unteroffizier und habe das Eiserne Kreuz erster Klasse."
Da die Frontkämpfer lange unbehelligt blieben, erscheint es verständlich, daß sie auf den Rechtsstaat setzten. Viele andere Juden mochten nicht über Auswanderung nachdenken, weil sie beruflich und finanziell ungünstig gestellt bzw. zu alt für einen solchen Schritt waren. In den Familien wurde die Lage nicht selten kontrovers diskutiert. Joel König gibt Einblick ins elterliche Leben in Berlin Anfang der 40er Jahre: „Vater und Mutter fristeten ein trostloses Dasein. Zugleich fühlte man eine gesteigerte Spannung zwischen ihnen. Warum waren wir denn einem ungewissen Schicksal ausgeliefert, statt schon seit Jahren im sicheren Ausland ein menschenwürdigeres Dasein zu führen? In ihren gereizten Bemerkungen warf Mutter meinem Vater immer wieder seinen Mangel an Tatkraft vor. Ja, in ihrem Zorn richteten sich ihr Vorwürfe gegen Vaters religiöse Lebensauffassung. Meine Mutter war als Tochter einer frommgläubigen jüdischen Handwerkerfamilie aufgewachsen. Es wäre ihr nie in den Sinn gekommen, sich wegen der Entrechtung der Juden vom Glauben ihrer Väter abzuwenden. Aber ihr Vertrauen auf die geistliche Leitung meines Vaters begann zu wanken. Für sie stand fest, daß an Vaters

Haltung etwas nicht stimmte. Hatte er als Rabbiner nicht die Aufgabe, seiner Familie und seiner Gemeinde Wegweiser zu sein? Geistliche Führung zu erteilen, wo die Gemeinde politischer Leitung bedurfte, sich auf Seelsorge zu beschränken, wo es galt, das nackte Leben zu retten, grenzte das nicht ans Absurde? Durfte man von einem Rabbiner nicht verlangen, daß er auf die außerordentliche Not der Zeit mit außerordentlichen Entscheidungen und mit Taten antwortete? Die einzigen Beschlüsse, die mein Vater traf, bestanden in gewissen Zugeständnissen an die leibliche Not. Die Lebensmittelzuteilungen für Juden waren sehr spärlich. Um wenigstens diese auszunutzen, gestattete er, jede Sorte Käse zu essen, da es keinen koscheren Käse mehr gab. Für alles übrige hatte er keinen anderen Rat, als Gottes Hilfe zu erflehen." (W. Benz (Hrsg.): Die Juden in Deutschland 1933-1945, München, 1996)

Wer auf eine neue Heimat spekulierte, mußte sich erst auswanderungsfähig machen, weil man sich in vielen Ländern nur mit bestimmten Berufen eine neue Existenz aufbauen konnte. Erschwerend kam hinzu, daß die Auswanderungsmöglichkeiten aufgrund der Weltwirtschaftskrise so gering waren wie nie zuvor. Besonders die USA, Lateinamerika und die britischen Dominions, die unter den eingebrochenen Agrar- und Rohstoffpreisen schwer litten, sperrten sich gegen jede Einwanderung. Der Historiker Walter Laqueur erinnert sich an das Problem, überhaupt ein Einwanderungsland zu finden: „Luxemburg: Die Grenze ist für Einwanderer und Durchwanderer völlig gesperrt. Justizministerium Amsterdam: Ein Flüchtling wird in Zukunft als ein unerwünschter Fremdling zu

betrachten sein. Das Generalkonsulat der Vereinigten Staaten in Berlin teilt mit: Infolge der außerordentlich großen Zahl von Einwanderungsanträgen sind die für die nächste Zeit verfügbaren Quotennummern erschöpft. Gesucht wurden für die Fidschiinseln: ein jüdischer Pastenbäcker und ein alleinstehender Uhrmacher, der nicht jünger als 25, nicht älter als 30 Jahre sein durfte, für Paraguay ein perfekter, selbständiger Bonbonkocher, für Britisch-Betschuanaland ein perfekter Kürschner, für Mittelafrika ein jüdischer lediger Schlächter (spezialisiert auf die Herstellung von grober Cervelatwurst), für San Salvador ein unverheirateter, jüdischer Ingenieur für den Bau elektrischer Maschinen. Am größten waren noch die Chancen in Mandschukuo. Gesucht wurden für ein Kabarett ein jüdischer Regisseur, der gleichzeitig Ballettmeister sein mußte und mit der ersten Ballerina als Partner tanzen sollte, und ein Ballett von 6 bis 8 Balletteusen, die imstande sein mußten, auch als Solotänzerinnen aufzutreten. Außerdem brauchte man dort ein jüdisches Damenorchester und eine Pianistin, die auch Akkordeon spielen konnte.“ (‘Heimkehr. Reisen in die Vergangenheit’, Berlin, 1964)
Vor diesem Hintergrund saß die Reichsvertretung der Juden in Deutschland gewiß gern dem trügerischen Gefühl auf, die verheerenden Nürnberger Gesetze von 1935 seien eines Rechtsstaates würdig. Die Vertretung sprach zwar in einer Stellungnahme von Betroffenheit, verstand den Erlaß aber als Basis, „auf der ein erträgliches Verhältnis zwischen dem deutschen und dem jüdischen Volke möglich ist.“ (Vergl. ‘Die jüdische Emigration aus Deutschland 1933-1941’, Ausstellungskatalog, Frankfurt am Main, 1985)

Offizielle Statements dieser Art waren ungeeignet, die jüdischen Mitbürger zur Auswanderung zu bewegen. Menschen, die ihre Ruhe, ihren Frieden und ein bißchen privates Glück wollten, kamen diese Äußerungen entgegen, implizierten sie doch die Aussicht auf ein immerhin erträgliches Leben auf deutschem Boden. Nach dem Holocaust kritisierten Juden, die überlebt hatten, derartige Fehleinschätzungen. So meint Hans Winterfeldt: „Man hätte den Juden von jüdischer Seite her von Anfang an klar machen sollen, daß es sich hier (gemeint sind die Nürnberger Gesetze) um eine regelrechte Judenverfolgung handelte, die von höchster Stelle der Regierung organisiert wurde... Anstatt dafür zu sorgen, den Juden unter der Nazityrannei das Leben so angenehm wie möglich zu gestalten, hätte man alles und jeden Pfennig daransetzen sollen, die Juden ins Ausland zu bringen."

Juden wollte niemand aufnehmen, schon gar nicht, wenn sie nichts mitbrachten. Und die Emigration war praktisch mit einer Enteignung gleichzusetzen: Deutschland, die systematische Verarmung der jüdischen Bevölkerung betreibend, verlangte im Zuge der Auswanderung hohe Abgaben. Vor allem die USA wollten ihr eigenes Proletariat in dieser wirtschaftlich prekären Zeit durch mittellose Juden nicht noch weiter wachsen lassen. Die Wirtschaftskrise hatte eine hohe Erwerbslosigkeit mit sich gebracht. Einwanderer hätten womöglich arbeitsuchenden Amerikanern die Jobs weggeschnappt. Im übrigen vertrat etwa die Hälfte der amerikanischen Bevölkerung die Ansicht, daß die Juden zuviel Macht in den Vereinigten Staaten hätten. Die antisemitische Haltung fand

im Juli 1941 ihren Höhepunkt, als man die Grenzen nahezu dichtmachte.
Nur wohlhabende Juden hatten noch eine Chance, legal in ein anderes Land zu wechseln. Die Gestapo versuchte, die illegale Einwanderung nach Palästina zu organisieren. Das tat man u.a., indem man die Auswanderung ein wenig behinderte: man stellte nur unzureichend Geldmittel zur Verfügung und gab nur teilweise Devisen frei, so daß Angebote von Schiffahrts- und Reisegesellschaften nicht genutzt werden konnten. Die Gestapo charterte selbst Schiffe. Die Flüchtlinge mußten weit überhöhte Preise bezahlen, um donauabwärts zunächst bis ans Schwarze Meer und dann auf Seelenverkäufern ans Ziel zu kommen, wo sie in Nacht- und Nebelaktionen an Land gebracht wurden.
Der legale Weg nach Palästina wurde aber auch durch die Quotenregelung der britischen Mandatsregierung verbaut. Die deutschen Juden, die nach Palästina einwandern wollten, ließen sich einiges einfallen, um die Beschränkungen zu umgehen. So war Vorschrift, daß ein Ehepaar nur ein Zertifikat (Einwanderungsgenehmigung) brauchte, um in Palästina einreisen zu dürfen. Scheinehen konnten also Menschenleben retten.
In der 'Jüdischen Rundschau' (27. August 1935) finden sich folgende Anzeigen: „Ich suche einen Mann, der bereit ist, sich mit mir in Palästina eine Existenz zu gründen. Ich bin 23 Jahre alt, hübsch und vermögend..."
Und: „24jähriger junger Mann, 1.70 m groß, aus guter Familie, der in einigen Monaten als Kapitalist nach Palästina auswandert, um dort zu siedeln, sucht 18-21 Jahre altes kerngesundes tüchtiges hübsches Mädel zwecks Heirat. Ausführliche Bildzuschriften unter..."

Mit den Zertifikaten gehen tragische Schicksale einher. Für Jugendliche entwickelten die Briten eine Einreisegenehmigung, die den Passus enthielt, daß die Unterbringungs- und Ausbildungskosten für zwei Jahre gesichert sein müßten. Eltern versuchten über diesen Weg, wenigstens ihre Kinder zu retten - insgesamt über 3.200 in den Jahren von 1934 bis 1939. Sie konnten es nicht mehr mit ansehen, wie sehr ihre Kinder unter Haß und Verfolgung litten, und gingen in ihrer Liebe so weit, daß sie sich von den Söhnen und Töchtern trennten - in den meisten Fällen ein endgültiger Abschied. Valerie Wolffenstein berichtet: „Solche Kindertransporte sah ich abgehen, die Mütter, die sich im Wartesaal von ihrem Kind trennen mußten, ohne zu ahnen, ob sie es je wiedersehen, werde ich nie vergessen. Jedes Kind durfte 10 Mark mitnehmen. Sehr gelacht wurde über die Karte eines Jungen, die er von der Reise aus schrieb und die der Zensor wohl übersehen oder aus Spaß weiterbefördert hatte. Der kleine Neffe einer Bekannten hatte seine Mutter bei der Abreise beschworen, ihm sofort mitzuteilen, wenn Hitler gestorben wäre. Schließlich versprach sie ihm, in diesem Falle zu schreiben: ‘Großmutter ist tot’. Die erste Karte des Jungen lautete: ‘Das Geld habe ich glücklich über die Grenze gebracht. Bitte vergiß nicht mir zu schreiben, wenn Großmutter tot ist und wir eine neue Regierung bekommen haben.“ (W. Benz (Hrsg.): Die Juden in Deutschland 1933-1945, München, 1996)

Das NS-Regime und die Gestapo erwiesen sich über weite Phasen einer jüdischen Auswanderung gleichermaßen zu- wie abgeneigt. Bis zu den Nürnberger Gesetzen besaß man noch keine klare Konzeption. Üble Geschäftemacher und die Gestapo nutzten die ausweglose Situation der deutschen Juden nicht nur bei der illegalen Einwanderung nach Palästina aus. Die Jüdin Valerie Wolffenstein erinnert sich: „Korrupt waren sie (die Beamten) alle, sie ließen sich erst einmal kräftig bestechen... Es gab auch manche, die andeuteten, daß sie von der Hauswäsche gut etwas gebrauchen könnten, und einen habe ich erlebt, der sich nicht genierte, einen dikken Velourläufer zu 'kaufen', den seine telefonisch herbeigerufene Frau und Tochter schnell abholten. Auf den Betrag, den die Hausfrau ihn bat, der Winterhilfe zu überweisen, wartet diese wohl heute noch.“ (A. Prinz: Die Gestapo als Feind und Förderer jüdischer Auswanderung, Wiener Library (WL) P II f, Nr. 792) Auch ein anonymer Betroffener erzählt in 'Emigrationsschikanen' (WL P II f, Nr. 683) sein Erlebnis mit einem deutschen Beamten, der zu ihm sagte: „'Nicht wahr, wenn Sie auswandern, dann denken Sie an mich.' Ich sagte ihm, er solle mir mal seine Wünsche sagen, ich würde gern sehen, was ich tun könnte. Wenige Stunden später, als ich bei Tisch zu Hause saß, klingelte es draußen, der Beamte selbst erschien..., und als ich ihm verblüfft öffnete, sagte er, 'er wolle mir nur sagen, er hätte gern einen runden Tisch und einen Teppich 2 mal 3 Meter'. Im übrigen sind die Auswanderungspässe in verblüffend kurzer Zeit ausgestellt worden. Einer meiner Freunde, Rechtsanwalt W., dem ich die Sache erzählte, rief mich einige Tage später an, um mir zu sagen, daß, was bei mir der 'runde Tisch', bei ihm die 'Schreibmaschine' sei.“

Die Auswanderung wurde im Zuge der Endlösung am 23. Oktober 1941 verboten. Es gab nur noch vereinzelt Ausnahmen, nämlich dann, wenn sich ein Jude gegen

hohe Devisen loslösen ließ. Das Verbot wurde in aller Stille umgesetzt. So entstand unter den Juden keine Unruhe, die sich voll auf ihre Auswanderungsvorbereitungen konzentrierten, und die Auslandspresse wurde nicht auf den Plan gerufen. Die bereits angelaufenen Deportationen hatten zudem einen Überrumpelungseffekt - viele Juden holte man inmitten ihrer letzten Vorbereitungen für die Emigration ab.
Bis zum Auswanderungsverbot hätten viele Länder mit etwas weniger Antisemitismus und etwas mehr Menschlichkeit in ihrer Politik Tausenden von Juden das Leben retten können. So aber brandmarkte man sich als Mittäter und mußte sich von Hitler in einer Rede vom 30. Januar 1939 verhöhnen lassen: „Es ist ein beschämendes Schauspiel, heute zu sehen, wie die ganze Welt der Demokratie vor Mitleid trieft, dem armen gequälten jüdischen Volk gegenüber allein hartherzig verstockt bleibt angesichts der dann doch offenkundigen Pflicht zu helfen."

Die Haltung der Briten in Sachen Palästina war übrigens auch nach dem Ende des Zweiten Weltkrieges unerbittlich. Man weigerte sich, die jüdische Nationalität offiziell anzuerkennen, weil man damit indirekt auch die Existenzberechtigung eines jüdischen Staates eingestanden hätte - und das wiederum wäre nicht ohne Auswirkung auf die Entwicklung im britischen Mandatsgebiet Palästina geblieben. Der Fall des ausgedienten amerikanischen Ausflugsschiffes 'Exodus' dokumentiert, daß man dem NS-Regime in puncto Grausamkeit durchaus das Wasser reichen konnte. Im Juli 1947 war die 'Exodus' mit 5.000 Juden - Kinder, Frauen, alte und kranke Menschen - von Marseille nach Palästina aufgebrochen, die sich dort ein neues Leben aufbauen wollten. Die Reise war illegal, denn die offiziellen Papiere wiesen eine Überfahrt nach Kolumbien aus. Vor der Küste Palästinas wurde man in einen erbitterten Kampf mit britischen Zerstörern verwickelt. Es gab zahlreiche Tote, und die 'Exodus' wurde derart schwer beschädigt, daß die Menschen, die Frieden suchten, schließlich aufgaben und in drei britische Schiffe umquartiert wurden. Zunächst hätten sie in britischen Internierungslagern auf Zypern untergebracht werden sollen, wie es allen Juden erging, die als illegale Einwanderer an der Küste Palästinas aufgegriffen wurden.

Doch Großbritannien wollte den Juden, die die Greuel der Konzentrationslager überlebt hatten, eine Lektion erteilen. Man schickte sie nach Deutschland zurück. Dort zerrte man sie teilweise mit Gewalt aus den Schiffen und sperrte sie wieder wie Vieh in deutsche Züge. Ein Korrespondent der Lübecker Zeitung beschreibt die Szenerie im September 1947: „Nie habe ich solche Eisenbahnzüge gesehen. Für jeden Wagen nur eine schmale Tür. Fenster und Türen sind maschenartig vergittert. Im Innern keine Sitzgelegenheiten irgendwelcher Art... Die Verbitterung, sichtlich grenzenlos, zeichnet sich in den Gesichtern ab. Nahrungsmittel, die ihnen das Rote Kreuz in den Wagen bringt, fliegen durch die Gitter hindurch auf den Bahnkörper zurück." (Der Vollständigkeit halber soll nicht verschwiegen werden, daß die Briten von den 100.000 jüdischen Auswanderern zwischen November 1938 und September 1939 40.000 Asyl gewährten, darunter Tausende jüdischer Kinder, und ihnen damit das Leben retteten.)

Auch die Amerikaner zeigten sich im Umgang mit KZ-Häftlingen nicht unbedingt feinfühlig. Anfang Mai 1945 teilte der Kommandant der amerikanischen Befreiungsarmee den Überlebenden von Dachau mit: „Wer außerhalb des Lagers ohne Ausweis angetroffen wird, wird erschossen."
Der Historiker Wolfgang Benz kam zu dem Ergebnis: „Äußerlich unterschied sich die Situation nach dem 29. April, dem Tag der Befreiung, für die meisten aber wenig von dem Zustand davor. Hatte die Bedrohung durch die SS aufgehört, so dauerte die Lebensgefahr doch an, die von Typhus und vom Fleckfieber ausging, von den schauderhaften sanitären Verhältnissen, von den überall umherliegenden Leichen, deren Abtransport auch eine Woche nach der Befreiung noch im Gange war. Und die Befreiung hatte auch noch nicht die Freiheit gebracht, wenigstens nicht die Freiheit, das Lagergelände zu verlassen."
Das Gutachten des von Präsident Truman beauftragten Earl G. Harrison kommt im August 1945 zu einem vernichtenden Urteil. Harrison kritisiert den Nahrungs- und Kleidungsmangel in den Lagern, aber auch die nach wie vor erhaltene Stacheldrahtumzäunung vieler Lager. Die amerikanische Armee vergleicht er mit der SS: „Wie die Dinge jetzt stehen, erscheint es, als ob wir die Juden so behandeln wie es die Nazis taten, wenn man davon absieht, daß wir sie nicht vernichten. Sie befinden sich zu großen Teilen in Konzentrationslagern unter der Bewachung unserer Militärposten anstelle der SS. Man muß notgedrungen zu dem Gedanken kommen, ob die Deutschen, die dies mit ansehen, nicht annehmen müssen, daß wir Nazipolitik verfolgen oder zumindest gutheißen."

Auch Wolf Weil, der in Oskar Schindlers Emailfabrik als Prokurist arbeitete und durch Steven Spielbergs Film 'Schindler's Liste' bekannt wurde, berichtet von einem tragischen Erlebnis mit den Amerikanern, als er im bayerischen Hof eintraf: „Das erste, was ich hier erfahren habe, war, daß in der Umgebung von Hof über hundert tote Juden in den Wäldern verstreut lagen, die man auf den Todesmärschen erschossen hat. Meine erste Aufgabe war, sie auf dem jüdischen Friedhof zu beerdigen.
Der amerikanische Kommandant hier ist damals ein ganz großer Antisemit gewesen. Ich gehe zu ihm hin und erzähle ihm, daß so viele Tote in den Wäldern herumliegen. Die muß man doch in einem Massengrab beerdigen! Sagt er zu mir: 'Kommt nicht in Frage!'. Er saß dort mit seinen Füßen auf dem Schreibtisch. Ich habe mir Mut gefaßt und gesagt: 'Zuerst nehmen Sie die Füße herunter vom Tisch. Mit mir können Sie nicht so reden.' Auf dem Schreibtisch hatte er eine Reitpeitsche liegen und fing an, damit zu klopfen. Ich sagte: 'Wenn Sie noch einmal klopfen, dann dreh' ich Ihnen den Schreibtisch um.' - 'Nein', fuhr er fort, 'ich werde es nicht erlauben, die Toten zu beerdigen.' Ich ging daraufhin zu seiner Sekretärin und sagte: 'Sagen Sie ihm, ich werde es ohne seine Erlaubnis machen.' Er schaute mich so verwundert an und sagte noch einmal, er würde es nicht erlauben. Ich ging raus und schlug die Glastüre so zu, daß das ganze Glas zu Bruch ging. Ich habe schließlich alles durchgeführt, und er selbst war sogar anwesend. Heute steht noch der Gedenkstein mit der Aufschrift, daß hier 142 KZ-Häftlinge begraben liegen."
Wolf Weil überlebte das Ghetto in Krakau und das Konzentrationslager Plaszow mit Oskar Schindlers Hilfe. Bis

zu seinem Tod 1988 war er Vorsitzender der Jüdischen Gemeinde Hof.
An amerikanische Soldaten haben indes viele Juden gute Erinnerungen. Der Journalist Ernest Landau, der mehrere Konzentrationslager überlebte, schreibt, daß die Amerikaner erschüttert waren, „als sie uns sahen. Sie sind herumgegangen, haben mit uns geredet. Wenn sie merkten, einer kann Englisch, haben sie sich gleich um ihn herumgestellt und alles gegeben, was sie bei sich hatten: Zigaretten, Kekse oder einen Riegel Schokolade." Später erfolgte die Verteilung von Hilfsgütern, die aus den USA kamen: „Die erste Verpflegung, ich erinnere mich noch genau, bestand aus hartem Schiffszwieback, einer harten Schokolade, die man nicht beißen konnte - man hat sie mit den Zähnen abgekratzt. Das war gut so, denn dort, wo die Leute die Gelegenheit hatten, sich zu 'überfressen', blieben sie nicht am Leben. Sie waren weder an Fett gewohnt noch an reichliche Nahrung."
(Zitiert nach M. Brenner: Nach dem Holocaust, München, 1995)

Anmerkung 32

In Buchenwald war auch Arno Lustiger inhaftiert. 1924 in Polen geboren, überlebte der spätere Historiker jüdischer Widerstandsgeschichte mehrere Konzentrationslager, ehe ihm im März 1945 die Flucht auf einem Todesmarsch von Buchenwald gelang. Er erzählt von 4.000 Bewohnern im Lager Zeilsheim nach dem Krieg, darunter etliche suspekte Gestalten: „Zuerst wollte man alle DPs - jüdische und nichtjüdische - zusammen unterbringen. Das löste unter den jüdischen DPs (Abkürzung für 'Displaced Persons') einen Sturm der Empörung aus. Dieser lag darin begründet, daß die meisten nichtjüdischen DPs ja aus Osteuropa stammten und dort sehr oft mit den Nazis kollaboriert hatten. Also, ehemalige ukrainische oder litauische oder lettische SS-Helfer haben sich dann ihre Nazi-Uniform abgestreift und sich als verfolgte DPs ausgegeben. In den Lagern sollten wir mit diesen Mördern - manchmal waren sie noch schlimmer als die Deutschen - zusammen unter einem Dach schlafen. Das war nicht möglich. Deshalb erging gleich die Direktive, daß jüdische DPs in gesonderte Lager gebracht werden müssen... Zeilsheim... war ein Industrievorort, in dem Tausende von Arbeitern der IG Farben wohnten, der späteren Hoechst-Werke. Die armen Arbeiter wurden aufgefordert, innerhalb kürzester Zeit ihre Wohnungen zu überlassen, unter Hinterlassung ihrer Möbel. Wir hatten also immerhin Wohnungen, keine Baracken. Dennoch lebten wir furchtbar zusammengepfercht." (M. Brenner: Nach dem Holocaust, München, 1995) Die IG Farben war die erste Großindustrie, die sich bereit

erklärt hatte, KZ-Häftlinge einzusetzen und somit den Tod durch Arbeit systematisch zu betreiben.
Die I.G. Farbenindustrie AG war ein deutscher und der größte Chemiekonzern der Erde. Nach Vorläufergesellschaften und lockeren Verbindungen von chemischen Fabriken folgte 1925 die Gründung als Zusammenschluß der Badischen Anilin- & Soda-Fabrik AG Ludwigshafen (BASF), Bayer, Hoechst, Agfa und weiterer Unternehmen. Führend bei der Fusion war die BASF. Der stark exportorientierte Konzern gründete 1928/29 Auslandsgesellschaften u.a. in der Schweiz und den USA. Im Sommer 1945 wurde das gesamte Vermögen des Konzerns von den vier Besatzungsmächten beschlagnahmt. Die verschiedenen Einheiten des Konzerns wurden verpflichtet, ihre Geschäfte wieder als selbständige Unternehmen zu führen. 1952 entstanden die IG-Farben-Nachfolgegesellschaften.

Anmerkung 33

Max Liebster könnte ihnen begegnet sein, freilich ohne es zu ahnen:
Rudolf Breitscheid (1874 - 1944): Preußischer Innenminister, Reichstagsabgeordneter, Vorsitzender der SPD-Fraktion. Er wollte von seinem Pariser Exil aus eine Volksfront gegen Hitler schaffen. Ende 1940 wurde Breitscheid in Südfrankreich verhaftet und der Gestapo ausgeliefert. Zunächst in der Berliner Prinz-Albrecht-Straße 8 (siehe Anmerkung 20) inhaftiert, kam er ins KZ Sachsenhausen und dann nach Buchenwald, wo er am 24. August 1944 bei einem Luftangriff starb.
Dietrich Bonhoeffer (1906 - 1945): Der evangelische Theologe erhielt 1936 als führendes Mitglied der Bekennenden Kirche Lehrverbot, dem vier Jahre später Rede- und Schreibverbot folgten. Bonhoeffer kam über den kirchlichen zum politischen Widerstand und arbeitete mit Gruppen der militärischen Opposition zusammen. Über die Prinz-Albrecht-Straße 8 kam er am 7. Februar 1945 in das KZ Buchenwald, dann nach Schönberg und Flossenbürg, wo er im April 1945 ermordet wurde.
Hans von Dohnanyi (1902 - 1945), Schwager von Dietrich Bonhoeffer, war neben Hans Oster die Hauptfigur der kleinen Widerstandsgruppe innerhalb der Abwehr. 1943 wurde er verhaftet. Am 9. April 1945 wurde er im KZ Sachsenhausen hingerichtet.

Anmerkung 34

Jakob Kindinger war ein bemerkenswerter Mensch. 1905 in Reichenbach geboren, wurde er nach seiner Schulausbildung Steinmetz. Seine Unzufriedenheit mit den Parteien der Weimarer Republik und sein Engagement gegen die Nationalsozialisten veranlaßten ihn 1931, der Kommunistischen Partei beizutreten. Als der Nazi-Terror einsetzte, arbeitete er illegal im Widerstand weiter. 1935 verhaftet, kam er nach langen Jahren in Zuchthäusern und Arbeitslagern in das KZ Buchenwald. Trotz der ständigen Todesgefahr blieb er auch hier dem Widerstand treu und rettete im April 1945, als die SS das Lager liquidieren wollte (im Außenkommando Ohrdruf waren bereits alle 10.000 Insassen ermordet worden), jüdische Gefangene und andere Widerständler unter Einsatz seines eigenen Lebens vor dem sicheren Tod. Als ihn ein SS-Mann einmal zwingen wollte, einen Mitgefangenen zu schlagen, verweigerte er den Befehl. Daraufhin wurde er selbst vor dem gesamten Lager mit dem Ochsenziemer ausgepeitscht. Was als Abschreckung gedacht war, verkehrte sich ins Gegenteil. Kindingers stolze Haltung stärkte in vielen Opfern den Willen zum Widerstand. 1978 wurde ihm die Ehrenmedaille des Deutschen Widerstandes verliehen.

In Bensheim gibt es eine Geschichtswerkstatt ‘Jakob Kindinger’, die sich mit seinem Wirken auch in den Nachkriegsjahren beschäftigt. Kindinger war gewerkschaftlich und lokalpolitisch in Bensheim über Jahre hinweg engagiert. 1986 starb er in einem Altenwohnheim der Arbeiterwohlfahrt.

Mutige Menschen, die dem Gebot der Menschlichkeit folgten und sich nicht vom Nazi-Terror beeinflussen ließen, gab es etliche. So ist ebenfalls aus Bensheim der Einsatz einer Bäuerin bekannt, die dem polnischen Zwangsarbeiter Johann Goral half, der schwer verletzt dem Erschießungskommando der Gestapo am Kirchberg entkommen war. Wäre ihre Tat entdeckt worden, hätte dies die Todesstrafe bedeutet. (Vergl. Anmerkung 20)

Anmerkung 35

Zahlreiche Juden wählten den Freitod, um dem NS-Regime zu entkommen. Ein Ansteigen der Suizidkurve läßt sich beim 'Judenboykott' vom April 1933, dem Anschluß Österreichs und während der Novemberereignisse von 1938 beobachten. Der Höhepunkt dann in der Deportationszeit: Zwischen 3.000 und 4.000 der 134.000 deportierten Juden begingen Selbstmord, zumeist Menschen, die fest an ein deutsch-jüdisches Miteinander geglaubt hatten und die Enttäuschung nicht verwinden konnten. Der Großteil war im Durchschnitt 65 Jahre. Camilla Neumann notierte: „16 Tabletten hatte ich schon, damit konnte man aber nichts beginnen, zumal ich Ludwig auf keinen Fall allein zurücklassen wollte. Veronal war damals ein begehrter Artikel, die Juden gaben 1.000 RM für 30 Tabletten. Es gab ja noch andere Möglichkeiten, aus dem Leben zu gehen, und ich sprach mit Ludwig darüber. Ludwig wollte nicht und hatte viele Einwände. Zuerst sagte er: 'Es wäre doch paradox, wenn man sich aus Angst vor dem Tod das Leben nehmen würde.' Und dann sagte er immer wieder, daß er Ursel (die Tochter) wiedersehen möchte und sich durch Selbstmord nicht um diese Möglichkeit bringen wolle. Ludwig wollte sich einfach nicht auf den Boden der Tatsachen stellen und wartete immer noch auf das 'Wunder'. Dabei litt er auch furchtbar, denn er konnte es einfach nicht fassen, daß das deutsche Volk es soweit hatte kommen lassen. Er begriff nicht, daß ein Volk, das Menschen wie Bach, Beethoven und Goethe hervorgebracht hatte, nun einem Hitler, Himmler und Goebbels huldig-

te." (M. Richarz: Jüdisches Leben in Deutschland, Stuttgart, 1982)
Der folgende Abschiedsbrief stammt von Helene Waldeck, die sich mit 80 Jahren im August 1942 im jüdischen Krankenhaus von Mannheim tötete: „Ich scheide freiwillig aus dem Leben, das ich nicht mehr ertragen kann. Es ist zu viel für einen Menschen von 80 Jahren, der stets anständig durchs Leben ging. Hoffentlich gelingt mir mein Vorhaben, ich habe die Tabletten schon viele Jahre bei mir, schon bei dem Freitod meiner Tochter, mit der ich damals hätte gehen sollen, da wäre mir viel erspart geblieben. Dem Hause, in dem ich zuletzt versorgt war, danke ich für alles, die Pflegerinnen, die Herren, der Arzt waren fürsorglich und gut zu mir, aber gegen die Hetze waren sie machtlos. Daß ich meine Kinder nicht mehr sehe, erschwert mir mein Vorhaben, aber sie werden mich verstehen."
„In jenen Tagen der bittersten Tyrannei", schreibt Martin Riesenburger, „kamen zu mir zwei jüdische Menschen mit der Bitte, ihre jüdische Trauung zu vollziehen. Am 24. Juni des Jahres 1943 fanden wir uns in einem Raum des ehemals jüdischen Krankenhauses in der früheren Elsässer Straße zusammen, und dort schloß ich ihren Ehebund. Nur wenige Tage später wurden beide deportiert. Sie kehrten nie zurück. Der Bräutigam war 40, die Braut 37 Jahre alt... Es war die letzte jüdische Trauung, die unter dem Naziregime in Berlin stattfand." (M. Riesenburger, Das Licht verlösche nicht. Ein Zeugnis aus der Nacht des Faschismus, Berlin, 1984)

Anmerkung 36

Buchenwald, oberhalb von Weimar gelegen, war seit Januar 1942 das Versuchslabor des Robert-Koch-Instituts, der Wehrmacht und der IG Farben. Statt mit Tieren experimentierte man mit Menschen, um neue Präparate auf ihre Wirksamkeit hin zu erproben. Leiter der Pharma-Versuche war Dr. med. Erwin Ding. Er ließ gesunde KZ-Insassen mit Fleckfieber infizieren, um die entwikkelten Gegenmittel zu testen. Da er jederzeit auf einen Stall voller „Versuchsmaterial" zurückgreifen wollte, steckte man Häftlinge auf Vorrat an. Das Fleckfieber breitet sich normalerweise aus, indem es durch Kleiderläuse bzw. durch Läusekot vom Darm der Parasiten aus in Hautwunden übertragen wird. Die Krankheit dauert 12 bis 14 Tage und ist mit gleichmäßig hohem Fieber um die 40 Grad Celsius verbunden. Der typische Fleckfieberausschlag, ein dichter, kleinfleckiger Hautausschlag am ganzen Körper - nur Gesicht und Nacken sind ausgespart -, setzt am vierten bis siebten Krankheitstag ein und verschwindet nach dem zehnten Tag. Unbehandelt sterben mehr als 50 Prozent der Erkrankten.

Ding verbreitete die Krankheit im Lager, indem er weitere Häftlinge mit dem Blut der ersten Opfer behandelte. Im April 1943 testete man die Hoechstpräparate Rutenol und Akridin-Granulat, die sich als völlig wirkungslos erwiesen. Sie verursachten im Gegenteil zahlreiche Nebenwirkungen, die sich zu dem entsetzlichen Krankheitsverlauf gesellten: gedunsenes Gesicht, Schwerhörigkeit, Nasenbluten, Sprachstörungen, Ohnmachtsanfälle, Krämpfe, Lähmungen, Darmbluten, Nierenbeckenentzündung - um nur einige zu nennen. Die Sterblichkeit lag bei über 50 Prozent. Daran änderte auch der Propagandafilm der Wehrmacht 'Kampf dem Fleckfieber' nichts, mit dem man der Öffentlichkeit die phantastischen Errungenschaften der Pharmaindustrie verkaufte. Fleckfiebermittel der IG Farben wurden ab 1943 auch in Auschwitz erprobt. Während seinerzeit im Stammlager 18.000 Menschen interniert waren, befanden sich in Birkenau 100.000 Insassen, die dem für sein sadistisches Treiben bekannt gewordenen Arzt Dr. Rudolph Mengele zu Versuchszwecken zur Verfügung standen. Seine Karriere als Lagerarzt begann Mengele am 30. Mai 1943, nachdem er sich um diese 'Tätigkeit' erfolgreich beworben hatte. Allein für seine Zwillingsversuche fischte er sich aus dem „Menschenmaterial" 350 Paare heraus. Mengele setzte sich später nach Südamerika ab. Fast alle Ärzte, die sich während der NS-Zeit Menschenversuchen hingebungsvoll widmeten, kamen ungestraft davon und bekleideten mit wenigen Ausnahmen in der Bundesrepublik Deutschland hohe Ämter. Im März 1966 verurteilte die DDR den Auschwitz-Lagerarzt G. Fischer zum Tode. (Vergl. 'Ärzte ohne Gewissen', Film von Ernst Klee, Ausstrahlung vom 23.11.1997)

Anmerkung 37

Verrat, um sich Hafterleichterung oder Vorteile anderer Art zu verschaffen, war an der Tagesordnung. Auch unter den Bibelforschern gab es Verräter. Der die meisten Zeugen an die Gestapo auslieferte, war Hans Müller aus Dresden. Er gab vor, die Untergrundorganisation in Deutschland wieder aufbauen zu wollen, nachdem zahlreiche Zeugen inhaftiert waren und es so aussah, als sei diese religiöse Gruppe empfindlich getroffen worden. Müller wirkte 1938 zunächst über Bern im Deutschen Reich, ein Jahr später in Holland und der Tschechoslowakei. Er verstand es, derart Vertrauen zu erwecken, daß Zeugen aus seinem unmittelbaren Kreis jede Warnung vor ihm ignorierten. Müller verriet Decknamen, Deckadressen sowie wichtige Strukturen der Untergrundorganisation. Die Gestapo erklärte freimütig, daß sie ohne „diese Strolche“ in den Reihen der Bibelforscher nicht so leicht hinter ihre Aktivitäten gekommen wäre.

Maria Hombach war eine von Hunderten von Zeugen, die auf Müller hereinfielen, und eine der wenigen, die dabei Glück hatten: „Eines Tages bekam ich eine Karte, auf der ich gebeten wurde, mich an einem bestimmten Abend vor einer bekannten Kirche einzufinden. Dort würde ich weiteres erfahren. Ich ging also zu dem Treffpunkt. Es war stockdunkel. Ein Mann stellte sich als Julius Riffel vor. Der Name dieses treuen Bruders war mir aus der Untergrundtätigkeit ein Begriff. Hastig erklärte er, ich solle an dem und dem Tag nach Bad Ems fahren, wo ich jemanden treffen würde. Und schon war er verschwunden!

Doch auf dem Bahnsteig in Bad Ems wartete nur die Gestapo auf mich. Was war schiefgelaufen? Der Mann vor der Kirche - in Wirklichkeit ein gewisser Bruder Hans Müller aus Dresden, der alles über die Untergrundtätigkeit in Deutschland wußte und plötzlich mit der Gestapo zusammenarbeitete - hatte mir eine Falle gestellt. Aber die Rechnung ging nicht auf. Kurz zuvor hatte meine Mutter aus Bad Ems geschrieben, daß sie einen leichten Schlaganfall bekommen hatte. Ich schrieb ihr zurück, daß ich sie an einem bestimmten Tag besuchen würde. Das war zeitlich mit dem 'Auftrag' zusammengefallen, und so erwiesen sich unsere Briefe später bei der Gerichtsverhandlung als Alibi. Zu meiner Überraschung wurde ich freigesprochen."

Die Gestapo liebte den Verrat, nicht den Verräter. Müller kam an die Ostfront und kehrte nicht wieder zurück...

Anmerkung 38

Die Alliierten hatten nicht immer die besten Manieren, wie sich die Jüdin Charlotte Joseph erinnert: „Im März 1945 erreichten die Russen unsere Gegend. Es waren Truppen aus asiatischen Bezirken, die Danzig und Zoppot besetzten. In welcher rohen Weise sie sich benahmen, ist gar nicht zu beschreiben. Ich suchte mich vor ihnen zu verbergen, wurde aber aufgefunden und aller meiner Sachen beraubt. Jedes Zimmer unseres Hauses war schließlich von Flüchtlingen belegt, die ständig den Attacken der Russen ausgesetzt waren. Später übernahmen Polen die Besetzung des Ortes. Ich versuchte diesen unter Vorzeigung meiner bis dahin verborgen gehaltenen jüdischen Kennkarte klar zu machen, daß ich Jüdin sei. Sie wollten mich aber nicht als solche anerkennen, bis ich auf einen anscheinend jüdischen polnischen Soldaten traf, den ich mit 'Sch'ma Jisroel' ansprach. Erst dieser verhalf mir zu meiner Anerkennung als Jüdin. Im September 1945 wurde ich dann mit einem internationalen Transport nach Berlin zurückgebracht. Damit war meine Leidenszeit abgeschlossen." (Charlotte Josephy, Erlebnisse in Deutschland unter nationalsozialistischer Herrschaft, WL P IIId, Nr. 26)

Anmerkung 39

Die Badewanne, in der sich Max Liebster und ein anderer Jude, Fritz Haikorn, der heute noch in einem Altersheim bei Tuttlingen lebt, taufen ließen, gehörte Léon Blum (1872 - 1950). Der französische Politiker verbot als Ministerpräsident seines Landes (1938) die faschistischen Wehrverbände. 1942 wurde er verhaftet und von 1943 bis 1945 in mehreren deutschen KZ interniert. Nach der Befreiung Buchenwalds kehrte Blum nach Frankreich zurück, wurde 1946/47 erneut Ministerpräsident und setzte sich für den Weltfrieden und die Völkerverständigung ein.

Anmerkung 40

Simone Liebster, geb. Arnold, verweigerte als Schülerin den Hitler-Gruß. Da sie sich auch noch an das 6. Gebot der Bibel halten wollte, dieses Gebot aber im eklatanten Widerspruch zur Aufgabe der Reichswehr stand, die zum Töten geschaffen worden sei (so die Gestapo bei ihrem Verhör), urteilte ein Gestapo-Psychiater seinerzeit, das zwölfjährige Kind drohe zu verwahrlosen. Ein Gericht urteilte Simone Liebster als 'Gefahr für ihre Altersgenossen' ab. *Bild 12) Die Familie Arnold war in die Klauen der Gestapo geraten, nachdem das Elsaß, wo sie wohnten, 1940 'heim ins Reich' geführt worden war. Am 4. September 1941 klingelte es an der Haustür. Die Familie erwartete den Vater von der Arbeit zurück. Doch der war bereits festgenommen, und das Monatsgehalt war beschlagnahmt worden. Gestapo-Beamte drangen in die Wohnung ein und verhörten Simones Mutter vier Stunden. Als sie gingen, so erinnert sich Simone, riefen sie: „Sie werden Ihren Mann nie wiedersehen. Ihnen und Ihrer Tochter wird es genauso ergehen wie ihm.“ Die Gestapo löste das Bankkonto auf. Der Mutter verweigerte man die Arbeitserlaubnis. „Kein Lebensunterhalt für dieses Ungeziefer“, hieß es. Wenn in der Schule der Priester mit der Begrüßungsformel eintrat: 'Heil, Hitler! Gesegnet ist der, der im Namen des Herrn kommt', hatten die Schüler mit 'Heil, Hitler!' zu antworten. Simones Weigerung führte letztlich dazu, daß sie in die 'Wessenbergische Erziehungsanstalt Konstanz' eingewiesen wurde. Kaum angekommen, nahm man ihr die Schuhe weg, da alle Heimkinder von Ostern bis zum Herbst barfuß

laufen mußten. Der Tag begann um 5.30 Uhr mit dem Hausputz. Ein Teller Suppe folgte um acht Uhr. Morgens Schulunterricht, nachmittags nähen und schwere Gartenarbeit. Bei allen Tätigkeiten galt strengstes Sprechverbot. Zweimal im Jahr durfte man baden, einmal das Haar waschen. Zeit zum Spielen gab es nicht. Wurden Kinder beim Sprechen erwischt, schlug man sie mit einer Rute auf die Finger. Der Übeltäter mußte dann beim Abendessen aufstehen und laut sagen: „Dankeschön, ich darf nicht essen, denn ich bin gestraft." Das konnte an mehreren Tagen hintereinander geschehen. Um bei den Erziehern gut angesehen zu sein, verrieten sich die Kinder bisweilen gegenseitig und beobachteten mit Schadenfreude, wie die Bestrafung auf dem Fuße folgte.
Simones Mutter landete wie ihr Vater im Konzentrationslager. „Als meine Mutter mich nach Kriegsende aus dem Heim holte, habe ich sie erst nicht erkannt", erzählt sie. „Sie war vom Hunger ausgezehrt, krank, das Gesicht durch einen Luftangriff verletzt, ihre Stimme kaum hörbar. Erst allmählich dämmerte es mir, daß dies meine Mutter war."
Im Mai 1945 kam auch der Vater wieder nach Hause zurück, schwer gekennzeichnet durch KZ-Aufenthalte in Dachau, Mauthausen und Ebensee. U.a. hatte er durch die Mißhandlungen sein Gehör verloren. Über die Leiden in den KZ bzw. im Erziehungsheim hat man in der Familie nie miteinander gesprochen. „Wir hatten genug gelitten, und wir wollten unser eigenes Leiden nicht auf die anderen übertragen", sagt Simone. „So haben wir geschwiegen."

Anmerkung 41

Die Entschädigung für die Greueltaten war problematisch. Das erste Gesetz dieser Art trat in der amerikanischen Zone am 1. September 1949 in Kraft und sollte die individuelle Entschädigung der befreiten Juden regeln - für den Entzug der Freiheit, Schäden an Körper und Gesundheit. Es sah ferner Ansprüche auf Hinterbliebenenrenten sowie den Ersatz beruflicher und wirtschaftlicher Vermögensschäden vor. Das Gesetz galt für deutsche Staatsangehörige genauso wie für die befreiten DPs aus Osteuropa, deren Einschließung in das Rückerstattungsgesetz von vielen deutschen Politikern bekämpft wurde. Mit dem Gesetz war eine tatsächliche Entschädigung keineswegs garantiert. Den Opfern stand ein langer Weg durch den Bürokratendschungel bevor, den zu beschreiten durch fehlende Identitätspapiere oder Nachweise der Leiden zusätzlich erschwert wurde. Der Korruption waren damit Tür und Tor geöffnet, und Zahlungen hingen bisweilen von den Launen der zuständigen deutschen Beamten ab. Teilweise waren die erforderlichen Papiere gefälscht, was die Bearbeitung der Verfahren nicht einfacher machte. Gezahlt wurden aber lediglich Beträge bis zu 3.000 Mark. Der Restbescheid sollte erst bei 'Aufruf' erfolgen. Unklar war, wann er stattfinden würde. Diese Vorgehensweise traf vor allem die Ausreisewilligen, die dringend Bargeld brauchten, da sie nach ihrer Befreiung keinerlei Reserven hatten, auf die sie hätten zurückgreifen können.

Christiane Kohl schreibt in ihrem Buch 'Der Jude und das Mädchen' (Hamburg, 1997) über die Wiedergutma-

chungsbehörden treffend: „...- wer für was zuständig war, blieb freilich eine Geheimwissenschaft, hinter die nur wenige Anspruchsteller kamen.
Heute lagern die Akten dieser Behörden in abgeschiedenen Magazinen. Klappt man die schütteren Pappdeckel mit den alten Dokumenten auf, steigen Papierfliegen aus den staubigen Seiten. Die zerfledderten Unterlagen offenbaren einen deutschen Beamtengeist, der sich durch die Tragik von Einzelschicksalen zumeist kaum erschüttern ließ. Penibel bestanden Bedienstete da auf Beweisen, die von der Gestapo längst vernichtet waren. Überkorrekt verlangten sie Zeugenaussagen, wo es gar keine Überlebenden mehr gab. Doch so pingelig, wie sie Beweise verlangten, so schludrig gingen sie teilweise selbst mit den Daten der Opfer um: Da wurden Namen verballhornt und Todesdaten verwechselt, Informationen verschlampt oder übersehen und falsche Deportationstermine angegeben. Und wenn es um Ansprüche gegen den Staatssäckel ging, legten die Beamten schon aus Prinzip erstmal Widerspruch ein. So zogen sich die Verfahren über viele Jahre in die Länge - häufig waren die Betroffenen schon tot, wenn endlich eine Entscheidung erging."
Wer in Deutschland blieb, mußte nicht nur mit antisemitischen Auswüchsen rechnen; er wurde von den meisten Juden, die sich vehement für eine Auswanderung aussprachen, geächtet. Auf einem Friedhof könne kein Leben blühen und keine Menschen wohnen, machte die 'Allgemeine Jüdische Wochenzeitung' am 19. März 1947 Front. Verdächtigungen wurden laut, man wolle nur aufgrund der materiellen Vorteile im Land der Mörder bleiben. „Diejenigen, die von den Fleischtöpfen

Deutschlands angelockt werden, dürfen nicht erwarten, daß Israel oder das jüdische Volk ihnen mit Unterstützung für ihre Bequemlichkeit zur Seite stehen", brachte Chaim Yachil, der erste israelische Konsul in München, die Meinung der Mehrzahl der emigrierten deutschen Juden in der amerikanisch-jüdischen Zeitschrift 'Jewish Frontier' im Mai 1951 auf den Punkt. Die Zionisten wurden noch deutlicher: „Sollen sie bleiben, wo sie sind. Mögen sie in ihrem geliebten Vaterland warten, bis man auch ihnen die Hälse abschneidet." (Z. Shuster: Must the Jews Quit Europe?, Commentary, Dezember 1945) Mit dieser Haltung wurde natürlich auch zum Ausdruck gebracht, daß man kein sonderliches Vertrauen in die junge deutsche Demokratie hatte.

Die deutschen Juden konterten und richteten ihre Kritik besonders gegen ausländische jüdische Stimmen, die sich zwar gegen eine Wiedergründung jüdischer Gemeinden auf deutschem Boden wandten, aber in den Zeiten bitterster Not nicht zur Seite gestanden hätten, wie Philipp Auerbach, führender Repräsentant der jüdischen Nachkriegsgemeinde in Deutschland, feststellte: „Was hat die amerikanische Judenheit getan, um das zu verhindern, was uns geschehen, und wie lange hat es gedauert, bis die erste Hilfe unserer Brüder vom Ausland zu uns kam? Sie als Außenstehende können gut reden. Sie können das vergessen, was wir erlebten... Ihr habt drüben am Radio gesessen, habt davon gehört, daß sechs Millionen Juden ihr Leben lassen mußten, habt eine Träne zerdrückt, 'I am sorry' gesagt und die Musik wieder eingeschaltet. Und nun sind wir die armen Verwandten, in deren Gesellschaft man sich nicht gerne sehen läßt." Es gab auch Gegner der Emigration, die in der Auswanderungswelle

den endgültigen Triumph Hitlers sahen - Deutschland 'judenfrei' zu machen.
Noch im Jahre 1949 ist die Mehrzahl der in Deutschland lebenden Juden - 15.000 entschließen sich letztlich zu bleiben - auf Sozialhilfe angewiesen. Sie haben sich keineswegs an deutschen Fleischtöpfen satt gegessen.

Anmerkung 42

(siehe zunächst Kleine Chronik, das Jahr 1939)

Gert Otto ist ein Pfarrer, der kein Blatt vor den Mund nimmt. Er bringt es fertig, seinen Schäflein an Weihnachten und Ostern mit deutlichen Worten von der Kanzel zu predigen, welch heidnische Feste sie da eigentlich mit Tannenbaum und Ostereiern begehen. „Die Erinnerung verschwimmt", beginnt er, von einer Zeit zu erzählen, die die Kinder der Familie noch immer nicht verarbeitet haben. „Meine Mutter und wir Kinder sind, als wir während des Zusammenbruchs in der sowjetischen Besatzungszone lebten, von den Behörden, den neuen Parteigenossen und ihren Mitläufern nahezu geächtet worden. Nur die Menschen, die uns von früher kannten, standen zu uns, und wir halfen uns in dieser schweren Zeit gegenseitig, so gut es eben ging."
Die Wahrheiten sind gebastelt, es ist ganz einfach, in gute und böse zu sortieren, die Schablonen sind maßgeschneidert. Die Schnipsel, die nicht durchpassen, werden gekappt und auf den Müll der Geschichte geschmissen - all das, was einen Menschen letztlich ausmacht. Im Dritten Reich ist man mit den Juden und denen, die nicht ins Bild paßten, genauso verfahren. So wie man damals verständnislos reagierte, wenn jemand für die Lage der Juden Mitgefühl zeigte, so reagiert man nach dem Krieg (und dies bis heute), wenn jemand für SS-Männer um Verständnis wirbt. Ohne angehört zu werden, wird er ins rechte Lager gesteckt. Schon der Versuch einer differenzierten Sichtweise macht verdächtig. Im Vorwort einer Zeitschrift des Jahr-Verlages, Hamburg, zur Waffen-SS

heißt es: „KZ-Greuel vom Beginn des Dritten Reiches an, später Massenmord aus Rassenwahn und, zwischen 1939 und 1945, Kriegsverbrechen sind Fakten, die sich nicht wegdiskutieren lassen. Keinen Deutschen, der für sich das Prädikat 'anständig' beansprucht, können sie gleichgültig lassen. Trotzdem liegt es wohl in der Natur, Lästiges und erst recht Belastendes eher zu verdrängen als zu verarbeiten. (So beginnt man erst jetzt in den Niederlanden - Enteignung und Deportation von Juden in deutsche KZ -, der Schweiz - das Nazi-Gold -, oder in Schweden - Erz für die deutsche Rüstungsindustrie - mit der Aufarbeitung eigenen Fehlverhaltens in der damaligen Zeit - Anm. d. Autors.) Einige der meist gebrauchten Verdrängungsformeln: 'Höchstens eine Million Juden wurden umgebracht...' Als ob es auf die Zahl ankäme. Oder: 'Was haben die Russen bei Katyn mit den polnischen Offizieren gemacht...?' Als ob das eigene Untaten auslöschte. Oder: 'Davon hat der Führer nichts gewußt...' Als ob dadurch etwas ungeschehen gemacht würde. Eine der gängigsten, weil bequemsten Lösungen heißt: Die meisten - wenn nicht sogar alle - Schandtaten kommen auf das Schuldkonto der SS. Das ist unzulässige Augenwischerei... 'Die SS' hat es gar nicht gegeben, sondern eine Vielzahl von Organisationen staatlicher und halbstaatlicher Natur, zum Teil nicht nur mit der SS, sondern auch mit der NSDAP verwoben. Gemeinsam war ihnen: Sie unterstanden dem Reichsführer SS Heinrich Himmler. Ihre Palette war verwirrend bunt...: Lebensborn e.V. (die Einrichtung wurde von Himmler 1935 ins Leben gerufen, um den „Kinderreichtum in der SS zu unterstützen, jede Mutter guten Blutes zu schützen und zu betreuen und für hilfsbedürftige Mütter guten Blutes zu sorgen", dies mit dem Fernziel der Menschenzüchtung - Anm. d. Autors) und KZ-Wachtruppe, Sicherheitsdienst (SD) und Geheime Staatspolizei (Gestapo), KZ-Verwaltung und Polizeiverbände, Allgemeine SS und die militärischen Verbände der Waffen-SS im Zweiten Weltkrieg...

Will man der historischen Wahrheit gerecht werden, muß man sich der Mühe unterziehen zu unterscheiden. Dazu muß zuerst die wohl am weitesten verbreitete Verallgemeinerung korrigiert werden: Die Soldaten der Waffen-SS waren nicht nur die 'nordischen Herrenmenschen', unter deren Marschtritt Europa erzitterte. Diesem Bild widerspricht schon die große Zahl fremdländischer Soldaten in ihren Reihen. Sie waren nicht nur die Elitetruppe mit besonders hoher Kampfmoral und die besten Vertreter deutschen Soldatentums. Dagegen spricht die Zugehörigkeit einiger Verbände wie... die Kampfgruppe Kaminski (siehe Anmerkung 19). Sie waren nicht die fanatischen Nazis, die sich danach gedrängt haben, ihrem Führer Adolf Hitler bedingungslos bis zum Tod zu folgen. Dafür waren zu viele von ihnen unter mehr oder weniger hartem Zwang zu dieser Truppe gekommen.

Aber was waren sie dann? Sie waren von all dem etwas, hier mehr, dort weniger. Es gab die Freiwilligen, die Gläubigen, die Fanatischen; es gab Einheiten, die Schrecken verbreiteten, und es gab die Divisionen, die durch ihren soldatischen Einsatz die Bewunderung des Volkes und die Achtung des Gegners gewannen. Verallgemeinerungen vermitteln den denkbar falschesten Eindruck. Das gilt für die Bilder von der arroganten Soldateska, von den Judenmördern und von den Kriegsverbrechern. Und das gilt auch für die Vorstellung von der

'verbrecherischen Organisation', auch, wenn Verbrechen verübt wurden, die nie und nimmer totgeschwiegen werden dürfen... Wem die Erfüllung soldatischer Pflicht allein schon zu einer Verurteilung genügt, dem sei gesagt, daß es nie die Generation der Zwanzigjährigen war, die einen Krieg entfacht hat. Sie mußten nur ihr Vaterland verteidigen und echte oder vermeintliche Ideale, an die man sie vorher glauben gelehrt hatte. In allen Ländern wird vorausgesetzt, daß gerade die Jungen dafür ihr Leben einsetzen. Sollen nun die Gewinner geadelt und die Verlierer in den Schmutz gestoßen werden?"
Was wäre, wenn Deutschland den Krieg gewonnen hätte? Wäre Gert Otto SS-Mann geworden statt Pfarrer? Würden seine Kinder heute dem Hakenkreuz dienen und stolz auf ihre Großeltern sein?
„Mein Vater war arbeitslos, ihm lag daran, das Brot für die Familie zu verdienen", sagt Gert Otto. „Als Halbwaise eines Stadtbeamten meldete er sich bei der Polizei. Die wurde dann später dem Reichsführer SS, Himmler, unterstellt."
Wie sein Vater von der Polizei zum KZ Sachsenhausen kam, ist ihm (damals ein Knabe von zehn, elf Jahren) nicht bekannt. Wahrscheinlich ist, daß der Vater - wie das seinerzeit so üblich war - dorthin abkommandiert wurde, ohne gefragt zu werden. Johannes Otto oblag es, für die Heinkel-Werke Arbeitskräfte aus dem Lager zusammenzustellen. Sohn Gert trat bei dem Unternehmen eine Lehre als Metallflugzeugbauer an.
Der Konstrukteur Ernst Heinkel (1888 - 1958) hatte 1922 in Warnemünde den Grundstein der Heinkel-Gruppe gelegt. Er entwickelte eine Vielzahl von Flugzeugtypen, darunter das erste europäische Schnellverkehrsflugzeug,

die He 70; den ‘He-Blitz’; die von einem Doppelmotor im Rumpf über eine gemeinsame Luftschraube angetriebene He 119, die 1937 drei internationale Geschwindigkeitsrekorde brach, sowie zwei Jahre später die von einer Flüssigkeitsrakete angetriebene He 176 - das erste Raketenflugzeug der Welt. „Im Werk Oranienburg mußten wir einmal wöchentlich Holzspielzeug für die Kinder der an der Front gefallenen Soldaten basteln“, erzählt Gert Otto. „Um diesen Kindern eine besondere Freude zu bereiten, schnitzte ich Tierfiguren für einen kleinen Bauernhof. Mit solchen Schnitzereien hatte ich stets zu Weihnachten viel Freude verbreiten können. Aber unser Vorarbeiter verlangte die von ihm befohlenen Laubsägearbeiten und stellte mich vor der gesamten Lehrlingsabteilung als ein ‘kleines, verspieltes, faules Muttersöhnchen’ hin, das nicht in der Lage sei, zu gehorchen und produktiv zu arbeiten. Ich nahm die Teile mit nach Hause, um dort mein Pensum nachzuarbeiten. Am Werksausgang gab es eine Taschenkontrolle. Man entdeckte das Holz, und abermals wurde ich angeprangert, ich hätte den Kindern der gefallenen Frontsoldaten das Spielzeug stehlen wollen. Meine Erklärung wurde nicht akzeptiert.“ Da die Familie in Sachsenhausen wohnte, bekam sie - wie alle anderen Einwohner auch - die Einlieferung russischer Kriegsgefangener mit. Die meisten waren wandelnde Skelette. „Man erzählte mir, Stalin habe seine Gefängnisse geöffnet und diese abgemagerten Gestalten gegen unsere Frontsoldaten gehetzt“, sagt Otto. „Statt sie zu töten, habe man sie aufgenommen und ins Reich gebracht, obwohl wir selbst nicht genug zu essen hatten, die Nahrung rationiert und nur über Lebensmittelkarten zu haben war. Ich bekam als 13jähriger Achtung vor der

Großherzigkeit der Deutschen. Der Tod war selbstverständlich und allgegenwärtig. Er blieb uns Kindern nicht verborgen. Jede Nacht starben Frauen, Kinder, Männer, Kranke, die schwer verwundet worden waren, einen grausamen Tod in den Luftschutzbunkern. Sie verbrannten lebendigen Leibes, phosphorüberströmt. Ihre Körper wurden von Sprengbomben und Luftminen zerrissen. Die Zeitungen waren jeden Tag voller Todesanzeigen von zumeist an der Front gefallenen Soldaten. Auf dem Schulweg lagen Fleischstücke der Männer, die versucht hatten, Blindgänger zu entschärfen. Und wenn wir hörten, daß wieder etliche Kriegsgefangene gestorben waren, nahmen wir an, es sei noch die Folge der Unterernährung in den sibirischen Straflagern. In der Umgebung des Konzentrationslagers roch es dann süßlich nach verbranntem Menschenfleisch. Als ich wenige Tage vor Kriegsende - nach der Flucht aus Sachsenhausen - in Dachau Berge von Leichen sah, die vor dem Krematorium aufgestapelt waren, bekam ich Mitleid mit den Häftlingen, die die Leichen in die Öfen schoben. Ich fragte sie, ob es nicht gefährlich sei, die Toten anzufassen, wegen des Leichengifts. Das eigenartige Lachen dieser Männer, die mit mir vor amerikanischen Tieffliegern Schutz suchend in einen Splittergraben gesprungen waren, habe ich heute noch in den Ohren. Bei mir dämmerte es, als ich Monate nach dem Krieg deutsche Landser (umgangssprachlich für 'einfacher Soldat' - Anm. des Autors) erblickte, die genauso abgemagert aussahen, und einige von ihnen sich genauso barbarisch benahmen wie manche Russen, die sich gegenseitig bissen, weil sie Hunger hatten.“

Durch die Kriegswirren wurde die Familie getrennt. Die Mutter schlug sich mit den beiden Töchtern bis zu ihrem Heimatort Oederan nahe Chemnitz durch. „Wie sie mir später berichtete, bekam sie keine Lebensmittelkarten und keine Wohnung, weil ihr Mann bei der SS gewesen war. Mit den Nazis wollte niemand etwas zu tun haben“, so Gert Otto. „Sie ging zum Pfarrer und bat um Hilfe für ihre Kinder. Der wies sie vor die Tür und sagte: ‘Es gab eine Zeit, da ihr uns nicht brauchtet; jetzt brauchen wir euch nicht.’ Vorübergehend kamen die drei - meine Geschwister waren sechs und drei Jahre - bei meiner Großmutter, einer Kriegerwitwe aus dem Ersten Weltkrieg, unter. (Ihr Mann hatte den Dienst mit der Waffe verweigert und wurde deshalb als Sanitäter an die Front nach Verdun geschickt. Beim Verbinden eines Soldaten spaltete ihm ein Engländer mit einem Spaten den Schädel.) Später halfen Zeugen Jehovas meiner Mutter und gaben ihr ein Zimmer.“

Während die Mutter und Ottos Geschwister sich der Gemeinschaft der Bibelforscher anschlossen, wurden Vater und Sohn auf ihrem Weg in die amerikanische Zone, wo sie den Rest der Familie vermuteten, beim Überqueren der Zonengrenze zunächst von herumstreifenden Polen und anderen ehemaligen ‘Ostarbeitern’ in einem Wald überfallen, ausgeraubt und schließlich von Soldaten der Roten Armee zusammen mit weiteren Grenzgängern gefangen und in den Anlagen eines Freibades eingesperrt. Inzwischen war die Jagd auf Männer der SS voll entbrannt. In Prag wurden junge SS-Soldaten, die von der Front geflüchtet waren, lebendig an Laternen aufgehängt und als Fackeln benutzt. Bisweilen genügte bereits der bloße Verdacht auf die Zugehörigkeit zur SS, um mit einem Kopfschuß hingerichtet zu werden. Die Rotarmisten nahmen auch Kinder und Jugendliche fest. Sie wurden verdächtigt, zu den 'Wehrwölfen' (Partisanen) zu gehören, und zum Teil nach Sibirien verschleppt. „Mir war klar, daß mein Vater verloren war, wenn sie seine Identität entdeckten", sagt Gert Otto. „In dem eiskalten 'Freibad-Gefängnis' geschahen unsagbare Grausamkeiten. Die meist betrunkenen russischen Soldaten vergewaltigten Frauen und Mädchen, die vergebens laut um Hilfe schrien. Sie mißhandelten Männer und Jugendliche und warfen sie in das mit einer dünnen Eisschicht überzogene Schwimmbecken." So auch Gert Otto, seinen Vater und einen anderen aus der Kriegsgefangenschaft entlassenen verwundeten deutschen Soldaten, die zusammen in einer engen Umkleidekabine eingeschlossen worden waren und gegen die Tür und die Wände traten, dabei schrien, um den mißhandelten Menschen irgendwie zu helfen - vergebens. „Beim Zählappell wurden die beschlagnahmten Papiere, soweit vorhanden, zurückgegeben. Die Aufgerufenen wurden in Gruppen eingeteilt. Jeder, der vortreten mußte, wurde von Russen, die nur gebrochen Deutsch sprachen, verhört: 'SS? Polizei? SA? Woher? Wohin?' - So ging das stundenlang. Als ein Joachim Schreiber aufgerufen wurde, meldete sich niemand. Vielleicht war er in der Nacht geflohen, überlegte ich." Gert Otto zögerte nur kurz. Dann trat er vor, gab sich als Joachim Schreiber aus und erhielt dessen Entlassungsschein aus der Kriegsgefangenschaft. „Diesen Schein gab ich meinem Vater. Er hieß von nun an Schreiber, war ledig und konnte untertauchen."

Einem NS-Verbrecher helfen? Und SS-Männer galten seinerzeit (wie auch heute) grundsätzlich als Verbrecher.

Hatte Gert Otto einem mutmaßlichen Mörder zur Flucht verholfen und ihn mit falscher Identität der Gerichtsbarkeit entzogen? „Ich habe aus dem Bauch heraus gehandelt", sagt Otto. „Er war mein Vater, und ich habe ihn geachtet. Er war eine starke, beeindruckende Persönlichkeit und gehörte für mich zu den Leitbildern jener Zeit. Hätte ich bei dem Entlassungsschein nicht zugegriffen, wäre er verhaftet und womöglich erschlagen worden. Außerdem: Es widerspricht mir bis zur Stunde, einen Mitmenschen zu verraten und ihn ans Messer zu liefern."
Gert Otto und sein Vater verloren sich aus den Augen. Johannes Otto alias Joachim Schreiber gelangte nach Dortmund und verdiente sich im Bergbau seinen Lebensunterhalt. Sohn Gert lernte zunächst in Oederan Kfz.-Mechaniker, da seine Facharbeiterprüfung als Metallflugzeugbauer nutzlos geworden war. „Der Flugzeugbau war in den Besatzungszonen verboten", sagt er. „Außerdem waren die Werke von den Siegermächten entweder zerstört oder demontiert worden. Aus der sowjetischen Zone wurden die Fabriken mitsamt den deutschen Konstrukteuren, Ingenieuren, den Technikern und Facharbeitern nach Rußland transportiert."
Otto fand Arbeit bei der Wismut AG in Johanngeorgenstadt im russischen Sperrgebiet des Uranbergbau im Erzgebirge. „Gleich am ersten Tag sollte ich erschossen werden. Man beschuldigte mich, Heeresgut der Roten Armee angeblich sabotiert und gestohlen zu haben. Das stimmte aber nicht. Dennoch mußte ich fliehen. Meine Rettung habe ich als Erhören meiner Gebete erlebt. Von da an suchte ich nach Wahrheit und Erkenntnis im Wort Gottes. Ich beteiligte mich an Wachtturm-Studien der Zeugen Jehovas und begann, die Bibel zu lesen. Die Kri-

tik der Zeugen an Kirche und Priesterschaft imponierte mir, obwohl ich - wie wohl auch die meisten Bibelforscher - noch nie eine Kirche von innen, geschweige denn einen Priester oder einen Pfarrer gesehen hatte. Die Form des Wachtturm-Studiums, bei der nur in vorgegebenen Traktattexten geantwortet werden durfte, erinnerte mich an die Lehrmethoden der Hitler-Jugend und der FDJ (Freie Deutsche Jugend, 1946 gegründete sozialistische Massenorganisation der DDR für Jugendliche ab 14 Jahren. Sie war der einzige zugelassene Jugendverband und sollte den Nachwuchs politisch organisieren und ideologisch erziehen. Auch in Berlin-West gab es die FDJ als formal selbständige Organisation. Sie wurde 1951 in der Bundesrepublik als verfassungswidrig verboten - Anm. d. Autors). Eine freie Meinungsbildung war kaum möglich. Es galten nur die 'Erkenntnisse' der Wachtturm-Gesellschaft und der sogenannten Ältesten. Das war für mich nicht akzeptabel. Zum Glauben kommt man nicht, indem man Dogmen auswendig lernt."

Otto fand in Leuna als Montageschlosser Arbeit. Der dortige Gemeindepfarrer unterrichtete ihn in der Heiligen Schrift und ebnete ihm den Weg zur Diakonie. „Ich fühlte mich in die Nachfolge Jesu berufen und trat in die Diakonanstalt Neinstedt bei Quedlinburg (Harz) ein. Nach einer bösartigen politischen Verleumdung mußte ich fliehen und kam so 1949 nach Dortmund. Ich brauchte Geld und ging unter Tage. 800 Meter unter der Erde begann meine erste Schicht. Der erste Kumpel, den ich da im Licht der Lampen sah, war mein Vater. Wir waren wie vom Blitz getroffen. Wir sahen uns lange schweigend an. Plötzlich stand der Steiger (der Aufsicht führende Bergmann) bei uns und leuchtete uns ins Gesicht. ‘Sind Sie der Neue?’ fragte er mich. Ich war nicht fähig zu antworten. Sein Blick fiel auf meinen Vater... wieder auf mich. Der Steiger wußte, daß Joachim Schreiber ledig war. Dennoch fragte er wegen der Ähnlichkeit in den Gesichtszügen: ‘Ist das Ihr Sohn?’ Mein Vater antwortete mit fester Stimme: ‘Es gibt Familienangelegenheiten, über die man nicht redet.’ Der Steiger nickte und verschwand mit einem ‘Glückauf!’ im Dunkel des Stollens.“

Gert Otto erfuhr, daß sich Vater, Mutter und die beiden Geschwister wieder gefunden hatten. Sie wohnten zusammen in einem Zimmer bei Zeugen Jehovas. „Offenbar, um dieses Zimmer anderweitig nutzen zu können, zeigten die Ernsten Bibelforscher meinen Vater an“, erinnert sich Otto. „Die Polizei fuhr in der Folgezeit immer wieder vor. In der Nachbarschaft kannte man uns nicht mehr. Wenn es an der Tür klingelte, zuckten meine Geschwister zusammen. Zahlreiche Verhöre folgten. Man stellte ihn ehemaligen KZ-Häftlingen gegenüber. Mein Vater kehrte aber jedesmal zurück.“

Über den Inhalt der Vernehmungen verlor Johannes Otto seinen Kindern gegenüber kein Wort. Möglicherweise hätte er sich das gewünscht, denn sich auszusprechen, gehört zu den elementaren Bedürfnissen eines Menschen, so schuldig er sein mag. Gleichwohl festzuhalten ist, daß über die bedrückenden Erlebnisse während des Krieges, in der Gefangenschaft und in der Zeit danach viele Menschen lieber schweigen, weil die Erinnerung sie aufwühlt und quält. „Einmal“, sagt Otto, „nachdem ich über die Grausamkeiten in den Konzentrationslagern so vieles erfahren hatte, habe ich meinen Vater gefragt, warum er dazu geschwiegen hat. Seine Antwort war: ‘Ich habe mich an die Front gemeldet um wegzukommen. Aber mein Vorgesetzter gab mich nicht frei.' Ich fragte, warum er nichts unternommen habe, um Grausamkeiten zu verhindern. Er antwortete: 'Ich habe das getan, so gut ich das konnte. Aber es war sehr gefährlich.' Er sagte, er habe heimlich Päckchen mit Nahrungsmitteln zu den Häftlingen durchgehen lassen. Ich rief: Vater, trotzdem: Es wäre für mich leichter, Du wärst im KZ vergast worden, als einen SS-Mann als Vater zu haben! - Meine Entgegnung haute ihn um. Er faßte sich und sagte: 'Erinnerst Du Dich noch an die Familie aus unserer Nachbarschaft in der SS-Siedlung, die zum Lager Sachsenhausen gehörte? Du hast mit den Kindern gespielt und bist mit ihnen zur Schule gegangen. Über Nacht ist die Familie verschwunden. Man hat sie abgeholt und umgebracht. Der Vater, ein SS-Hauptscharführer, hatte gewagt, offen Kritik zu äußern. Du wirst mich und das alles vielleicht verstehen können, wenn Du einmal selbst Familie hast.'"

Schweigen während der NS-Zeit. Aus Angst vor Repressalien, Gefängnis, Mord. Schweigen in der Zeit danach. Aus Angst vor Repressalien, Arbeitsplatzverlust, Ächtung. Das jahrelange Spießrutenlaufen hinterließ bei allen Familienangehörigen tiefe Wunden. Die Anzeige hatte zur Folge, daß Johannes Otto - gestützt auf eine eidesstattliche Erklärung seiner damals noch lebenden Mutter - seine eigentliche Identität zurückerhielt. Als jetzt verheirateter Bergmann und Vater von drei Kindern bekam er eine Wohnung in der Bergarbeiter-Siedlung nahe seiner Zeche. „So sah meine Mutter in der Anzeige ihrer Glaubensbrüder, daß mein Vater ein 'Kriegsverbrecher' sei, etwas Gutes", sagt Otto. „Die Menschen ge-

dachten, es bös' zu machen, aber Gott gedachte, es gut zu machen, kommentierte sie aus dem ersten Buch Mose, Vers 50, 20."
Gert Otto blieb neben seinem Vater, der keiner Kirche angehörte, zum Leidwesen seiner Mutter als Diakon und Pfarrer der evangelischen Kirche ebenfalls Außenseiter. In ihren Augen ging er der Neuen Welt Jehovas für immer verloren.
Als Johannes Otto 1976 starb, hätte der Sohn am Grab gern einen Psalm oder das 'Vater unser' gesprochen. „Aber die Zeugen, bei denen meine Mutter die Beerdigung beantragt hatte, untersagten es mir", erzählt Otto. „Selbst, als ich anbot, aus ihrer Neue-Welt-Übersetzung der Bibel zu lesen, verboten sie es mir. Als ihr Prediger dann in die Kapelle trat, nahm er das Kreuz und die Kerzen, die am Sarg standen und schob sie unter einen Tisch. Für die Zeugen sind das heidnische Symbole. Sie hatten nichts bei ihrer Beerdigung zu suchen. Am Grab meines Vaters habe ich natürlich trotzdem gebetet."
Ottos Mutter trauerte sehr um ihren Gatten: „Ich habe sie aber nie gefragt, ob auch mein Vater nach ihrem Glauben verloren ist. Sie hat sich - und das ist höchst ungewöhnlich für einen Zeugen Jehovas - später einäschern lassen. Bei der Beisetzung ihrer Urne konnte ich eine kleine Andacht halten. Ich habe das 'Vater unser' gesprochen."
Gert Otto erlebte immer wieder, wie schwer mit dieser Vergangenheit umzugehen ist. So war ihm einmal aufgetragen, in einer Gemeinde einen SS-Mann zu beerdigen. „Die Gemeinde war gespalten. Auf der einen Seite hatte der Mann viel für sie getan. Auf der anderen Seite hatte er die Verhaftung einiger Gemeindeglieder auf dem Gewissen. Es wurde diskutiert, ob er überhaupt durch

einen Pfarrer zu beerdigen war. Schließlich einigte man sich darauf, daß ich ein paar kurze Sätze und ein Gebet sprechen sollte. Als der Sarg ins Grab glitt, goß es in Strömen. Ich griff zur Bibel, die ich am Herzen trug. Da öffneten sich die schwarzen Wolken, und ein helles Sonnenlicht erstrahlte. Ich klappte meinen Schirm zusammen und stieß ihn in den Grabaushub. Die Bibel weit sichtbar hochhaltend sagte ich: 'So spricht Jesus: Wer von Euch frei von Sünde ist, werfe den ersten Stein.' - Es war die kürzeste Predigt, die ich je gehalten habe."
SS-Obersturmführer Johannes Otto wird nachgesagt, er habe Todesurteile unterschrieben, doch nach dem für dieses Buch vorliegenden Material kann das nicht sein. „Man hätte es ihm bestimmt nachgewiesen, und er wäre über die Klinge gesprungen", sagt Gert Otto. „Es ist trotz all der Verhöre und Gegenüberstellungen nie zu einer Anklage gekommen. Was immer damals geschehen sein mag: Wir Kinder haben ihn als Vater erlebt."

Noch gibt es SS-Männer, die leben. Heinz Schillinger hat sich mit 17 Jahren freiwillig zur Waffen-SS gemeldet. Er wollte sein Vaterland verteidigen, das, wie man ihn glauben machte, von feindlichen Mächten angegriffen wurde. Der Mannheimer leidet noch heute unter einer schweren Verletzung, die er an der russischen Front durch eine Granate erlitt. Das Interview führen wir bei ihm daheim, in Mannheim-Sandhofen. Viele Erinnerungen aus seiner SS-Zeit hat er gesammelt. Im Hintergrund das Ticken einer Wanduhr. Nur das Aufnahmegerät summt leise, als er erzählt...

Wenn wir morgens in die Schule gegangen sind, dann haben wir unserem 'lieben' Lehrer das 'Hakenkreuzbanner' mitgebracht - die Mannheimer Tageszeitung. Ich bin zur L-Schule gegangen, dort, wo heute das Gesundheitsamt in Mannheim ist, am Schloß oben, L 1. Wo man hinkam, hieß das einfach 'Die L-Schule'. Die erste Stunde war meistens Rechnen, und die ist oft ausgefallen. Es war die Zeit, als Österreich zu uns kam und das Sudetenland. Ja, die Stunde zwischen acht und neun, die ist meistens 'überschritten' worden. Der Lehrer hat uns gefragt: Wollt Ihr eine Pause machen? Und natürlich haben wir alle 'Ja!' geschrien. Er hat uns dann alles erzählt, warum so tolle Zeiten anbrechen, und vor allem hat er von den alten Germanen erzählt. Das war sein Faible, was er hatte. Das hat uns immer gejuckt, weil wir halt nichts lernen brauchten.

Frage: War der Lehrer bei der NSDAP Mitglied gewesen?

Er war förderndes Mitglied bei der allgemeinen SS, kein Aktiver. Er starb, wie mir meine Eltern später sagten, gleich nach dem Krieg 1945. Keine Verletzungen oder so. Er war schon etwas älter...
Wir haben einen Mitschüler gehabt, einen Halbjuden. Außer mir hat das von den Mitschülern keiner gewußt. Und ich wußte es, weil wir miteinander verkehrt sind. Wir besuchten uns oft. Keller hat er geheißen. Während des Krieges war er Straßenbahnschaffner. An einem schönen Morgen kam der Rektor ins Klassenzimmer und fragte: Wo ist der Keller? Keller stand auf. Unser Lehrer wurde ganz blaß, und ich wurde auch ganz blaß. Wir

wußten beide um die jüdische Abstammung. Da brüllte der Rektor: Das fehlt uns gerade noch, an unserer Schule einen Juden zu haben. Da erwiderte unser Lehrer: Der Keller ist ja nur Halbjude. Seine Mutter ist katholisch. Und sein jüdischer Vater sei auch katholisch. Der Rektor akzeptierte das, und irgendwie ist der Keller 'über den Winter' gekommen. Dem ist nichts passiert. Und als ich aus der Gefangenschaft zurückgekommen bin, so durch die Breite Straße in Mannheim schlenderte, kamen mir ein paar junge Burschen entgegen. Und dabei war der Kurt Keller. Da hab' ich freudig gerufen 'Kurt'... Keine Reaktion. Er hat sich umgedreht. Dabei hatte ich ihm nichts angetan. Im Gegenteil. Als ich während des Krieges einmal daheim war, auf Genesungsurlaub, bin ich mit ihm Straßenbahn gefahren, wir haben uns ganz normal unterhalten... Und plötzlich kannte er mich nicht mehr... Er begann später wohl bei einem amerikanischen Geheimdienst... 1946 war es, als ich ihn zum letzten Mal gesehen hab'. Und danach habe ich bloß noch einmal einen Schulkameraden von mir getroffen. Die meisten aus den Jahrgängen 1922 bis 1924 sind ja gefallen... Ich hab' 'Dusel' gehabt, daß ich davon gekommen bin.

Frage: Warum sind Sie zur Waffen-SS gegangen?

Erstmal kam das Jungvolk, dann die Hitlerjugend. Für uns Jugendliche hieß das Sport, Geländespiele, auch vormilitärische Ausbildung; hat uns Spaß gemacht. Rauchen war verpönt. Ich hab' meine erste Zigarette 1942 im Lazarett in Sieradz/Lodz geraucht, wegen der Mücken. Gut, in der Tanzstunde, das war 1941, da hat man mal eine

gepafft, aber bei der Hitlerjugend hat man sich nicht getraut, sich eine Zigarette anzustecken.
In die Lehre bin ich gegangen zu Lanz-Traktoren, heute John Deere. Da ging's ja auch schon militärisch zu. Bau- und Maschinenschlosser hab' ich gelernt. 1939, es war am 1. April, fing ich an. 1941 hab' ich mich freiwillig gemeldet zur Waffen-SS.

Frage: Was heißt 'freiwillig' melden? Wurde ein gewisser Druck ausgeübt? - Da ist ein junger, zackiger Bursche, der muß doch in die SS...

Nein. Absolut nein. Mein Vater kam eines Abends nach Hause und sagte: Du, du könntest doch auf die NAPOLA gehen. Man hat mich auf dich angesprochen. Da hat meine Mutter sofort 'nein' gesagt. Die NAPOLA, das waren die Nationalpolitischen Erziehungsanstalten, aus denen die Elite des Reiches hervorgehen sollte... Da entwickelte sich der erste Gedanke, zur SS zu gehen. Dann hingen Plakate aus: 'Melde Dich freiwillig zur Waffen-SS'. Junge zackige Burschen waren drauf zu sehen, und das gefiel mir halt.

Frage: Was haben Ihnen die Medien damals vermittelt? Hatten Sie den Eindruck, Deutschland würde angegriffen?

Ja. Ich wollte das Vaterland verteidigen. Als der Krieg kurz vor dem Ausbruch stand, hörte man Furchtbares aus Polen. Der Blutsonntag von Bromberg/Posen, zum Beispiel, wo so viele Deutsche umgebracht worden sind. Inwieweit das alles tatsächlich zutraf, konnte ich natürlich nicht einschätzen. Aber es ist ein Film gezeigt worden, mit Brigitte Horney, wie die aus Polen nach Deutschland über die Grenzen kam, wie die Flüchtlinge beschossen worden sind, wie sie leiden mußten. Und das hat uns furchtbar aufgewühlt. Wir wußten: Wir müssen das Vaterland verteidigen. Es war uns klar, daß wir nicht länger zulassen konnten, wie unsere deutschen Brüder und Schwestern mißhandelt und getötet werden, und daß wir endlich zurückschlagen mußten. 1941, wie gesagt, meldete ich mich freiwillig. Mein Vater mußte aufs Polizeipräsidium, die Unterschrift leisten, weil ich halt noch zu jung war.

Frage: Warum die Waffen-SS? Warum nicht die Wehrmacht?

Ja, warum... Im Radio sind immer diese Berichte gekommen, die die Waffen-SS als Vorbild darstellten. Wie sie sich beim Vorstoß 1941 in der Ukraine so tapfer geschlagen hat. Das hat uns Jungen natürlich fasziniert. Und wir sagten uns: Zu dem Verein gehen wir auch. Im Sommer 1941 habe ich mich gemeldet. Am 6. Dezember wurde ich auf dem Marktplatz gemustert. 120, 130 Mann waren das. Von denen haben die sechs Mann genommen. Das war die Auslese, und wir waren natürlich stolz, daß wir dazugehörten. Ich bin zu meinem Lehrlingsausbilder. Und der war auch ganz begeistert, als er hörte, ich gehöre jetzt zur SS. Später hat sich herausgestellt, daß er auch bei der SS war. Von da an hatte ich Narrenfreiheit im Betrieb. Ich durfte auch verfrüht die Prüfung machen, Voraussetzung, um bei der SS aufgenommen zu werden. Wir haben auch Ausbilder gehabt, die bei der Wehrmacht waren, die ihre zwei Jahre schon hinter sich hatten, und die sind dann auch 1941/42 eingezogen worden. Ich selbst kam am 1. April 1942 nach Berlin. Der erste Weg: Vom Bahnhof in die Reichskanzlei, mit dem Koffer in der Hand, und die Wachablösung angeguckt. Ich dachte stolz: Da gehörst Du auch dazu. Acht Tage waren wir noch in Zivil unterwegs, schauten uns um. Dann ging der Drill los wie von 'Preußens' üblich: 'links 'rum, rechts 'rum'. Konnte man zwar alles von der Hitlerjugend, aber die haben es sich nicht nehmen lassen - 'auf und nieder, immer wieder'. Nach vier Wochen ging die Ausbildung los mit Pistolen, Karabiner, MG. Ich kam zur MG-Kompanie. Drei Monate Ausbildung. Während der Ausbildung gleich meine erste Verwundung - ein Splitter einer Handgranate ins Kreuz rein. Ich wurde dann verlegt in den Südabschnitt, in die Ukraine. In der Hitze da unten, von über 40 Grad, da hatten wir Kerlchen immer Hunger gehabt. Kalorienmäßig war das Essen ausreichend. Aber trotzdem. Wenn man jung ist, hat man halt ständig Hunger. Nun standen am Zug immer ein paar Ukrainerinnen, die Tauschgeschäfte machen wollten. Eine hatte auf einem Blatt ein Stück Butter. Dafür wollte sie Nähgarn und Nadeln. Das hab' ich eingetauscht. Ich hätt' es lieber bleiben lassen sollen. Ich hab' einen Durchfall gehabt, ich kann es niemandem sagen. Und dann die Hitze dazu... Es war ein Wahnsinn, von Berlin, in die südliche Ukraine. Über 1.000 Kilometer. Nach drei, vier Wochen, es muß August gewesen sein, als die Parade von Hitlers Leibstandarte in Paris war, da sind wir von der Ukraine nach Frankreich gekarrt worden. Das muß man sich vorstellen: Erst der ganze Verein in die Ukraine, weil die Division ausgeblutet war und nun aufgefrischt wurde; und jetzt wieder zurück nach Frankreich. Bei Paris sind wir ausgeladen worden, haben neue Fahrzeuge bekommen, alle auf Hochglanz poliert für die Parade. Das erste übrigens, was wir in Paris machen mußten: Üben, üben - ‘Gewehr über! Präsentiert das Gewehr!’ - lauter solch’ Sch....

Frage: Was haben Sie in der Ukraine gemacht?

Nichts. Gar nichts. Die Reste der Division sind herausgezogen worden. Das war die ‘Leibstandarte Adolf Hitler’, die mehrmals untergegangen ist. Sie ist immer wieder aufgefrischt worden. Jetzt waren wir also in die Gegend um Paris verlegt worden. Angeblich stellte man hier Elitedivisionen zusammen, für den Fall, daß der Engländer landen sollte. Wieder Ausbildung gekriegt. Nur Ausbildung. Kein Einsatz. Aber entlaust worden sind wir. Wir bekamen dann Ausgang. Etwas Geld hatten wir, und nun gingen wir einkaufen. Aber was will man als Landser schon groß kaufen. Ich hab’ mir dann eine Schatulle gekauft mit Briefpapier und Couverts, das war ‘ne tolle Sache und auch preiswert...

Frage: Für Mädchen habt Ihr kein Geld ausgegeben?

Mann: Ich war 17 Jahre alt. Da haben wir an sowas nicht gedacht. Ich hatte meinen Tanzkurs brav gemacht und dabei schon mal etwas ‘rumgeschäkert. Aber mehr nicht. Doch zurück nach Frankreich. Ich hatte einen Unfall mit einem MG, bin mit dem Ding den Bahndamm während der Ausbildung ‘runtergekippt und habe mir das Schienbein aufgeschlagen. Das hat Knochenfraß gegeben. In

Paris ins Lazarett, wunderschönes Krankenhaus. Und da sollt' ich, das weiß ich noch genau, mit dem LZ 129, das heißt: Lazarettzug 129, in ein Heimat-Lazarett verlegt werden. Da kamen meine Kumpels des Abends an, hatten wunderschöne Trauben dabei. Die hab' ich gegessen und prompt hohes Fiber gekriegt. So bin ich in einen anderen Lazarettzug gekommen. Der fuhr über Belgien, Holland, Deutschland nach - Sieradz. Dort Lazarettaufenthalt. Da war ich dann vom September bis Januar 1943. Und noch immer keinen Einsatz gehabt.

Frage: Wie sah Sieradz damals aus? War der Ort zerschossen?

Nein. Da war alles heil. Und ein paar Tage später stand plötzlich mein alter Herr vor der Tür. Der hat mich besucht; hat sich eine Fahrkarte besorgt und kam einfach nach Sieradz. Er brachte eine Makronentorte mit, die hab' ich so gern gegessen. Das war im September. Und an Weihnachten hat er auch meine Mutter mitgebracht. Auf eine Weihnachtsfeier sind wir von der örtlichen SS eingeladen worden. Hier habe ich das erste Mal das SS-Treuelied gehört: 'Wenn alle untreu werden...' Der Chef der SS sagte zu uns: 'Wenn ihr Sorgen habt, könnt ihr zu uns kommen'. Und wir brauchten tatsächlich etwas Hilfe. Die Frage war, wo meine Eltern schlafen sollten. Es gab zwei Hotels, den Posener Hof, das war das vornehmere, und den Warschauer Hof. Wir haben nach einem Zimmer gefragt. Die Antwort: nichts frei. Wir waren etwas verzweifelt, und so habe ich bei dem SS-Führer um Hilfe gebeten. Der rief beim Warschauer Hof an und sagte zu mir: Kannst hingehen, das Zimmer ist gebongt.

Bin also wieder hin. Das Zimmer war oben in den Gauben und das Klo unten im Hof, ein Holzhäuschen. Meine Mutter hatte natürlich Angst, denn gleich in der Nähe war eine Remise für Kutschen und Pferdeställe, da hat sie sich in ihrer Phantasie Überfälle ausgemalt, aber es ist nichts passiert. Seinerzeit habe ich auch mein erstes Mädchen kennengelernt, die war aus dem heutigen Lodz. Sie war Marinehelferin und ist 1945 auf einem Flüchtlingsschiff, der Wilhelm Gustloff, umgekommen, torpediert von einem russischen U-Boot. Ende Januar kam ich auf Urlaub nach Mannheim, 1943 über Berlin zurück nach Rußland. Die Division war wieder mal am Ende. Das war bei der Charkow-Offensive mit dem Generalobersten der Waffen-SS Paul Hausser, der damals den Führerbefehl mißachtet hat und damit vielen Menschen das Leben gerettet. Charkow war die zweitgrößte Stadt der Ukraine, ein wichtiges Industrie- und Kulturzentrum der Sowjetunion. Da bin ich auch ein bißchen mitgefahren, freilich wieder, ohne einen Schuß abzugeben. Die drei Divisionen dort, die 'L.A.H.' (Leibstandarte Adolf Hitler), die 'Totenkopf-Division' und die Division 'Das Reich', wären alle draufgegangen (ein ehemaliger Soldat der Wehrmacht erzählte uns, er habe an der Ostfront die SS-Leute der Division 'Das Reich' hassen gelernt. Auf der Suche nach Milch hätten sie einer russischen Frau die einzige Kuh weggenommen. Als die Frau darauf aufmerksam machte, sie brauche die Milch für ihr Baby, hätten sie die Frau erschossen, in einen Brunnen geworfen und das Baby hinterher. Danach hätten sie die Kuh erschossen. Er habe sich geschämt, Deutscher zu sein - Anm. d. Autors). Der Schnee hat sich damals meterhoch getürmt, es war eisig kalt. Die Divisionen waren völlig ausgehungert. Die von den Deutschen besetzte Stadt war von den Russen fast eingekesselt. Obwohl eine Verteidigung völlig sinnlos war, lautete der Führerbefehl: 'Charkow ist bis zum letzten Mann zu halten'. Das hat der Hausser nicht mitgemacht. Er verstieß gegen Hitlers Befehl und meinte, um seinen alten Kopf sei es nicht schade - er war 62 Jahre alt. Vom Frühjahr bis zum Juli 1943 gab es für mich wieder Ausbildung. Da kam dann im Rahmen des 'Unternehmen Zitadelle' mein erster Einsatz. Die Russen wußten über diese große Sommeroffensive bestens Bescheid und haben sich gut vorbereitet. Bei dieser gewaltigen Panzerschlacht sind die ersten 90 schweren Tiger-Panzer von Porsche eingesetzt worden, ein neuer Panzer, der sogar dem berühmten T 34 der Sowjets überlegen war. Aber das hat nichts genützt. Ein Panzer nach dem anderen ist durch das Feuer der russischen Panzerabwehr zerstört worden. Am 12. Juli, nach einer Woche Schlacht, waren unsere Verbände völlig aufgerieben. Die Niederlage war klar, die deutschen Truppen waren abgekämpft. Und jetzt begann die russische Offensive - und da hat's mich erwischt...

Frage: Was ist passiert?

Eine Panzergranate ist zwischen meinen Beinen krepiert. Vor Prochorowka. In der Nacht, als wir in Stellung lagen, merkten wir, daß der Russe seine Panzer zusammenzieht, die T 34 und die Stalin-Panzer. An diesem 12. Juli war hier ja die größte Panzerschlacht des Zweiten Weltkrieges. Wir wichen zurück bis zu einem Panzergraben an einer Bahnlinie. Ich erinnere mich noch, wie mich der Hunger plagte. Er war so stark, daß ich beschloß, meine eiserne Ration anzugehen. Neben Keksen hatten wir Dosen, meist mit Jagdwurst drin. Ich öffnete die Büchse mit meinem Gewehr. Und in dem Moment krepiert die Granate von einem T 34. Vor mir stand ein Halbkettenfahrzeug, mit Verwundeten voll beladen. Der Fahrer konnte nicht drehen, sonst hätte er über mich fahren müssen. Und obwohl er eigentlich keinen Platz mehr hatte, schnappte er mich und setzte mich auf die rechte Bordwand. Da hockten schon zwei Verletzte...

Frage: Was fühlten Sie, als Sie verletzt wurden?

Nichts. Gar nichts. Das eine weiß ich noch: Daß ich mit meiner Hand zwischen die Beine bin, um herauszufinden, ob noch alles da ist. Einen Splitter hab' ich da in der Nähe heut' noch drin. Na, kurz und gut: Wir sind zurückgefahren. Wieder unter Beschuß geraten. Ich ließ mich in den Panzergraben fallen. Zwei Helfer kamen, zogen mir die Stiefel aus. Ich blutete derart stark, ich dachte, ich wär' ausgelaufen. Die Wunden wurden notdürftig verbunden, und man legte mich auf die Haube eines Schützenpanzerwagens, die so schön wärmte an diesem regnerischen Tag. Auf dem Hauptverbandsplatz verabreichte mir ein Arzt eine Tetanusspritze. Hier war alles überfüllt mit Verwundeten. Man sortierte aus: Wer muß sofort operiert werden, wer hat noch Zeit. Ich kam in einem großen Zelt wieder zu mir und kann mich noch an eine Tafel Schokolade erinnern. Ohnmächtig war ich nicht, aber in einer Art Dämmerzustand. Im Gedächtnis haften geblieben ist mir ein Kamerad, bei dem alles raus war aus seinem Körper. Das nächste, an das ich mich

erinnere, war in einem Güterwaggon. Eine Pritsche neben der anderen mit Verwundeten. Es ging nach Kiew, wo man uns ablud, entlauste und badete. Wir kamen in frisch bezogene Betten.
Da kam einer in schwarzer Uniform herein und fragte, wer von der Waffen-SS sei. Ich meldete mich, und er sagte: Kamerad, was brauchst du? Briefpapier? Waschzeug? Irgend etwas anderes? Ich hatte tatsächlich alles an der Front verloren. Bis auf meine Brieftasche, mein Soldbuch und mein Etui mit einem silbernen Drehbleistift, das ich zur Konfirmation geschenkt bekommen hatte. Er machte eine Liste, und am nächsten Tag war alles da, was ich brauchte: Rasierzeug, Seife, Waschlappen. Mein Eindruck war: Die SS kümmerte sich um ihre verwundeten Kameraden. Die Schwester hat dann die Karte abgeschickt an meine Eltern, worin ich mitteilte, daß ich im Lazarett in Kiew bin. Hier wurde ich richtig verarztet, denn auf einem Hauptverbandsplatz wird ja nur das Nötigste gemacht. In Kiew brüllte ich eine Nacht durch vor Schmerzen. Vorher hatte ich keine Schmerzen gehabt. Erst jetzt kamen sie. Die Schwester hat mich aus dem Saal 'rausgeschoben, in einen Raum, wo ich allein war, damit ich die anderen Verwundeten nicht störte. Sie steckte eine Zigarette an und schob sie mir in den Mund. Dann holte sie mir Schokolade. Als sie zurück war, brannte die Zigarette auf meiner Brust. Durch die paar Züge, die ich gemacht hab', kam ich wieder in einen Dämmerzustand, und so ist sie mir aus dem Mund gefallen. Die Schwester hat sich bald überschlagen: 'Wenn das der Stabsarzt sieht, daß das Bettuch verbrannt ist'. Aber sie wußte, sich zu helfen: Sie drehte das Bettuch um. Am nächsten Tag kam ich in den OP, wo die Ärzte

meinen Fuß aufmachten. Die Schwester hat mich im Arm gehalten, ich war so schön an ihrem Busen gelegen... Und dann hab' ich meinen Fuß gesehen: Es hat gewuselt darin. Lauter Maden unter dem Verband. Das hatte mir die Schmerzen verursacht. Die Maden hatten mir in der Nacht den ganzen Dreck aus der Wunde gefressen. Die waren von den Ärzten dort eingesetzt worden, ohne daß ich es bemerkt hatte. Von dem Zeitpunkt ab habe ich keine großen Schmerzen mehr gehabt. Einmal habe ich den Wunsch nach ein paar Tomaten geäußert - davon gibt es ja in der Ukraine eine ganze Menge. Ich bekam sie und sagte: 'Tomaten esse ich aber nur mit Zucker'. Da brachte mir die Schwester einen Suppenteller voll Zucker. Das verursachte zum Abend hin erhöhte Temperatur. Der Stabsarzt wunderte sich bei der Visite. Als er erfuhr, was ich gegessen hatte, lachte er und sagte: Prima! Brav, Bübchen!
In Lemberg, wohin ich dann verlegt worden bin, mußte ich essen, was auf den Tisch kam. Ich rauchte diese langen russischen Zigaretten, und ein katholischer Priester spendete mir Blut. Er schickte mir auch eine Flasche Rotwein und eine Schale mit Obst, wünschte mir gute Besserung. Einen Tag, bevor mich diese Granate traf, bin ich im Gesicht durch unsere Stukkas verletzt worden. Das war an dem Bahndamm gewesen, den ich vorhin erwähnte. Wir kamen nicht voran gegen die russische Front, und so haben wir Unterstützung angefordert. Und die bombadieren natürlich direkt den Bahndamm, wo wir gelegen waren - der Russe war weiter entfernt.

Frage: Haben Sie getötet?

Gesehen habe ich nicht, daß ich einen getroffen habe. Ich hab' halt mit dem MG 'reingehalten, wie mir das der Gruppenführer befohlen hat: 'Die und die Richtung abmähen'. Das war halt meine Schießerei. Den Kampf Mann gegen Mann habe ich Gott sei Dank nicht erlebt. Die eigenen Stukkas haben meinem besten Kumpel, dem Gerd Finn, einen Arm abgerissen. Ihn traf ich später kurz in Berlin wieder, das war 1944 gewesen. Ich hatte gedacht, er sei nicht davon gekommen. Wir hatten uns in den Wirren aus den Augen verloren. Er ist jetzt 1997 gestorben. Nach dem Krieg habe ich ihn nie wieder gesehen, was ich mir eigentlich sehr gewünscht hätte.
Von Lemberg bin ich verlegt worden nach Emmendingen. Das war im September 1943. Ein paar Tage später ist meine Mutter vorbeigekommen, ganz zerlumpt. Wir waren in Mannheim ausgebombt worden. Jetzt war sie da und brachte ihrem Söhnchen Zigaretten vorbei. Ich erinnerte mich an Sieradz. Dort hatte ich meinen Eltern morgens Zigaretten nach Hause geschickt. Mittags stellte ich fest, daß ich keine mehr hatte, und schickte gleich einen Brief hinterher, in dem ich bat: Schickt mir Zigaretten! (Er lacht) Naja, jedenfalls: In Emmendingen war ich bis zum Sommer 1944, dann ging es nach Berlin, über weitere Stationen nach Konitz in Westpreußen, in die Genesungskompanie - Oktober war es jetzt.

Frage: Sie waren an der Front lediglich vom 5. bis zum 12. Juli gelegen - da hatten Sie eigentlich durch Ihre Verwundung Glück gehabt...

Ja, ich hab' immer 'Dusel' gehabt. Ich weiß noch, daß es um 6 Uhr am 5. Juli los ging. Um 8 Uhr waren von der

Kompanie nur noch eine Handvoll Männer übrig. Wir stießen erst später zu ihnen. 120 Soldaten waren tot - viele knieten noch hinter ihren Granatwerfern oder an den Munitionskisten. Was ich nicht weiß: Ob es die Russen waren oder die eigenen Leute. Es gab auf deutscher Seite Granaten, die waren mit Preßluft gefüllt. Wenn die detonierten, ist die Lunge geplatzt. Da funkten die Russen 'rüber: Wenn ihr mit dieser Waffe nicht aufhört, setzen wir Gas ein. Und auf diesen Kisten, an denen die Toten knieten, stand: Nur auf Befehl des Führers zu öffnen. Da sind diese Granaten eingesetzt worden. Nahe am Graben habe ich einen Russen entdeckt, der stand dort, unbeweglich. Dem lief ein roter Blutfaden am Mund herunter. Wahrscheinlich von einer solchen Granate. An einem anderen Tag reinigte ich mein MG, als wir in einem Panzergraben lagen. Das war auch so eine Sauerei. Wir haben tschechische Munition bekommen, die wie lackiert war. Damit hatten wir dauernd Ladehemmung. Für uns lag da Sabotage vor. Ich reinigte also mein MG, als oben am Rand des Grabens ein Russe auftaucht, mit einer Maschinenpistole. Einer schreit: Deckung! Und ich laß' mich fallen, und ein Kamerad wirft eine Handgranate rauf - und weg war er, der Russe. Das war mein einziges Erlebnis, wo mir ein Russe sehr nahe war. Wenn er nicht getötet worden wäre, hätte es mich erwischt.
Doch zurück nach Konitz. Dort war ich bis Ende Januar 1945, als der Russe am großen Weichselbogen durchbrach. Wir sind verladen worden in einen Viehwaggon Richtung Berlin zur Stammeinheit.

Frage: Wie kann man sich die hygienischen Zustände vorstellen?

Es wurde ja dauernd irgendwo gehalten. Da verließ man den Zug und verdrückte sich. Und bei Not am Mann pinkelte man auch mal während der Fahrt durch die Tür. Als Toilettenpapier hatte man immer ein Stück Zeitung. Das kannte man ja von zu Hause. Da hat man auch die Zeitung genommen und zurechtgeschnitten, nachdem man sie gelesen hat. Einen schwarzen Arsch hat man da gehabt. Heute undenkbar... Irgendwo blieb der Zug stekken. Die Lok war plötzlich weg. So gab uns der Spieß Marschbefehl, immer für zwei Mann: durchschlagen nach Berlin. Mein Kamerad und ich fanden einen Personenzug, der uns mitnahm. In Preußen-Stargard bin ich kurz ausgestiegen, um auf die Verpflegungsstation zu gehen. Als ich zurückkam, seh' ich nur noch die Schlußlichter vom Zug. Für meinen Kameraden war das furchtbar, denn ich trug unser beider Papiere mit mir. Ich fand dann einen Flüchtlingszug, mit dem es weiterging. In Stettin stand der arme Kerl auf dem Bahnsteig und hat gezittert, daß ich ja wieder zu ihm stoße. Erneut wechselten wir den Zug, der über Hamburg ging, bis wir schließlich bei unserer Stammeinheit angelangt sind. An einem Abend sind wir auf Fronttauglichkeit untersucht worden. Die haben mich nochmal genommen. Die haben alles genommen, was sich gerade noch bewegen konnte.

Frage: Konnten Sie mit Ihrer Verletzung überhaupt richtig laufen?

Nein. Der Fuß war ja offen. Der ist heute noch offen. Was mir damals beim Gehen half, waren orthopädische Schuhe, die ich unterwegs in Danzig erhielt. Von denen

haben mich unsere amerikanischen Befreier befreit, als ich in Gefangenschaft geriet. Nun kam ich also mit weiteren 30 Mann aus der Genesungs- zur Marschkompanie. Der Spieß teilte uns den einzelnen Einheiten zu, zurück an die Front - für mich ein Glück, daß ich aus Berlin herausgekommen bin, wo wir noch in einen Bombenangriff gerieten. Wir kamen zur Führer-Begleit-Division, das war das Wachbataillon Großdeutschland, eine Wehrmachts-Division, zu der eine Waffen-SS-Kompanie gehörte. Kommandeur war der Major Otto-Ernst Remer, der beim Attentat auf Hitler am 20. Juli in Berlin eine entscheidende Rolle gespielt hat. Er war zunächst auf Seiten der Verschwörer und hätte Goebbels in dessen Privatwohnung festnehmen sollen. Remer glaubte zu dem Zeitpunkt, das Attentat sei geglückt. Goebbels hat aber zum Führerhauptquartier eine Verbindung herstellen können. Hitler sprach persönlich mit Remer, beförderte ihn am Telefon zum Oberst und gab ihm alle Vollmachten, den Putsch niederzuschlagen.
Remer hielt uns eine feurige Rede gegen die Russen, die in vielen Dörfern Frauen an Scheunentore genagelt hatten. Die hatten auch Frauen vorn auf die Kanonen gebunden und Angriff gefahren. Frauen waren vergewaltigt worden, und anschließend fuhren sie mit den Panzerketten über ihre Köpfe. Es war grausam. So etwas habe ich bei unseren Leuten nicht erlebt, daß sie sich in dieser Weise an der Zivilbevölkerung vergangen hätten. Remer schrie: ‘Wir werden den Russen die Schwänze abschneiden!’ Wir erschraken bei diesen Worten und dachten: ‘O Gott, was ist denn das für ein Haufen, in den wir da geraten sind’. Wieder gab es Ausbildung, danach ging es in den Einsatz, das war Ende März, Anfang April 1945. Wir

wurden aufgerieben. Ich kam von der Frontlinie weg, weil mir der eine Fuß aus dem Schuh quoll. Ich konnte den Schuh nicht mehr schließen. Ich meldete mich ab und kam zurück zum Troß, damit sich der Fuß erholen konnte. Ein Kradfahrer nahm mich ein Stück mit. Blöderweise hatte ich kein Begleitschreiben dabei, das meine Lage erklärte. So bin ich verhaftet worden. Ich bin in eine Art Verlies gesteckt worden, bis zum Abend mit zwei weiteren Kameraden. Dann mußte ich mich beim Remer melden. Der warf mir Fahnenflucht vor. Ich wehrte mich und verwies auf meinen Fuß. Den mußte ich vorzeigen. Das Fleisch quoll aus dem Leder heraus. Remer rief einen Arzt, um die Verwundung beurteilen zu lassen. Der Arzt sah sich den Fuß an und rief: 'Was soll der denn da vorn an der Front mit so einer Wunde?' - Und das war mein Glück.
Ich kam nach Dresden, zunächst in ein Privatquartier. Dann der Befehl: den Flughafen Großenhain bei Dresden gegen den Feind verteidigen. In der Stadt haben wir Scheiterhaufen gesehen. Unzählige Tote, die man verbrannt hat. In der Luft war ein süßlicher Geruch.
Unser Troß bewegte sich über die Elbe ins Erzgebirge. Ungeordneter Rückzug. Manchmal stand an einer Straßenkreuzung ein Tankzug. Wenn man Glück hatte, gab es Sprit. Wenn nicht, schob man den Lkw in den Graben. Da war oft so viel Zeug drauf, da hätte man ganze Divisionen mit verpflegen können. Unterwegs sahen wir von den Russen-Panzern zusammengefahrene Flüchtlingstrecks. Ich mußte viel zu Fuß laufen. Dabei lernte ich einen netten Kerl aus Viernheim kennen, der gehörte auch zu der Division Groß-Deutschland. Irgendwann bot sich die Gelegenheit für uns, auf einem Lkw mitzufahren.

Wir hockten auf der Dreiecks-Kupplung zwischen Zugmaschine und Anhänger mit anderen Soldaten. Auf einmal klopft mir jemand auf die Schulter und sagt: 'Das war doch eben dein Kumpel, der 'runtergefallen ist'. Ich hatte es vor Erschöpfung nicht gemerkt. Er war eingeschlafen, von der Kupplung gerutscht, und der Anhänger ist ihm über die Brust gefahren. Ich legte ihn in den Straßengraben. Eine Kolonne mit vollbepackten Pkw kam. Ich winkte, daß sie anhalten sollten. Sie fuhren vorbei. Schließlich hielt, als es bereits dunkel war, ein Lkw mit einer Gulasch-Kanone. Ich erzählte von meinem Kameraden, der im Straßengraben schwer verletzt liege und mitgenommen werden müsse. 'Das könne jeder sagen', war zunächst die abweisende Antwort. Ich griff zu meiner Pistolentasche. Das brachte sie dazu, eine Taschenlampe zu holen und nachzuschauen. Sie schmissen ihn auf die Kartoffelsäcke, und wir fuhren durch Dörfer ins Sudetenland. Frauen standen manchmal am Straßenrand und warfen uns Brot und Zigaretten zu. Es gab auch Dörfer, da war alles ruhig. Wir ahnten, daß hier schon der Tscheche seine Hand im Spiel hatte. Die Tschechen hielten uns später auf freiem Feld an. Wir mußten unsere Waffen ablegen, die wir aber vorher unbrauchbar machten: die Karabiner zusammengeschlagen, die Schlagbolzen und die Magazine aus den Pistolen entfernt und irgendwo vergraben. Und plötzlich kam ein Amerikaner auf einem Moped angefahren. Der hielt an und befahl: 'Alle Uhren, alle Ringe, Ferngläser, Fotoapparat - alles mein!' Das konnte er sehr gut auf Deutsch sagen. Ich behielt aber meine Uhr und mein Etui mit dem silbernen Drehbleistift. Er durchsuchte uns nicht. Er nahm uns nur ab, was er sah. Meine Uhr und mein Etui hat er nicht

gesehen. Die Uhr habe ich dann in Gefangenschaft gegen eine Dose Schoka-Cola eingetauscht. Das bekamen die Flieger meist - coffeinhaltige Schokolade als Nahrungsersatz. Das war ein gutes Geschäft, weil meine Uhr kaputt war. Meinen Kumpel schleppte ich zu einem Sammelplatz, von dem aus er in ein Lazarett transportiert wurde. Ich habe mich nicht getraut mitzugehen, obwohl mein Fuß mir zugesetzt hat. Gefangen waren wir auf einer großen Wiese, an der ein Bach vorbeifloß. Es war Mai und bereits sehr warm. Ich hab mich ausgezogen und in den eiskalten Bach gelegt, damit die Schwellung zurückgeht. Eine richtige Bewachung hat es nicht gegeben. Wir waren froh, daß der Amerikaner uns nicht auslieferte. Davor hatten wir die meiste Angst. Der Ami sagte uns: 'Ihr könnt ruhig fort. Aber schaut mal da oben: Da wartet der Russe auf euch'. Und so sind wir brav auf der Wiese in Tepl im Sudetenland geblieben.
Unter strengster Bewachung ging es nach Grafenwöhr in ein Lager für Kriegsgefangene. Vorne raus ein leichter Panzer. Dann der Truck mit den Gefangenen, ein Jeep, wieder ein Truck - drei große Trucks insgesamt.

Frage: Haben Sie sich einmal mit Ihren Kameraden darüber unterhalten, was schief gelaufen ist? Es mußte Ihnen ja klar sein, daß der Krieg verloren ist.

Wenn wir mal einen ruhigen Moment hatten, ist bei uns so erzählt worden: Laßt mal den Krieg zu Ende sein. Da rollen Köpfe bei den Goldfasanen. So nannten wir die Parteibonzen.

Frage: Sind Sie rassenideologisch geschult worden?

Nein. Von der nationalsozialistsichen Schulung hab' ich nichts mitbekommen. Das einzige: In Charkow, als wir dort am Roten Platz in den Hochhäusern im Sommer 1943 einquartiert waren, kam mal einer vorbei und hielt einen Vortrag über die alten Germanen. Aber über irgendwelche Rassen habe ich überhaupt nichts erfahren.

Frage: Wann haben Sie von der Vergasung der Juden gehört?

In Gefangenschaft. Wir haben uns gewundert, als wir gegen Ende des Krieges oft Sträflinge gesehen haben. Wir fragten uns, wo die vielen Leute herkommen. Aber daß die ausgemergelt waren, wie man heute erzählt, kann ich nicht bestätigen. Die haben besser ausgesehen als wir. Die waren gut genährt. Wie es in den Konzentrationslagern zugegangen ist, habe ich nie gesehen, ich war nie drin, dazu kann ich nichts sagen. Ich habe später gehört, daß SS-Leute aus den KZ an die Front zur Totenkopf-Division gekommen sind. Zu uns ist keiner gekommen. Die T-Division war ein eigener Haufen.

Frage: Wie lange waren Sie in Gefangenschaft?

Bis zum 30. Mai 1946. Die Amerikaner brachten mich in Grafenwöhr innerhalb eines Vierteljahres von 75 Kilo auf 92 Pfund runter. Das sind also meine Befreier. Amerikaner mit jüdischer Abstammung ließen uns spüren, was sie von der SS hielten. Die schwarzen Amerikaner haben uns fair behandelt. Mit denen sind wir in den Wald zum Holzhacken. Die gaben uns ab und zu eine Zigarette. Meine erste amerikanische Verpflegung erhielt ich am 10. September 1945. Das war mein Geburtstag. Da waren drei Zigaretten drin und ein paar Bonbons. Ich hab' mich auf meine Pritsche gelegt, die Bonbons gelutscht und geraucht. Im November 1945 sind wir wieder gemustert worden. Wir dachten, wir kommen wieder in einen Krieg. Einige von uns sind nach Frankreich ausgeliefert worden, zum Arbeitseinsatz in Kohlebergwerke. Der Großteil unserer Einheiten kam nach Indochina, wo man sie zwang, gegen die Vietkong zu kämpfen. Das waren ja alles Männer der Waffen-SS, die dort in der Fremdenlegion der Franzosen gekämpft haben. Die Franzosen, so haben mir Kameraden später erzählt, sagten: Entweder du unterschreibst für die Fremdenlegion, und dann gibt es was zu essen; oder es gibt nichts zu essen. Ich hatte wieder Glück. Mein Fuß war so schlimm, daß ich nirgendwo hin konnte. Mein Vater hat mich übrigens in Gefangenschaft besucht. Der hat mich überall gefunden. Es war ihm allerdings verboten, mich zu sehen. An einem Tag bin ich auf die Wache gerufen worden. Da seh' ich ein paar Gepäckstücke, Kisten und sowas. Und da fällt mein Blick auf einen Koffer, da dachte ich: Der sieht aus wie der von meinen Eltern. Und tatsächlich. Da war eine große Büchse drin, halb voll mit Tabak; und Klamotten zum Anziehen waren in dem Koffer. Das muß im Januar 1945 gewesen sein. Später habe ich mir von einer amerikanischen Decke eine Hose genäht. Alles selbst genäht, wir hatten ja Zeit in der Gefangenschaft, wir hockten ja sonst nur 'rum. Maßgenommen habe ich mit der Hose von meiner Uniform.

Frage: Kamen Sie nach der Entlassung aus der Gefangenschaft gleich zu den Eltern nach Mannheim zurück?

Ja. Ich bin in Nürnberg in die Bahn, in Frankfurt umgestiegen und auf den Waldhof gefahren. Mit der Straßenbahn über den Luzenberg. Die fuhr wieder, es war ja bereits ein Jahr nach Kriegsende. Schwer bepackt, den Koffer von meinen Eltern hatte ich ja auch noch am Hals, hab' ich die Waldhofstraße 218 gesucht. Die Straße war sauber. Auch das Haus hatte keinen Schaden. Wir hatten dort eine kleine Wohnung, nur Küche und Schlafzimmer. Die Amerikaner hatten meine Eltern aus der alten Wohnung in der Käfertaler Straße rausgeworfen. Man quartierte dort einen Juden ein. Die meisten Möbel hatten sie zurücklassen müssen. Meine Mutter war gerade aus dem Krankenhaus nach einer Unterleibsoperation entlassen worden, als ich vor der Tür stand. Sie war ziemlich geschwächt. Sie hat mich in den Arm genommen und gedrückt. Ich fragte: 'Hast Du einen Platz für mich?' - 'Ja', antwortete sie. 'Da haben wir vorgesorgt. Die Couch da ist Dir'. Abends kam dann der Vater. Der hat mich auch in den Arm genommen. Wir haben geweint, und wir waren alle glücklich, daß ich wieder daheim war. Ich schlief auf der alten Couch in der Küche. Daneben stand der Volksempfänger. Der hat den Krieg unbeschadet überstanden.

Frage: Haben Sie gleich Arbeit gefunden?

Nein. Ich habe dann erstmal einen Antrittsbesuch bei den Eltern meiner Frau gemacht. Lilli kenne ich, seit sie drei Wochen alt war. Wir sind sechs Jahre auseinander. Als ihre Mutter mich sah, fing sie an zu heulen, weil ihr Sohn gefallen war. Die Erinnerungen kamen hoch. Ein paar Tage später war Theater in der Stadt. Da schickte ich Lilli eine Eintrittskarte, aber unter falschem Namen, weil ihr Vater das nicht so gern gesehen hat zwischen uns. Es war ein Einschreibe-Brief auf den Namen 'Maus' Schmitt. Der Briefträger fragte ihre Mutter: 'Haben Sie hier eine 'Maus' Schmitt?' Jedenfalls kam der Brief an. Lilli kam ins Theater, und seitdem sind wir zusammen.

Mein Vater war von Beruf Sattler, und als die Amerikaner damals in die Käfertaler Straße eindrangen, fragten sie ihn, ob er Soldat wäre, denn er trug einen Verband, und sie mutmaßten, daß es eine Schußverletzung sein könnte. Er war aber gestochen worden. Die Amis prüften das und stellten fest, daß bereits eine Blutvergiftung eingetreten war. Sie brachten ihn sofort ins städtische Krankenhaus, wo er behandelt wurde. Als er zurückkam, hatte er Schokolade und Zigaretten von den Amis dabei. Mein Vater schaffte bei der Eichbaum-Brauerei. Die dicken Treibriemen der Maschinen dort waren aus Leder. Die Amis schnitten sie ab und wollten daraus Gürtel, Schuhe, Pistolenhalfter und andere Sachen machen lassen. Mein Vater hat dann das Leder dünner gemacht. Die Amerikaner bezahlten mit Seife, Zigaretten und Schokolade. Das hat er gegen andere Dinge eingetauscht, beispielsweise bei den Bauern gegen Kartoffeln. Auch auf den Höfen gab es für einen Sattler viel zu reparieren. Aktentaschen hat er für den einen und anderen in der Stadt angefertigt.

Am 10. September 1946 sind wir mit der Straßenbahn in die Stadt gefahren. Er hatte einen Handel mit dem Café Kossenhaschen in den Planken, bei dem ich draußen bleiben mußte. Aus dem Café ist er mit einer riesigen

Tortenschachtel gekommen. Mit der sind wir zurück in die Straßenbahn Richtung Waldhof. Unterwegs betrachteten die Leute die Schachtel und sagten: 'Das waren noch Zeiten, als in so Schachteln Torten drin waren.' - Wenn die gewußt hätten, daß wirklich eine Torte in der Schachtel war - ich glaub', die hätten wir nicht heil nach Hause gebracht.
Bis Januar 1947 war ich zu Hause. Die Ferse war offen, ich kam noch immer nicht richtig in meine Schuhe rein. Aber irgendwie ging es allmählich, und ich kam zur Post. Zuvor war ich entnazifiziert worden. Ich hatte eine Mitteilung bekommen: Ich sei eingestuft als Belasteter. Es kam zur Verhandlung. Das erste, was man mich fragte: 'Sind Sie noch in der Kirche?' Ich guckte dumm und antwortete: 'Warum nicht!' Man fragte: 'Ja, mußten Sie nicht austreten?' Ich sagte: 'Mich hat niemand gefragt, ob ich in der Kirche bleiben will oder austreten.' Man hat mich dann als Mitläufer eingestuft. Ich war auch nicht in der NSDAP drin, nur in der Hitlerjugend, im Waldpark bin ich damals vereidigt worden. Da hatte ich auch meinen ersten Streifen bekommen als Rottenführer. Bei der Waffen-SS war ich später auch Rottenführer. Die Entnazifizierung hat mich 3,50 Mark gekostet. Das war viel Geld, wenn man bedenkt, daß ein Ei um die 30 Pfennige kostete und ein Laib Brot für weniger als eine Mark zu haben war.
Bei der Post war ein Gewerkschafter. Der hat mich gleich wieder rausgeschmissen, als er hörte, daß ich bei der SS gewesen bin. Ein paar Tage später wurde ich wieder eingestellt. Der Direktor der Post hat mit meinem Vater zusammen gekegelt. Das gab den Ausschlag. Außerdem war er mit dem Gewerkschafter verwandt. Zu-

nächst war ich Eilbote, dann Briefzusteller und kam schließlich in den Innendienst. Die Bezahlung war so schlecht, daß ich 1957 nach zehn Jahren Post - und übrigens auch nach inzwischen zehn Jahren Ehe - zu Boehringer ging in die medizinische Forschung, wo heute noch mein Sohn Klaus arbeitet. Ich fing dort ohne Umschulung als Tierpfleger an. Das erste, was ich bekommen habe, waren 120 Hühner, die ich zu beaufsichtigen hatte. Ich brachte jeden Abend eine Tasche voll Eier mit nach Hause. Wir hatten den ganzen Keller voll Eier. Mit den Hühnern sind Fütterungsversuche gemacht worden. Mit einer Pipette mußte ich ihnen Substanzen zuführen. Als die Versuchsreihe beendet war, sind die Hühner geschlachtet worden, und wir haben sie dann gefuttert. Das gleiche mit den Hasen. Da sind in der Anfangszeit jede Woche so um die 150 Hasen geschlachtet worden. Die nahmen die Mitarbeiter mit nach Hause. Geschlachtet hab' ich zunächst nicht. Ich hab' nur zugeguckt, wie die anderen das gemacht haben. Bis ich es nach ein paar Jahren doch gewagt habe. In den 60er Jahren wurde die Forschung erweitert. Ein neues Forschungsgebäude wurde gebaut, ein neues Tierhaus, ein sogenannter Bunkerbau mit Klimaanlage. Da hab' ich bei den Vorarbeiten geholfen. Bis 1984 war ich bei Boehringer. Dann bin ich als Obermeister in Rente.

Frage: Hat man Ihnen Ihre SS-Vergangenheit in der Nachkriegszeit irgendwann einmal vorgeworfen?

Im Gegenteil. Ich hab' nur Vorteile gehabt. Mein Chef war Führer in der Hitlerjugend gewesen, war in der Wehrmacht Feldwebel; war an der Front. Mit dem hab' ich mich gut verstanden. Ich hab' allen von Anfang an gesagt, daß ich dabei war, und so hat es nie Probleme gegeben.

Frage: Würden Sie wieder in die Waffen-SS eintreten?

Ich glaube, ja. Wir haben keine Verbrechen begangen. Ich wüßte nicht, was dagegen sprechen sollte. Wir sind nicht mit 'Hurra! Hurra!'-Rufen voller Begeisterung in den Krieg gezogen. Wir waren keine großen Nationalsozialisten. Dazu waren wir viel zu jung. 1942 war ich 17 Jahre alt, wir waren Kinder. Hitler und Himmler haben für mich keine Rolle gespielt. Diese langen Reden von denen gab es ja schon vor dem Krieg. Das ist an uns vorbeigegangen. Das einzige, was mich beeindruckt hat und bis heute im Gedächtnis geblieben ist, war Hitlers Ausspruch: 'Seit 5 Uhr 45 wird zurückgeschossen!' - Das ist unter die Haut gegangen. Wir dachten: 'Was kommt da bloß auf uns zu.' Da ist uns mulmig geworden. Und da wurde auch offen drüber gesprochen, auch in der Hitlerjugend oder in der Lehrzeit. Wir waren überzeugt, daß Deutschland angegriffen wird.

Frage: Sind Sie bei der SS irgendwann einmal schlecht behandelt worden?

Die Rekrutenzeit und die Unterführer gingen mir auf den Geist. Dieses 'Auf und nieder', die Kniebeugen und all der Kram und die Sprüche wie: 'Ich bin Soldat, ich bin es gerne / Vor lauter Pumpen seh' ich Sterne' oder: 'Mein Arsch, der wird bald rosig sein / Es ist so schön, Soldat zu sein' - das war alles nicht so schön. An der

Front dann herrschte ein kameradschaftlicher Ton. Doch, was der Gruppenführer sagte, das galt. Ein Kamerad hat einmal den 'Heiligen Geist' gekriegt. Das war, wenn sich einer unkameradschaftlich verhalten hat. Der wurde aus seinem Zelt herausgeholt. Und dann mußte er die Hose 'runterlassen und jeder war angehalten, ihm einen Streich auf den Hintern zu verpassen. Anschließend schmierte man so einen 'Kameraden' bisweilen noch mit Schuhcreme ein. Erinnern kann ich mich, daß einmal ein Soldat versuchte, an der Front in Rußland zu fliehen. Das hätt' er nicht machen sollen. Die haben ihn nämlich wieder eingefangen. Das ganze Bataillon hat antreten müssen und zusehen, wie der arme Kerl erschossen wurde. Da hat die SS kein Pardon gekannt. Und keiner von uns hat ein Wort gesagt. Wir waren alle niedergeschlagen.

Frage: Wann sind Ihre Eltern gestorben?

Mein Vater starb 1965 im Alter von 65 Jahren. Meine Mutter folgte 1989 mit 85 Jahren. Und ich sag mir immer: Ich will die goldene Mitte: 75 Jahre will ich werden, da hab' ich noch zwei Jahre Zeit.

Kleine Chronik zur Verfolgung der Juden, Zigeuner und Zeugen Jehovas

1933

Nach der Ernennung Adolf Hitlers zum Reichskanzler am 30. Januar kommt es am 1. April zum Boykott aller jüdischen Geschäfte durch die SA. Die jüdischen Organisationen schließen sich zum 'Zentralausschuß für Hilfe und Aufbau' zusammen. 'Nichtarische' Lehrer schließt man aus den Lehrervereinen aus. Die Zulassung von Kassenärzten 'nichtarischer' Abstammung erlischt. Den jüdischen Arbeitern und Angestellten der Wehrmacht wird gekündigt. In vielen Orten wird ein Badeverbot für Juden ausgesprochen. Die Vererbungslehre und Rassenkunde wird Pflicht-Prüfungsgebiet für alle Schüler. Jüdische Fest- und Feiertage sind aus Behördenkalendern zu entfernen.
Die Aktivitäten der Zeugen Jehovas werden im April durch erste Verbote u.a. in Bayern und Sachsen unterbunden. Ihnen wird die Gefährdung der öffentlichen Sicherheit und Ordnung unterstellt. Am 24. Juni wird die Bibelforscher-Vereinigung in Preußen verboten. Wenig später verbrennen Nationalsozialisten vor Magdeburg tonnenweise Wachtturm-Literatur und Bibeln. Tags dar-

auf bei einer Tagung in Berlin-Wilmersdorf mit rund 7.000 Teilnehmern heben die Zeugen Jehovas hervor, daß sie rein religiös tätig sind und in keiner Weise „die öffentliche Ordnung und Sicherheit des Staates bedrohen oder gefährden“. Sie betonen, daß das Heil der Menschen nur von Gott komme und die Bibel die maßgebliche Autorität sei.

1934

'Nichtarier' dürfen als Schauspieler an deutschen Bühnen nicht mehr spielen. 'Nichtarische' Ärzte und Ärzte mit 'nichtarischen' Ehepartnern verlieren die Zulassung zu den Krankenkassen, auch, wenn sie Frontkämpfer sind.

Mit Protestbriefen und Telegrammen aus aller Welt fordern Zeugen Jehovas Adolf Hitler am 7. Oktober auf, die Verfolgung ihrer Glaubensbrüder und -schwestern einzustellen.

Julius Streichers Wochenblatt 'Der Stürmer' hetzt in einer Sondernummer im Mai 1934 über das jüdische Volk. Die 'Ritualmord-Nummer' deckt für 30 Pfennige/Stck. den 'jüdischen Mordplan gegen die nichtjüdische Menschheit' auf, eingeleitet mit dem Vers: „Durch die Jahrtausende vergoß der Jud, geheimem Ritus folgend, Menschenblut. Der Teufel sitzt uns heute noch im Nacken, es liegt an Euch, die Teufelsbrut zu packen."

Über dem Vers zeigt eine Karikatur mehrere Kinder mit durchschnittenen Kehlen, darunter zwei gierig blickende Juden, einer davon fängt das Blut in einer Schale auf. In dem Bericht heißt es: „Wer aber weiß, welch eine ungeheuerliche Anklage schon seit Anbeginn gegen die Juden erhoben wird, dem erscheint dieses Volk in einem anderen Lichte. Er sieht in ihnen nicht nur ein eigenartiges, seltsam anmutendes Volk, er sieht in ihnen Verbrecher und Mörder und Teufel in Menschengestalt. Und es überkommt ihn gegen dieses Volk ein heiliger Zorn und Haß.

Der Verdacht, in dem die Juden stehen, ist der des Menschenmordes. Sie werden bezichtigt, nichtjüdische Kinder und nichtjüdische Erwachsene... zu schlachten und ihnen das Blut abzuzapfen. Sie werden bezichtigt, dieses Blut... zu verbacken und auch sonstige abergläubische Zauberei damit zu treiben. Sie werden bezichtigt, ihre Opfer, besonders die Kinder, dabei furchtbar zu martern und zu foltern, und während dieses Folterns Drohungen, Flüche und Verwünschungen gegen die Nichtjuden auszustoßen. Dieser planmäßig betriebene Menschenmord hat eine besondere Bezeichnung, er heißt 'Ritualmord'.
Das Wissen vom jüdischen Ritualmord ist schon Jahrtausende alt. Es ist so alt wie die Juden selbst... Es ist uns durch Schriften überliefert... Wo irgendwo in der Welt eine Leiche gefunden wird, die die Anzeichen des Ritualmordes trägt, erhebt sich sofort laut und groß die Anklage. Sie richtet sich überall nur gegen die Juden..."
Und fett gedruckt zieht sich der Satz über die Titelseite dieser Sonderausgabe: „Die Juden sind unser Unglück!"

1935

Das Handwerkszeichen wird an 'nichtarische' Handwerker nicht mehr abgegeben. Im Hinblick auf die Olympiade 1936 wird verfügt, daß Tafeln wie 'Juden unerwünscht' und dergleichen mehr von den Hauptverkehrsstraßen unauffällig zu entfernen sind. Am 15. September werden die 'Nürnberger Gesetze' verabschiedet. Tage später werden alle jüdischen Richter, Staatsanwälte und Beamte beurlaubt. Jüdische Kinobesitzer müssen ihre Kinos an Arier abtreten. Den Juden wird das Wahlrecht aberkannt. Alle jüdischen Beamten, einschließlich der Frontkämpfer, werden entlassen.

1936

Jüdische Honorarprofessoren dürfen nicht mehr lehren. Das Verbot des jüdischen Religionsunterrichts an den höheren Schulen wird auf Mittelschulen ausgedehnt.
Die Gestapo bildet im Sommer ein Sonderkommando, um die Bibelforscher systematisch auszuschalten. Die Zeitschrift ‘Der Wachtturm’ informiert die Öffentlichkeit über die Inhaftierung und meldet, daß sich in einem KZ 600 Zeugen befinden.
Der im September in Luzern (Schweiz) tagende Kongreß der Zeugen verabschiedet eine Resolution, mit der man „scharfen Protest erhebt gegen die grausame Behandlung der Zeugen Jehovas durch die römisch-katholische Hierarchie und ihre Verbündeten in Deutschland...“
Im November beginnt die ‘Rassenhygienische und bevölkerungsbiologische Forschungsstelle’ des Reichsgesundheitsamtes mit Untersuchungen über ‘Zigeuner und Zigeunermischlinge’, die zur Grundlage für die Verfolgung werden.

1937

Im Deutschen Beamtengesetz wird festgeschrieben, daß Beamter nur werden kann, wer deutschen oder artverwandten Blutes und mit einer Person gleicher Abstammung verheiratet ist. Beamte, die diese Bedingung nicht erfüllen, sind zu entlassen.
In Berufsschulen richtet man jüdische Sonderklassen ein.
Im Verkehr mit den Justizbehörden wird Juden der 'Deutsche Gruß' nicht mehr gestattet.
Ein Geheimerlaß Reinhard Heydrichs, seit 1936 Chef der Sicherheitspolizei und des SD (Sicherheitsdienst), ordnet 'Schutzhaft' für sogenannte 'Rassenschänder' nach Abschluß des ordentlichen Gerichtsverfahrens an.

Die 'Schutzhaft' war eine der grausamsten Waffen des NS-Staates gegen all die, die zum Staats- und Volksfeind erklärt worden waren. Beantragt wurde sie meist von einer Staatspolizeidienststelle. Die Bearbeitung erfolgte im Schutzhaftreferat des Geheimen Staatspolizeiamtes, das auch die entsprechenden Anordnungen herausgab, übrigens mit Genehmigung des Chefs der Gestapo, Heinrich Müller, beziehungsweise Reinhard Heydrich oder in wichtigen Fällen von Heinrich Himmler. Die Schutzhaft wurde in den KZ vollstreckt.
Mit der Reichstagsbrandverordnung vom 28. Februar 1933 waren nicht nur die Grundrechte aufgehoben worden; den Gerichten war auch jede Möglichkeit genommen zu prüfen, ob die Gestapo rechtens gehandelt hatte, die Schutzhaft ordnungsgemäß verhängt worden und ihre Vollstreckung in den Konzentrationslagern statthaft war.

Das NS-Regime konnte ohne jede Kontrolle nach seinem Gutdünken sogenannte 'Sonderbehandlungen' durchführen - im Klartext: die Exekution eines Häftlings.
Für Häftlinge, die zum zweiten Mal in ein KZ eingewiesen wurden, verschärfte Himmler im März 1936 die ohnehin schon entwürdigende Lage. Er wies die Konzentrationslager an: „Grundsätzlich sind die Schutzhaftakten all derer, die das zweite Mal in ein Konzentrationslager kommen, erst nach drei Jahren wieder vorzulegen. Die üblichen Vierteljahres-Haftprüfungs-Termine entfallen für diese Häftlinge. Brieferlaubnis genehmige ich für diese Häftlinge viermal im Jahre - zum Schreiben und zum Empfangen eines Briefes. Arbeitszeit 10 Stunden täglich. Rauchen nicht gestattet. Geldempfang von zu Hause nicht mehr als 10,00 RM (Reichsmark) im Vierteljahr. Empfang von Paketen überhaupt nicht. Diese Häftlinge sind kenntlich zu machen durch irgendein besonderes Zeichen am Anzug."

In Sachen Schutzhaft kam im Januar 1940 von Himmler folgender Befehl:
„Betrifft Umgang mit Kriegsgefangenen.

I. Deutsche Frauen und Mädchen, die mit Kriegsgefangenen in einer Weise Umgang pflegen, die das gesunde Volksempfinden gröblich verletzt, sind bis auf weiteres in Schutzhaft zu nehmen und für mindestens ein Jahr einem Konzentrationslager zuzuführen. Als gröbliche Verletzung des gesunden Volksempfindens ist jeglicher gesellschaftliche (z.B. bei Festen, Tanz), insbesondere jeder geschlechtliche Verkehr anzusehen.

II. Beabsichtigen die Frauen und Mädchen eines Ortes, die betreffende Frau vor ihrer Überführung in ein Konzentrationslager öffentlich anzuprangern oder ihr die Haare abzuschneiden, so ist dies polizeilich nicht zu verhindern.“

Sofern sich Grausamkeit überhaupt steigern läßt, waren von allen Gruppen, die den Nazis ein Dorn im Auge waren, die Homosexuellen am härtesten betroffen. Männliche Homosexualität galt als eine Gefährdung der nationalsozialistischen ‘Volksgemeinschaft’, sie war unvereinbar mit den Grundsätzen der rassistischen Bevölkerungspolitik. Bei der Gestapo gab es seit 1934 das ‘Sonderdezernat Homosexualität’. Zwei Jahre später richtete das Preußische Landeskriminalpolizeiamt die ‘Reichszentrale zur Bekämpfung der Homosexualität und der Abtreibung’ ein. In den KZ kennzeichnete man Homosexuelle mit einem rosa Winkel. Für die Wachmannschaften war es das Freizeichen, mit diesen Opfern nach Belieben zu verfahren. Die Todesrate lag bei Homosexuellen deutlich höher als bei anderen Häftlingskategorien.

Das NS-Regime schürte die Vorurteile und schlachtete sie bedenkenlos in seinem Sinne propagandistisch aus, so 1934 bei der Ermordung Röhms, 1936/37 bei den inszenierten Sittlichkeitsprozessen gegen katholische Priester und 1938 bei der Ausschaltung des Oberbefehlshabers des Heeres, Generaloberst von Fritsch.

Der Verfolgung waren auch die Zigeuner (Sinti und Roma) ausgesetzt. Im Dezember 1938 legte Himmler den sogenannten ‘Zigeuner-Grunderlaß’ zur ‘Bekämpfung der Zigeunerplage’ vor. Danach wurden alle Zigeuner, Zigeunermischlinge und nach Zigeunerart umherziehende Personen verpflichtet, sich einer rassenbiologischen Untersuchung zu unterziehen. In den Ausweispapieren wurde vermerkt, zu welcher Kategorie von Zigeunern der

Antragsteller gehörte. In dem Erlaß heißt es u.a.: „Die bisher bei der Bekämpfung der Zigeunerplage gesammelten Erfahrungen und die durch die rassenbiologischen Forschungen gewonnenen Erkenntnisse lassen es angezeigt erscheinen, die Regelung der Zigeunerfrage aus dem Wesen dieser Rasse heraus in Angriff zu nehmen. Erfahrungsgemäß haben die Mischlinge den größten Anteil an der Kriminalität der Zigeuner. Andererseits hat es sich gezeigt, daß die Versuche, die Zigeuner seßhaft zu machen, gerade bei den rassereinen Zigeunern infolge ihres starken Wandertriebes mißlungen sind. Es erweist sich deshalb als notwendig, bei der endgültigen Lösung der Zigeunerfrage die rassereinen Zigeuner und die Mischlinge gesondert zu behandeln."

Bereits 1936 waren die Zigeuner zum Gegenstand zentraler 'rassenhygienischer' und 'kriminalbiologischer' Untersuchungen geworden. Die Deportation der Zigeuner aus dem Reichsgebiet begann im Mai 1940, der im Frühjahr 1942 die systematische Verschleppung aus den besetzten europäischen Ländern folgte.

Hunderttausende Sinti und Roma wurden vor allem in Polen und der Sowjetunion ermordet.

1938

Seit März werden die Bibelforscher im KZ Sachsenhausen (andere Lager folgen) in speziellen Baracken hinter Stacheldraht isoliert gehalten. Ihnen wird für neun Monate verboten, Briefe zu schreiben. Nach Aufhebung des Schreibverbots darf jeder Zeuge nur fünf Zeilen an seine Angehörigen schreiben.

Den Juden verbietet man, als Gasthörer an deutschen Universitäten Vorlesungen zu besuchen. In der sogenannten 'Juni-Aktion' werden alle 'vorbestraften' Juden verhaftet und in Konzentrationslager eingewiesen. Der Börsenhandel ist künftig für Juden tabu. Sämtliche nach Juden und jüdischen Mischlingen 1. Grades benannten Straßen werden umbenannt. Die Juden polnischer Nationalität werden aus Deutschland ausgewiesen. Am 7. November kommt es in Paris zum Attentat durch Herschel Grünspan (Grynszpan), dessen Eltern von der 'Polen-Aktion' betroffen sind, auf den deutschen Gesandtschaftsrat Ernst vom Rath.

Die folgende Judenhetze ist generalstabsmäßig vorbereitet. Am 9. November erreicht ein Fernschreiben des Geheimen Staatspolizeiamtes alle Stapostellen. Es geht um die Vorbereitung des Pogroms gegen die Juden:

„1. Es werden in kürzester Frist in ganz Deutschland Aktionen gegen Juden insbesonders gegen deren Synagogen stattfinden. Sie sind nicht zu stören. Jedoch ist im Benehmen mit der Ordnungspolizei sicherzustellen, daß Plünderungen und sonstige besondere Ausschreitungen unterbunden werden können.

2. Sofern sich in Synagogen wichtiges Archivmaterial befindet, ist dieses durch eine sofortige Maßnahme sicherzustellen.
3. Es ist vorzubereiten die Festnahme von etwa 20-30.000 Juden im Reiche. Es sind auszuwählen vor allem vermögende Juden. Nähere Anordnungen ergehen noch im Laufe dieser Nacht.
4. Sollten bei den kommenden Aktionen Juden im Besitz von Waffen angetroffen werden, so sind die schärfsten Maßnahmen durchzuführen...“
Die Reichskristallnacht (9./10. November) kommt und mit ihr die Verordnung über eine Sühneleistung der deutschen Juden in Höhe von einer Milliarde Reichsmark. Die Juden werden aus dem deutschen Wirtschaftsleben entfernt, alle jüdischen Geschäfte und Handwerksbetriebe werden geschlossen. Verboten wird den Juden der Besuch von Theatern, Kinos, Konzerten, Ausstellungen etc. Jüdische Kinder dürfen deutsche Schulen nicht mehr besuchen. Die jüdischen Wohnungen werden erfaßt. Das Halten von Brieftauben ist ihnen verboten. Jüdische Verlage und Buchhandlungen sind bis Jahresende aufzulösen. Jüdische Gewerbebetriebe, Grundeigentum, Wertpapiere, Juwelen, Schmuck und Kunstgegenstände werden zwangsveräußert.
Die ‘Bekämpfung der Zigeunerplage’ wird mit Himmlers ‘Zigeuner-Grunderlaß’ systematisch umgesetzt.
Zum Kraftfahrverbot für Juden erscheint am 4. Dezember in Heidelberg folgendes Pamphlet: „...Der deutsche Mensch hat es schon lange als eine Provokation und als eine Gefährdung des öffentlichen Lebens empfunden, wenn Juden sich am Steuer eines Kraftwagens im deutschen Straßenbild bewegten oder gar Nutznießer der von

deutschen Arbeiterfäusten geschaffenen Straßen Adolf Hitlers waren. Auch dieser vom deutschen Volke bisher mit unerhörter Langmut ertragene Zustand hat jetzt sein Ende erreicht. Juden haben in Deutschland am Steuer eines Kraftwagens nichts mehr zu suchen! Statt dessen soll der schaffende deutsche Mensch mehr als bisher Gelegenheit haben, mit dem Kraftwagen, dem Werk deutschen Geistes und deutscher Hände, die Schönheiten seiner Heimat kennenzulernen und neue Kraft für seine Arbeit zu schöpfen. Der nationalsozialistische Staat erstrebt weiter im Straßenverkehr eine Gemeinschaft aller deutschen Menschen, die sich freiwillig den Notwendigkeiten und Gesetzen des Verkehrs unterordnen. In diese nationalsozialistische Verkehrsgemeinschaft gehört der Jude nicht hinein!'" (P. Sauer: Dokumente über die Verfolgung jüdischer Bürger in Baden-Württemberg durch das nationalsozialistische Regime 1933-1945, II. Teil, Stuttgart, 1966). Viele Versicherungen weigern sich, den Juden die bereits für das kommende Jahr entrichteten Beiträge für Kfz.-Versicherungen zurückzuzahlen.

Einschränkungen wie das Ausgeh- und Verkehrsmittelverbot stellen vor allem für die alten und gebrechlichen Juden eine große Belastung dar, zumal sie auch keine Bänke oder die öffentlichen Parks zum Ausruhen benutzen durften, wenn sie stundenlang unterwegs waren um einzukaufen. Ohne Telefon, ohne Radio (siehe 1939) und ohne Zeitung vereinsamen sie. Die jüdischen Friedhöfe werden für viele Orte der Erholung, oder Kinder spielen dort, weil ihnen andere Möglichkeiten genommen werden. Neben Gräbern gestaltet man die freien Plätze in Sandkästen um. Die größeren Kinder betätigen sich an der frischen Luft, indem sie Gräber und Wege von Unkraut befreien.

1939

Mit dem Stichtag 1. Januar haben jüdische Bürger die Zwangsvornamen 'Israel' bzw. 'Sara' anzunehmen, um die Abgrenzung gegenüber deutschen Bürgern zu verschärfen.
Ferner wird Juden verboten, Einzelhandelsverkaufsstellen, Versandgeschäfte, Bestellkontore oder ein Handwerk selbständig zu betreiben.
Alle jüdischen politischen Organisationen werden aufgelöst, darunter auch die Zionistische Vereinigung und der Centralverein. Im September werden Ausgangsbeschränkungen für Juden verhängt - im Winter bis 20 Uhr, im Sommer bis 21 Uhr. Männliche polnische Juden werden in Schutzhaft genommen. Juden dürfen künftig nur noch in besonderen Lebensmittelgeschäften zu ganz bestimmten Zeiten einkaufen. So groß die Schikanen sind, so gibt es doch, wie Alfred Schwerin festhält, „überall anständige Geschäftsleute, die ihre langjährige jüdische Kundschaft nicht im Stich ließen und für sie oft noch mehr als das ihnen zustehende Quantum reservierten. Auch ich erhielt von einer in einer Mannheimer Metzgerei angestellten Pirmasenserin jeweils fast die doppelte Fleisch- und Wurstration." (M. Richarz: Jüdisches Leben in Deutschland, Stuttgart, 1982)
Bisweilen kommt es vor, daß 'Judenläden' mit Schweinefleisch beliefert werden (auf das Deutsche oft sehr lange warten müssen), um die jüdische Religion zu diffamieren, denn Schweinefleisch ist nach dem jüdischen Speisegesetz verboten. In der Regel kaufen die Juden das Fleisch und tauschen es bei ihren 'arischen' Freunden

gegen andere Lebensmittel ein - bis zum 18. September 1942, als das NS-Regime verfügt: „Die Versorgung von Juden mit Fleisch, Fleischprodukten, Eiern, Milch und anderen zugeteilten Lebensmitteln wird eingestellt.“
Der Besitz eines Rundfunkempfängers ist ihnen verboten. Die Abgabe der Radioapparate muß am Jom Kippur erfolgen, so will es das NS-Regime. Leopold Marx notiert: „Als Tag der Ablieferung wurde der Versöhnungstag, der höchste Feiertag der Juden (genannt: Jom Kippur, ein Tag des Sündenbekenntnisses und der Läuterung - Anm. d. Autors), bestimmt, der bekanntlich mit einem 24stündigen Fasten und einem den ganzen Tag währenden Gebetsdienst begangen wird... Die Ablieferung durfte nicht etwa durch Beauftragte erfolgen, sondern jeder Betroffene mußte persönlich erscheinen; Nichteinhaltung des Befehls war mit schwerer Strafe bedroht. Diese Verfügung bedeutete für den strenggläubigen Juden eine schwere Verletzung des Gebotes, an diesem Tag keine Arbeit zu verrichten und nicht zu fahren, von der zwangsweisen Unterbrechung des Betens ganz abgesehen. Eine nichtjüdische Hilfe, die das Tragen oder das Ziehen des Wägelchens abgenommen hätte, stand höchst selten zur Verfügung. Die meisten waren einfach gezwungen, das Religionsgesetz zu übertreten... Gerade die Niedertracht dieses Befehls stärkte den inneren Widerstand. Es war nur ein Glied in der langen Kette, die mit Demütigungen anfing und für so viele in der Gaskammer endete. Wer diesen Tag erlebt hat, wird ihn nie vergessen.“ (M. Zelzer: Weg und Schicksal der Stuttgarter Juden, Stuttgart, 1964) Um die Juden zu demütigen, planen die Nationalsozialisten zahlreiche ähnliche Aktionen grundsätzlich an jüdischen Feiertagen.

Der erste Kriegsdienstverweigerer des Zweiten Weltkrieges - die Auslandspresse nimmt davon Kenntnis - wird öffentlich am 15. September 1939 hingerichtet. Der Historiker Dr. D. Garbe berichtet, daß der 29jährige Bibelforscher August Dickmann aus Dinslaken den Kriegsdienst aus Gewissensgründen verweigerte und 1937 ins KZ Sachsenhausen eingeliefert wurde. Am 15. September 1939 durften die 8.000 Häftlinge nicht wie gewohnt nach dem Abendappell abtreten. Stattdessen führte man August Dickmann gefesselt vor. Lagerkommandant Baranowski („Wenn ich lach', lacht der Teufel!") gab über Lautsprecher den Erschießungsbefehl. August Dickmann brach zusammen. Ein Augenzeuge berichtet: „Auf einen Wink Baranowskis sprang sein Adjutant, Hauptsturmführer Höß, an den auf der Erde Liegenden heran, zog die Pistole und schoß ihm in den Kopf. Der Körper bäumte sich noch einmal auf, und dann war alles zu Ende." Fangschuß nannte man das. Auch Dickmanns Bruder mußte der Hinrichtung beiwohnen. Er war ebenfalls Insasse des KZ Sachsenhausen. Der Mord indes zeigte keinerlei Wirkung. Die Bibelforscher gaben zu verstehen, daß sie eher wie ihr Glaubensbruder sterben als sich vom Nationalsozialismus bekehren lassen würden. Zwei Häftlinge, die eine Erklärung unterschrieben hatten, sich von den Zeugen loszusagen, traten vor und zogen ihre Unterschrift wieder zurück. Die SS kam daraufhin von ihrem Weg ab, bei Ablehnung der Wehrdienstleistung die Hinrichtung anzuordnen. Lagerkommandant Baranowski erkrankte. Niemand wußte, worunter er litt. Die Wangen fielen ein, und die Augen quollen aus den Höhlen. Er konnte sich nur noch mit Krücken fortbewegen und war fünf Monate nach dem Fall Dickmann tot.

Es gab SS-Leute, die durch die Morde und das KZ-Leben zu körperlichen und seelischen Wracks wurden. Sie unterschrieben die Todesurteile als Rad im Getriebe des NS-Regimes, ohne die innere Überzeugung zu haben, dafür aber mit Blick für die Grausamkeiten, die sie selbst auch anrichteten. Ein solcher Mann mag Johannes Otto gewesen sein, der von 1942/43 bis 1945 als SS-Obersturmführer Arbeitskräfte aus dem Lager Sachsenhausen an die Industrie vermittelte. In seinem Haushalt beschäftigte er für kurze Zeit anläßlich der Geburt der jüngsten Tochter eine Zeugin, von der man bis heute trotz intensiver Suche nur weiß, daß sie rotes Haar hatte. Ottos Frau, die den seelischen Druck ihres Mannes spürte, drängte ihn, den Posten aufzugeben. Otto, der nie auch nur eine Silbe über die Zustände im KZ verlor, sagte nur, für ihn sei es zum Aufhören zu spät. Nach dem Krieg floh er und tauchte unter falschem Namen unter. Seine Gattin kümmerte sich fortan allein um die beiden Töchter. Der Sohn sorgte für sich selbst und unterstützte später die Familie, soweit ihm das als angehender Kfz.-Mechaniker möglich war.

Nach mehreren Gefängnisaufenthalten wurde der Zeuge Otto Wulle im März 1940 in Sachsenhausen interniert. Dort blieb er bis zum April 1945 und muß den SS-Mann Otto kennengelernt haben, denn anders ist es kaum zu erklären, daß Wulle, als er nach dem Krieg seinen Predigtdienst fortsetzte, eines Tages bei Frau Otto und ihren Kindern an die Tür klopfte, um über Gottes Königreich zu erzählen. Die Mutter und ihre beiden Töchter wurden aktive Zeugen Jehovas. Sohn Gert wurde Diakon und später Pfarrer und kümmerte sich um Schwerbehinderte in Bethel/Bielefeld, bevor er jüngst in den Ruhestand trat. Er habe, wie er erzählt, sehr darunter gelitten, daß sein Vater bei der SS war. In behinderten Menschen seine ihm von Gott zur Seite gestellten Schwestern und Brüder zu sehen und ihnen zu dienen, habe er sich in der Nachfolge Jesu Christi berufen gefühlt.

Einige Zeit nach ihrer Taufe als Zeugin fand Frau Otto ihren Gatten wieder, der als Bergmann in Dortmund arbeitete. Wenn er selbst auch nie Zeuge wurde, unterstützte er seine Frau doch bei ihrer Bibelarbeit.

Otto Wulle hat nie etwas gegen den ehemaligen SS-Obersturmführer Otto unternommen, den er später im Kreise seiner Familie in Verbindung mit seiner Predigtarbeit besucht hat. Johannes Otto starb 1976 in Simmern, Otto Wulle 1989 in Asperg bei Ludwigsburg.

Die Geschichte um den SS-Obersturmführer läßt sich nicht mehr eindeutig rekonstruieren, erscheint in ihrer Tragik aber symptomatisch für die Kriegszeit und für das Nachkriegsdeutschland. Im Gespräch mit Gert Otto haben wir eine Aufzeichnung vorgenommen, die sich unter Anmerkung 42 findet.

Dr. Garbe macht auf den Umstand aufmerksam, daß die Nationalsozialisten behaupteten, die Bibelforscher seien Kommunisten und Staatsfeinde und hätten sich mit den Juden verbündet: „Die Zeugen Jehovas machten durch Dinge von sich reden, die den Nationalsozialisten ein Graus waren. Sie machten dadurch von sich reden, daß sie den Kriegsdienst verweigerten, daß sie sich nicht zum Vaterland so bekannten, wie die Nationalsozialisten meinten, sich ein Deutscher dazu bekennen müßte.“ (Vergl. Dr. D. Garbe: ‘Zwischen Widerstand und Martyrium: die Zeugen Jehovas im Dritten Reich', München, 1997).

Um Juden und Volksgenossen klar voneinander zu trennen, will am 9. Oktober 1939 die Stadt Frankfurt am Main vom Deutschen Gemeindetag geklärt wissen:

„1. Dürfen getaufte Juden in Reihengräbern zwischen Volksgenossen bestattet werden?

2. Ist auch weiterhin die Bestattung von getauften Juden in gekauften Wahlgrabstätten zwischen Volksgenossen zuzulassen?

3. Ist zuzulassen, daß Rassejuden, die keiner Religionsgemeinschaft, auch keiner jüdischen, angehören, außerhalb der Judenfriedhöfe bestattet werden?"

Der Deutsche Gemeindetag antwortet, daß „ein Verbot der Beerdigung von Juden, jüdisch Versippten und jüdischen Mischlingen auf gemeindlichen Friedhöfen... grundsätzlich nicht möglich ist... Ein generelles Verbot würde im Widerspruch zu der Tatsache stehen, daß im Regelfall Juden auch auf allgemeinen Friedhöfen beerdigt werden dürfen. Wo jüdische Friedhöfe vorhanden sind, werden freilich Juden mosaischen Bekenntnisses auf ihren eigenen Friedhöfen beerdigt werden. Wo solche aber nicht vorhanden sind, oder wo es sich um Glaubenslose oder einer christlichen Konfession Angehörige handelt, läßt sich eine Beerdigung auf allgemeinen Friedhöfen zur Zeit nicht vermeiden, da Leichen nun einmal bestattet werden müssen."

Als 'Mischlinge' bezeichnen die Nationalsozialisten alle Halbjuden, die nicht der jüdischen Religion angehören und die nicht mit Juden verheiratet sind. Die Mischlinge 1. Grades haben zwei jüdische Großelternteile. Mischlinge 2. Grades - die sogenannten Vierteljuden - haben einen jüdischen Großelternteil. Sie wurden fast wie 'deutschblütige' Vollbürger behandelt, brauchten den Judenstern nicht zu tragen, doch blieb ihnen u.a. der Weg in den öffentlichen Dienst oder in Rechtsberufe sowie die NSDAP-Mitgliedschaft verwehrt.

Mit Dachau, Sachsenhausen, Buchenwald, Flossenbürg, Mauthausen und Ravensbrück gab es bis dato sechs Lager mit rund 21.000 Häftlingen. Während des Krieges änderte sich die Häftlingsstruktur. Bis 1945 waren rund 90 Prozent der Insassen Nichtdeutsche. 1944 zählte man 20 Konzentrationslager mit 165 angeschlossenen Arbeitslagern. Die gewaltige Zunahme an Häftlingen nach Kriegsbeginn verstärkte die bereits herrschende Entwicklung, die Opfer als Arbeitskräfte auszubeuten. Der nächste Schritt war jene mörderische Behandlung, die sich 'Vernichtung durch Arbeit' nannte und vor allem die Juden traf.

1940

Juden werden aus der privaten Krankenversicherung ausgeschlossen. Das erste bewachte Ghetto wird in Lodz, im Generalgouvernement, errichtet. (‘Generalgouvernement’ wurde das Restgebiet Polens nach der deutschen und sowjetischen Besetzung 1939 und der Abtretung großer Gebiete an Deutschland und die UdSSR genannt.) Für den Einkauf von Lebensmitteln von und für Juden wird in Berlin die Stunde von 4 Uhr bis 5 Uhr nachmittags festgesetzt. Die Juden werden als Fernsprechteilnehmer ausgeschlossen. Im Oktober wird das Warschauer Ghetto errichtet. Im November wird verfügt, daß alle Angehörigen der deutschen Polizei sich im Laufe des Winters den Film ‘Jud Süß’ anzusehen haben.
In Amerika zieht ‘Der große Diktator’, eine bitterböse Abrechnung mit dem Größenwahn Hitlers, das Publikum in seinen Bann. Es ist der erste Dialogfilm von Charles Chaplin, der das Buch schrieb, Regie führte und eine Doppelrolle spielte: Der nach der Weltherrschaft gierende Diktator Anton Hynkel wird aufgrund einer Verwechslung in einem seiner Konzentrationslager inhaftiert, während ein jüdischer Friseur, der ihm ähnlich sieht, seinen Platz einnimmt und vor der Welt eine flammende Rede für Menschlichkeit und Gerechtigkeit hält. Aus Angst vor gewalttätigen prodeutschen Protesten fand die Uraufführung dieser Hitler-Parodie in New York unter Polizeischutz statt. Wegen des politischen Sprengstoffs, den der Film besaß, wurde er für vier Oscars vorgeschlagen. An Chaplins Seite spielte Paulette Goddard, die bis 1942 seine Gattin war. Der Film greift

auch den Messias-Gedanken (Hitler in der Nachfolge Jesu Christi) auf (vergl. Anmerkung 23).

1941

Im Mai beschließt das NS-Regime, die Auswanderung von Juden in das unbesetzte Frankreich angesichts der bevorstehenden Endlösung zu verhindern. Juden erhalten keine Zusatzscheine mehr für Seife und Rasierseife und auch keine Entschädigung für Kriegsschäden. Die allgemeinen Leihbüchereien dürfen sie nicht mehr benutzen. Reinhard Heydrich, Leiter des Reichssicherheitshauptamtes, wird mit der Gesamtplanung für die Endlösung der Judenfrage beauftragt. Alle Juden im Reich müssen ab dem 6. Lebensjahr den Judenstern, auch Davidstern genannt, tragen. (Seit dem 19. Jahrhundert gilt das Hexagramm aus zwei gleichseitigen Dreiecken als religiöses Symbol des Judentums. 1948 wurde der Stern in die Flagge Israels aufgenommen.) Im September kommt es zu ersten Versuchsvergasungen in Auschwitz. Im Reich dürfen Juden Verkehrsmittel nur noch mit erheblichen Einschränkungen benutzen. Zum Verlassen des Wohnortes ist eine polizeiliche Genehmigung erforderlich. Deutschblütige Personen, die freundschaftliche Beziehungen zu Juden zeigen, sind in Schutzhaft zu nehmen, der Jude ist in ein KZ einzuliefern. Die letzten vier Monate des Jahres sind durch Massenmorde in Südrußland sowie durch Deportationen aus dem Altreich gekennzeichnet. Bei der Deportation wird das jüdische Vermögen für den Staat eingezogen. Von den ehemals 500.000 Juden (Stand: 1933) wohnen jetzt nur noch rund 164.000 im Altreich. Die in die Konzentrationslager deportiert werden, fallen in der Regel den Erschießungsaktionen der SS- und Polizeieinheiten zum Opfer.

Mit deutscher Gründlichkeit listet man alle Exekutionen auf und deklariert die Berichte als 'Geheime Reichssache'. In dem Bericht vom 1. Dezember 1941 des Einsatzkommandos 3 der Einsatzgruppe A über die durchgeführten Exekutionen in Litauen teilt SS-Standartenführer Jäger mit: „Ich bin der Ansicht, dass sofort mit der Sterilisation der männlichen Arbeitsjuden begonnen wird, um eine Fortpflanzung zu verhindern. Wird trotzdem eine Jüdin schwanger, so ist sie zu liquidieren."
Der Rabbiner und Vorstandsmitglied des Centralvereins Leo Baeck hört erstmals von den Vernichtungsaktionen im Sommer 1941: „Eine nichtjüdische Frau erzählte mir, sie sei freiwillig mit ihrem jüdischen Ehemann gegangen, als dieser deportiert wurde. In Polen wurden sie dann getrennt. Sie sah Hunderte von Juden in Busse gepfercht, die abfuhren und leer wieder zurückkamen. Das Gerücht, daß die Busse mit einem Vergasungsmechanismus ausgestattet waren, stützte sich auf den Apparat, mit dem alle bis auf einen ausgestattet waren. Dieser eine Bus diente zum Transport der Gruppe, die die Aufgabe hatte, die Vergasten zu begraben; die Totengräber wurden hinterher erschossen. Ähnliche Geschichten wurden von Soldaten auf Heimaturlaub erzählt. So habe ich erfahren, daß das Los der nach dem Osten verschickten Juden entweder Zwangsarbeit oder Tod war." Baeck zieht es vor, seine Kenntnisse für sich zu behalten. Er hofft, daß sie sich als Ausgeburt einer kranken Phantasie erweisen. An seiner Haltung ändert sich auch nichts, als er 1943 im Ghetto von Theresienstadt über die Vorgänge in Auschwitz aufgeklärt wird: „Niemand soll es erfahren... Wenn ich den Ältestenrat informiere, würde es innerhalb weniger Stunden das ganze Lager wissen. In

Erwartung des Todes durch Vergasen zu leben, wäre nur noch schwerer. Und dieser Tod drohte auch nicht allen - es gab die Selektion für die Zwangsarbeit; vielleicht gingen nicht alle Transporte nach Auschwitz. So kam ich zu dem schweren Entschluß, niemandem etwas zu sagen. Im Ghetto gingen ständig alle möglichen Gerüchte um, und es dauerte nicht lange, bis auch das Gerücht über Auschwitz umging. Aber wenigstens wußte es niemand genau.“ (W. Benz: Die Juden in Deutschland 1933-1945, München, 1996). Gerüchte können zermürbender sein, als den Tatsachen ins Auge zu sehen. Und handeln läßt sich nur, wenn man die Fakten kennt. Leo Baecks Verhalten - wie auch das anderer hochrangiger jüdischer Repräsentanten, die ihr Wissen nicht weitergaben - erscheint dem Autor dieses Buches als schwer verständlich. Hätte die Aufklärung über die Greueltaten nicht doch Leben retten können?

1942

Januar: Wannsee-Konferenz über die Ausrottung des europäischen Judentums - 1. Konferenz zur Endlösung der Judenfrage. Das Besprechungsprotokoll ist 'Geheime Reichssache' und listet zunächst die Teilnehmer der Konferenz auf, darunter auch Staatssekretär Dr. Bühler vom Amt des Generalgouverneurs, der mitteilt, „daß das Generalgouvernement es begrüßen würde, wenn mit der Endlösung... im Generalgouvernement begonnen würde, weil einmal hier das Transportproblem keine übergeordnete Rolle spielt und arbeitseinsatzmäßige Gründe den Lauf dieser Aktion nicht behindern würden. Juden müßten so schnell wie möglich aus dem Gebiet des Generalgouvernements entfernt werden, weil gerade hier der Jude als Seuchenträger eine eminente Gefahr bedeutet und er zum anderen durch fortgesetzten Schleichhandel die wirtschaftliche Struktur des Landes dauernd in Unordnung bringt. Von den in Frage kommenden 2,5 Millionen Juden sei überdies die Mehrzahl der Fälle arbeitsunfähig."

Im Februar werden die Juden vom Zeitungsbezug ausgeschlossen. Ferner wird ihnen verboten, Haustiere zu halten. Pelz- und Wollsachen müssen abgegeben werden. Die 48jährige Margarethe Frank wird in Rheydt festgenommen, weil sie einen Pelzmuff trug. Den Behörden gegenüber gibt sie zu, von der Gemeinde ein Schreiben erhalten zu haben, daß sie ihre Pelzsachen aus Anlaß der 'Woll- und Pelzsachensammlung' abzugeben habe: „...Ich habe dieses Schreiben jedoch nicht genau gelesen, da ich der Annahme war, daß ich noch einen Pelz und

Muff für meinen persönlichen Gebrauch behalten könnte. Diese Gegenstände wurden auf Anordnung sofort bei der Kultusgemeinde Rheydt abgegeben. Ich bin mir bewußt, daß ich die Anordnungen der Geheimen Staatspolizei nicht befolgt habe und daß ich mit staatspolizeilichen Maßnahmen zu rechnen habe."
Die zuständigen Behörden schlagen dem Reichssicherheitshauptamt vor, die Frau ins KZ Ravensbrück zu überführen, mit der Begründung, sie habe, indem sie ihre Pelzsachen selbst benutzte, die „Maßnahmen des Staates zur Sicherung der Schlagkraft der Wehrmacht sabotiert", eine Formulierung, die vom Reichssicherheitshauptamt umgewandelt wird. Margarethe Frank wird mit dem Hinweis, sie habe „Maßnahmen der Behörden hintertrieben", im April 1942 in das Vernichtungslager Izbica deportiert. Den Deportierten wird das Arbeitsbuch abgenommen, und ihre Lebensmittelkarten zieht das zuständige Wirtschaftsamt ein. Das Finanzamt übernimmt das Vermögen. Die deutsche Staatsangehörigkeit wird aberkannt, und beim Einwohnermeldeamt findet sich der Vermerk 'unbekannt verzogen' oder 'nach dem Osten ausgewandert'. Die Kosten der Deportation müssen die Juden tragen - vier Pfennige pro 'Fahrgast' und Schienenkilometer. Kinder unter zehn Jahren zahlen den halben Preis in den Tod. Kinder, die jünger als vier Jahre sind, fahren der Vernichtung kostenlos entgegen. Wer in den Lagern als arbeitsfähig gilt, wird von Industriebetrieben ausgebeutet. Nach dem Tod trennt man zur besseren Handhabung die Köpfe von den Rümpfen, bricht die Goldzähne heraus und rasiert die Haupthaare ab, aus denen u.a. Fußabtreter gefertigt werden. Auch die Haut wird bisweilen verarbeitet, etwa zu Lampenschirmen.

Die Ausbeutung jüdischer Arbeitskraft findet nicht nur in den KZ, sondern auch im Deutschen Reich statt. Mit Vorliebe setzt man Juden bei schweren und schmutzigen Arbeiten ein. Siegfried Schäfer (Zwangsarbeit. Erlebnisbericht 1933 - 1945, WL P IIIb, Nr. 616) berichtet über seinen Arbeitseinsatz Ende 1939 in Berlin: „Der Oberinspektor des Lehrter Bahnhofs B. tat sich durch besonders gemeine Behandlung der Juden hervor. Wir mußten die Toiletten der einfahrenden Fernzüge reinigen. Mit nur einem Lappen und Scheuersand bewaffnet, schickte er uns an die Arbeit. Ich bat bescheiden um die Zuweisung einer Scheuerbürste. Da wurde Herr B. wütend und brüllte: 'Ihr Juden seid es doch gewöhnt im Dreck zu wühlen, also los an die Sch...! Wer hier aufmukst, der erlebt was. Sie wissen doch, wo ich Sie hinbringen kann?' Ich tat diese Arbeit und bekam nach einiger Zeit, vor Ekel, eine Gesichtsrose. B. wollte mich nicht entlassen. Ihm machte es Freude, wenn ich mit vor Fieber gerötetem Gesicht meiner ekelhaften Arbeit nachging. Einmal kam er mir heimlich hinterher. Es war ein Abort, der völlig verschmutzt war. Ein Reisender hatte sich übergeben. Vor Widerwillen wollte ich mich gerade abwenden, da stand er hinter mir. Brutal ergriff er meine Hand und tauchte sie mit aller Gewalt in das Erbrochene. Ich weinte vor Zorn und Scham. Mein fieberndes Gesicht und der seelische Zustand ließen mich zusammenbrechen. Der Bahnhofsarzt... schrieb mich krank und veranlaßte meine Überführung ins Krankenhaus."

Frauen sind erheblich höheren Belastungen ausgesetzt. Nach ihren Arbeitseinsätzen warten die Hausarbeiten und mühselige Einkaufswege auf sie. Sie bereiten die kargen Mahlzeiten vor, halten die Wohnungen sauber,

kümmern sich um die Wäsche, die Kinder, den Gatten und die Eltern. Wenn Mütter ihre Kinder während der Arbeitszeit bei der jüdischen Gemeinde unterbringen, kommt es bisweilen vor, daß sie am Abend keine Kinder mehr haben. Es ist wieder ein Kindertransport in den Osten abgegangen. Trotz eisiger Kälte wird den Kleinen der Pelzkragen vom Mäntelchen abgeschnitten. Sind Kranke und Greise dabei, nimmt man ihnen die Decken weg. Was eine jüdischen Arbeiterin wert war, zeigt ein Erlebnis, das Valerie Wolffenstein dokumentiert. Eine Arbeitskollegin, die an ihrer Maschine in eine schwere Herzohnmacht fiel, brachte man in den Sanitätsraum: „Weder der Meister noch der Vorarbeiter wagten, uns dabei zu helfen. Wie wir nachher hörten, hatte der Meister den Sanitäter angerufen, er möchte die Frau holen kommen. 'Ist es 'ne Jüdische, dann schmeißt sie in den Kohlenkasten!' war die Antwort." (R. Kann (Hrsg.): Erinnerungen von Valerie Wolffenstein aus den Jahren 1891 - 1945, Wien, 1981)
Im Verlauf des Jahres 1942 wird beschlossen: Juden dürfen von nichtjüdischen Friseuren nicht mehr bedient werden. Deutsche Volkstrachten dürfen weder an Juden noch an Fremdvölkische verkauft werden. Juden müssen alle entbehrlichen Kleidungsstücke abliefern. Die Versorgung von Juden mit Fleisch, Fleischprodukten, Eiern, Milch und anderen zugeteilten Lebensmitteln wird eingestellt. Soldaten wird die Heiratserlaubnis mit Frauen, die früher mit einem Juden verheiratet waren, verweigert. Der Nachlaß verstorbener KZ-Häftlinge fällt ans Reich. Die 2. Konferenz zur Endlösung findet in Berlin am 6. März statt. Erörtert werden auch Möglichkeiten der Sterilisation aller Mischlinge. Die Vernichtungslager

Belzec, Sobibor und Treblinka werden in Betrieb genommen. Die Massenvergasungen in Auschwitz beginnen. Die Warschauer Ghetto-Bewohner werden nach Belzec und Treblinka 'umgesiedelt'.
In Belzec werden die ersten Gaskammern im Februar 1942 errichtet. In die Räume leitet man giftiges Kohlenmonoxid, das mittels eines Motors produziert wird. Die Opfer werden vom Zug aus direkt zu den Gaskammern getrieben. Die Wachleute teilen ihnen mit, sie befänden sich in einem neuen Arbeitslager und sollen nur desinfiziert werden. Jüdische Zwangsarbeiter holen die Leichen durch die Hintertüren heraus. Eine Arbeitsgruppe, die man die 'Zahnärzte' nennt, bricht den Toten die Goldzähne heraus. Inzwischen sammeln sich vor den Gaskammern die nächsten Todeskandidaten. Bis Mitte April 1942 wird der Tod wie am Fließband produziert. In nur einer Stunde werden die Opfer getötet und ihre Leichen aus den Gaskammern geschafft. Rund 600.000 Menschen sterben in Belzec in kürzester Zeit. Im Dezember 1942 wird das Vernichtungslager geschlossen und noch vor Kriegsende eingeebnet.
Im September gibt Hitler Befehl, daß Juden nicht mehr in den Rüstungsbetrieben des Reiches arbeiten dürfen. Goebbels schreibt in sein Tagebuch: „Der Führer gibt noch einmal seiner festen Entschlossenheit Ausdruck, die Juden unter allen Umständen aus Berlin herauszubringen. Auch die Sprüche unserer Wirtschaftssachverständigen und Industriellen, daß sie auf die sogenannte jüdische Feinarbeit nicht verzichten können, imponiert ihm dabei nicht. Plötzlich sind die Juden allüberall zu den höchsten Qualitätsarbeitern emporgelobt worden. Man führt dieses Argument uns gegenüber immer wieder ins

Feld, um für sie Schonung zu erbitten. Aber sie sind nicht so unentbehrlich, wie sie von unseren Intellektuellen gemacht werden. Es wird nicht allzu schwer sein, angesichts der Tatsache, daß wir in Berlin allein 240.000 ausländische Arbeiter haben, auch noch die restlichen 40.000 Juden, von denen überhaupt nur 17.000 im Produktionsprozeß tätig sind, durch ausländische Arbeiter zu ersetzen. Der jüdische Feinarbeiter wird, je länger je mehr, zu einem stehenden Argument der intellektuellen philosemitischen Propaganda. Hier zeigt sich wieder, daß wir Deutschen allzu leicht dazu neigen, zu gerecht zu sein und Fragen staatspolitischer Notwendigkeit mit Ressentiment, aber nicht mit kühlem Verstand zu beurteilen."

Ende Oktober kommt es zur 3. Konferenz über die Endlösung in Berlin. Geplant wird die Zwangstrennung aller Mischehen und das Programm zur Sterilisierung der Mischlinge.

Im Vernichtungslager Chelmno werden indessen etwa 5.000 Zigeuner in Vergasungswagen ermordet. Die deutsche Militärverwaltung in Serbien teilt im August mit, daß die Juden- und Zigeunerfrage gelöst sei - der eingesetzte Vergasungswagen könne nach Berlin zurückgeschickt werden. Einen Monat später beschließt das NS-Regime, die 'asozialen Elemente' durch Arbeit zu vernichten. Betroffen sind u.a. Juden, Russen, Ukrainer und Zigeuner.

Im Leitartikel der SS-Wochenzeitung 'Das Schwarze Korps' (20.8.1942) heißt es: „Unsere Aufgabe ist es, den Osten nicht im alten Sinne zu germanisieren, das heißt den dort wohnenden Menschen deutsche Sprache und deutsche Gesetze beizubringen, sondern dafür zu sorgen,

daß im Osten nur Menschen wirklich deutschen, germanischen Blutes wohnen."
In den Kriegsgefangenenlagern suchen Kommandos der Sicherheitspolizei u.a. nach kommunistischen Funktionären und Juden, die in der Nähe der Lager bzw. in den Genickschußanlagen der KZ hingerichtet werden. Millionen sowjetischer Kriegsgefangener sterben unter unsäglichen Bedingungen vornehmlich im Winter 1941/42 in den Lagern. Als man im Frühjahr 1942 damit beginnt, Kriegsgefangene zur Zwangsarbeit in der deutschen Kriegswirtschaft einzusetzen, gibt es nur noch wenige hunderttausend arbeitsfähige Gefangene.

1943

Februar: Die Fabrik-Aktion in Berlin: Deportation der jüdischen Zwangsarbeiter (die 'Rüstungsjuden') nach Auschwitz. Die Verhaftung von Juden, die in einer Mischehe leben, löst eine einzigartige Protestkundgebung aus. 'Arische' Frauen verlangen in Sprechchören vor dem Sammellager, daß ihre Männer freigelassen werden. Sie werden von Passanten unterstützt, die auf ihrer Seite sind. Die Gestapo, die mit solch massiver Gegenwehr nicht gerechnet hat, gibt nach und läßt die jüdischen Ehemänner nach und nach frei. Goebbels schreibt in sein Tagebuch: „Leider hat sich auch hier wieder herausgestellt, daß die besseren Kreise, insbesondere die Intellektuellen, unsere Judenpolitik nicht verstehen und sich zum Teil auf die Seite der Juden stellen. Infolgedessen ist unsere Aktion vorzeitig verraten worden, so daß uns eine ganze Menge von den Juden durch die Hände gewischt ist." Es gibt Historiker, die die Meinung vertreten, daß mehr öffentliche Proteste dieser Art das NS-Regime zum Überdenken seiner Judenpolitik hätte zwingen können. Mit der Fabrik-Aktion endet die jüdische Zwangsarbeit in Deutschland. Toleriert werden jetzt nur noch jüdische Arbeitskräfte, die unter dem Schutz eines 'arischen' Ehepartners leben. Im Frühsommer 1944 werden jüdische (wie auch nichtjüdische) Häftlinge aus den Konzentrationslagern zurück ins judenfreie Deutschland transportiert. Die kriegswirtschaftliche Lage verschlechtert sich dramatisch, die Rüstungsindustrie benötigt dringend Arbeitskräfte. Damit kollidiert das oberste Ziel der NS-Führungsspitze, die totale Vernichtung der Juden, mit den materiellen Interessen des Staates. Der ungarische Jude Ladislaus Ervin-Deutsch gehört zu den Arbeitskräften, die 1944 von Auschwitz in das Dachauer Außenlager Kaufering kommen. Er erinnert sich: „Auf dem Arbeitsweg und dem Rückweg schleppten sich die Menschen dahin, stolperten, und hin und wieder fiel auch einer. Während der Arbeit wurden die Bewegungen unsicherer, manchen fiel das Werkzeug aus den Händen - in unserer Gruppe wurden solche Sachen mit einem Schlag mit dem Gewehrkolben bestraft. Es gab auch solche, die von Gerüsten fielen, Schwellen schleppend über die Schienen stolperten und unter die Räder der Züge gerieten. Der Krankenstand erhöhte sich ebenso wie die Unfälle. Ein Todesfall erregte kein großes Aufsehen mehr und auch kein Mitleid, es sei denn, es handelte sich um einen nahen Freund. Krankheit, Unfall, Tod - es waren tägliche Begebenheiten, an die wir uns gewöhnt hatten, wie an die Zählappelle und die Arbeit. Die ständige Erschöpfung machte die Menschen gleichgültig. An den Sonntagen, an denen wir im Lager blieben, an denen wir von der Nachtschicht-Moll Arbeitspause hatten, sprachen wir immer weniger miteinander. Wir wuschen uns langsam, wir wuschen, trockneten und flickten unsere verschmutzte, verschwitzte, geflickte und gerissene Unterwäsche. Wir schliefen viel. Wenn schönes Wetter war, legten wir uns ins Gras neben die Barakken und schauten wortlos in den Himmel oder unterhielten uns müde und schleppend von Zuhause, von unseren Träumen: Wie wird es, wenn der Krieg zu Ende ist. Es wird schön... Aber wir werden nicht mehr sein..." (Dachauer Hefte 2, 1986)

19. April bis 16. Mai: Aufstand im Warschauer Ghetto. Im Juni befiehlt Himmler die Liquidierung aller polnischen Ghettos. Der Befehl wird auf die Sowjetunion ausgedehnt. Goebbels erklärt Berlin für judenfrei. Wenige Tage später wird im Reichsbürgergesetz festgehalten, daß nach dem Tod eines Juden dessen Vermögen an das Reich fällt.
Verfügt wird, daß Zigeuner aus ganz Europa nach Auschwitz-Birkenau in ein speziell eingerichtetes Zigeunerlager deportiert werden. Dort sterben sie in den Gaskammern.

1944

Im März fordert Rassenforscher Dr. Dr. Robert Ritter vom Reichsforschungsrat weitere Gelder für die Kriminalbiologie und die Asozialenforschung. Ritters Rassegutachten werden herangezogen, wenn es um Leben und Tod eines Inhaftierten geht. Seine Arbeit 'hilft', die Zigeunerfrage lösen - die Vergasung steht unmittelbar bevor. In seinem Kriminalbiologischen Institut im Moringer Jugend-KZ verfaßt er Gutachten über den biologischen Wert der Jugendlichen, die in 'lebenswert' und 'lebensunwert' aufgeteilt werden. Ritter will auch „über den Erbwert der Angehörigen von Bibelforscherfamilien ein Bild gewinnen" und hat zu diesem Zweck „im Frauenkonzentrationslager (Ravensbrück) eine Untersuchung über die Sippenherkunft der 'Ernsten Bibelforscher' begonnen." Offenbar soll bewiesen werden, daß der Glaube der Zeugen auf einen genetischen Defekt zurückzuführen ist. Damit wäre aus der religiösen eine rassische Verfolgung geworden, mit der das NS-Regime eine gezielte Vernichtung hätte begründen können.
April/Juni: Massendeportationen aus Südeuropa nach Auschwitz. Juli: Sowjetische Truppen befreien das KZ Majdanek. Im Herbst beginnt die Rückführung von Häftlingen vor den heranrückenden alliierten Armeen (die den Krieg führten, nicht um den Holocaust zu beenden, sondern um Hitler an der Weltherrschaft zu hindern) in das Reich. Im November stellt das NS-Regime die Vergasungen in Auschwitz ein und zerstört die Gaskammern und Krematorien in Auschwitz-Birkenau.

1945 und danach

Auschwitz wird von sowjetischen, Buchenwald und Dachau von amerikanischen und Bergen-Belsen von alliierten Truppen befreit. Vertreter des Internationalen Roten Kreuzes übernehmen Theresienstadt. Die Kapitulation der deutschen Wehrmacht erfolgt am 7./9. Mai.
Wenn Auschwitz befreit wird, bedeutet das nicht die Freiheit für die Häftlinge. Die Russen treffen nur einige Kranke und Schwache an. Die meisten der etwa 60.000 Überlebenden werden von ihren Peinigern am 18. Januar nach Westen getrieben. Zehntausende gehen dabei elend zugrunde. Zu einem Zeitpunkt, da die deutschen Truppen vor der Niederlage stehen, der Verteidigungskampf mit letzter Verzweiflung geführt wird, deutsche Städte im Bombenhagel untergehen und sich unfaßbares Leid unter der Bevölkerung ausbreitet, hat die SS nichts Besseres zu tun, als die Todesmärsche aus den Vernichtungslagern des Ostens zu organisieren. Ziel sind die deutschen Konzentrationslager, die 1943 als 'judenrein' erklärt wurden. Die halb verhungerten, ausgemergelten und vielfach kranken Menschen quälen sich in eisiger Kälte über Hunderte von Kilometern nach Dachau, Neuengamme, Ravensbrück, Flossenbürg, Sachsenhausen, Bergen-Belsen, Buchenwald, und Mauthausen. In Dachau fallen im Januar 3.000 Menschen einer Fleckfieberepidemie zum Opfer. In den kommenden drei Monaten sterben im Zuge der Massenevakuierung, die das überfüllte Lager zusätzlich belastet, über 12.000 Menschen. In Bergen-Belsen sterben in den ersten Wochen nach der Befreiung 14.000 Menschen, zumeist Juden, an den Folgen der KZ-Haft.

Nur wenige Kinder haben die Konzentrationslager überlebt. Kinder und alte Menschen waren erstes Ziel der Vernichtungspolitik gewesen. Ein Leben außerhalb des Lagerzauns kennen sie nicht. Die Leichenberge, Gaskammern und Krematorien haben zu ihrem Alltag gehört. Josef Rosensaft schreibt: „Es ist eine Tatsache, daß sich in der gesamten Judenheit nicht ein berühmter Kinderspezialist, Chirurg oder Gynäkologe fand, der bereit war, selbst nur für kurze Zeit zu kommen und mit uns zu arbeiten - trotz all unserer Appelle. Wir mußten die Hilfe deutscher Ärzte und Krankenschwestern akzeptieren, die uns die Engländer ins Lager schickten." (J. Rosensaft: Our Belsen, Belsen) Die jüdischen Häftlinge empfinden - dies ganz zu Recht - ein tiefes Gefühl der Verlassenheit. Erst allmählich setzt sich die Erkenntnis durch, von der Welt im Stich gelassen zu sein. Ihre Rettung ist für die Alliierten bestenfalls Nebensache.
In Buchenwald öffnen sich am 11. April die Tore. Um ein Lager zu verlassen, benötigt man in der Regel eine schriftliche Erlaubnis, die nicht immer erteilt wird. Damit sind die Überlebenden bei der Suche nach Angehörigen, die vielleicht noch am Leben sind, eingeschränkt.
Die traditionellen Spannungen zwischen Juden und Polen gibt es nach wie vor. Nichtjüdische Polen drohen im Mai 1945, eine Sabbatfeier gewaltsam zu sprengen, wenn sie auf dem Hauptplatz des Lagers abgehalten wird. Ein Fußballspiel zwischen Juden und Polen endet mit einer Messerstecherei, als sich ein Sieg der jüdischen Mannschaft abzeichnet. In Hohne-Belsen zerstören Polen das jüdische Bethaus sowie die Thorarollen und schießen auf die Rabbiner. (Vergl. auch Dachauer Hefte 1)

Die Lagerbewohner stehen vor der Schwierigkeit, nach Jahren der Entwürdigung, der Mißhandlung und der Ausbeutung wieder in ein normales Leben zurückzufinden. Ausgerechnet Deutschland wird in den ersten Nachkriegsjahren zur Heimstätte für jüdische Flüchtlinge, deren Zahl in der amerikanischen Zone 1946 von knapp 40.000 auf über 145.000 ansteigt. Die meisten Juden stammen aus Polen. Sie gehören zu den rund acht Millionen 'Displaced Persons' (DPs), die kurz nach Kriegsende im besetzten Deutschland gezählt werden. Während die jüdischen DPs über eine Hilfsorganisation der UNO betreut werden, sind die deutschen Juden von den Hilfeleistungen zunächst ausgeschlossen, denn es gilt, den Verschleppten und Flüchtlingen zu helfen, nicht aber den Bürgern von Feindstaaten.

In Mannheim überleben zwanzig Juden. Sie sind mit christlichen Ehepartnern verheiratet.

Die erste jiddische Zeitung erscheint im Konzentrationslager Buchenwald drei Wochen, nachdem das Lager befreit worden ist, am 4. Mai 1945, vier Tage vor Kriegsende. Sie ist mit der Hand geschrieben und trägt den hebräischen Titel 'Techiat ha'Metim' - Wiederauferstehung der Toten. (Einigen Häftlingen in Buchenwald gelang es sogar, gegen Kriegsende Radios zu basteln. So erfuhren sie im April 1945, daß die Amerikaner in unmittelbarer Nähe waren.) Im Laufe der nächsten Monate entstehen eine ganze Reihe jüdischer Zeitungen, die sich auch des Wertewandels annehmen - Antisemitismus ist 'out'; 'in' dagegen ist, wenn man jüdische Freunde oder Verwandte hat. Die jüdische Zeitung 'Der Weg' bringt den plötzlichen Gesinnungswandel am 15. April 1946 mit folgender Schlagzeile auf den Punkt: „Jüdische Großmütter zu Schwarzmarktpreisen“.

„Die deutsche Bevölkerung“, schreibt Michael Brenner, „stand nun plötzlich einer Situation gegenüber, mit der sie nicht gerechnet hatte: der erkennbaren Präsenz von Juden in Deutschland, das eben erst für ‘judenfrei’ erklärt worden war. Mehr noch, die osteuropäischen DPs waren viel eher als Juden erkennbar als die deutschen Juden vor dem Krieg. Sie hatten aus Osteuropa ihre eigenen Traditionen, ihre Sprache und oft auch Kleidung übernommen. Viele von ihnen lebten in bayerischen Dörfern oder Kleinstädten, die noch nie jüdische Einwohner unter sich gezählt hatten. Für die einheimische Bevölkerung dieser Gegenden war es nur schwer verständlich, daß sie ausgerechnet nach der weitgehenden Vernichtung des europäischen Judentums erstmals mit Juden konfrontiert waren.“ Die osteuropäischen Juden werden denn auch häufiger noch als die deutschen Juden zu Opfern antisemitischer Angriffe: „In manchen Fällen haben sicherlich jüdische Überlebende, die sich für das ihnen angetane Leid an der deutschen Bevölkerung rächen wollten, Gewalttaten provoziert. Aber vielfach wird in diesen Fällen noch die Nachwirkung der Nazipropaganda vom ‘jüdischen Untermenschen’ spürbar, die nun auf die osteuropäischen Juden angewandt wurde, während die wenigen überlebenden deutschen Juden plötzlich zu ‘guten Juden’ wurden.“ (M. Brenner: Nach dem Holocaust, München, 1995) Es vergeht kaum ein Monat, ohne daß jüdische Friedhöfe geschändet werden. Bis 1949 werden über 100 Fälle dieser Art offiziell registriert. Und dem einzigen Juden, der nach Herford zurückkehrt, verbrennt man am 9. November (!) 1946 sein Auto und beschädigt sein Haus.

Bildteil

Bild 1
Max Liebster überlebte fünf Konzentrationslager. Die Offenbarung aus der Bibel rettete ihm das Leben.

Bild 2
Das Ehepaar Simone (geb. Arnold) und Max Liebster bei seinem Besuch in Weinheim. Auch Simones Eltern waren KZ-Häftlinge gewesen, überlebten aber die Qualen.

Bild 3
Das KZ Sachsenhausen. Die neutrale Zone. Schießbefehl. Im Hintergrund das Hauptportal.

Konzentrationslager ....
Abteilung II

Erklärung

Ich, - der - die ....

geboren am: ....

in: ....

gebe hiermit folgende Erklärung ab:

1. Ich habe erkannt, dass die Internationale Bibelforschervereinigung eine Irrlehre verbreitet und unter dem Deckmantel religiöser Betätigung lediglich staatsfeindliche Ziele verfolgt.

2. Ich habe mich deshalb voll und ganz von dieser Organisation abgewandt, und mich auch innerlich von dieser Sekte freigemacht.

3. Ich versichere hiermit, dass ich mich nie wieder für die Internationale Bibelforschervereinigung betätigen werde. Personen, die für die Irrlehre der Bibelforscher an mich werbend herantreten oder in anderer Weise ihre Einstellung als Bibelforscher bekunden, werde ich unverzüglich zur Anzeige bringen. Sollten mir Bibelforscherschriften zugesandt werden, so werde ich diese umgehend bei der nächsten Polizeidienststelle abgeben.

4. Ich will künftig die Gesetze des Staates achten, insbesondere im Falle eines Krieges mein Vaterland mit der Waffe in der Hand verteidigen und mich voll und ganz in die Volksgemeinschaft eingliedern.

5. Mir ist eröffnet worden, dass ich mit meiner erneuten Inschutzhaftnahme zu rechnen habe, wenn ich meiner heute abgegebenen Erklärung zuwiderhandle.

...., den ....

....
Unterschrift

Bild 4
Die Erklärung ist grafisch vom Verlag aufbereitet.

Bild 5
Der sogenannte Bock. Oft aus nichtigen Anlässen gab es 25 Schläge und mehr auf das nackte Gesäß. Verlor der Häftling das Bewußtsein, wurde er mit kaltem Wasser begossen, bis er wieder bei Besinnung war. Dann wurde weiter geschlagen.

Bild 6
Der Holzstapel, hinter dem Max Liebster die Offenbarung las, liegt noch heute in Buchenwald.

Bild 7
Seine Gattin Simone malte das Erlebnis, daß Max Liebster das Leben rettete.

Bild 8
Das Krematorium im KZ Buchenwald.

Bild 9
Das Frauenlager Ravensbrück. Die Bibel zu lesen, war verboten. Wer erwischt wurde, bezahlte mit dem Leben.

Bild 10

Ravensbrück war zunächst als Frauenlager konzipiert worden. Später wurden hier auch Männer zu Tode gequält.

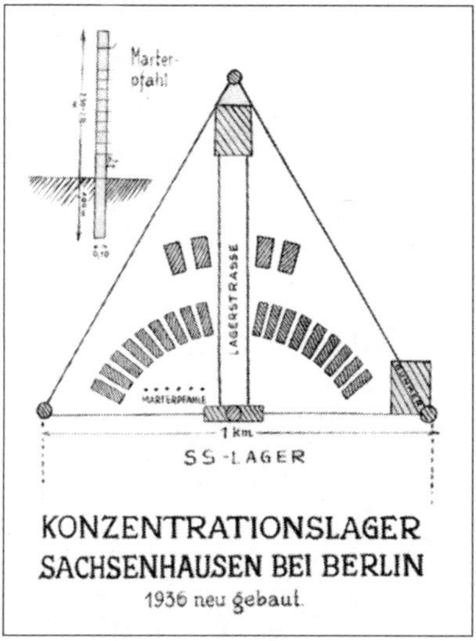

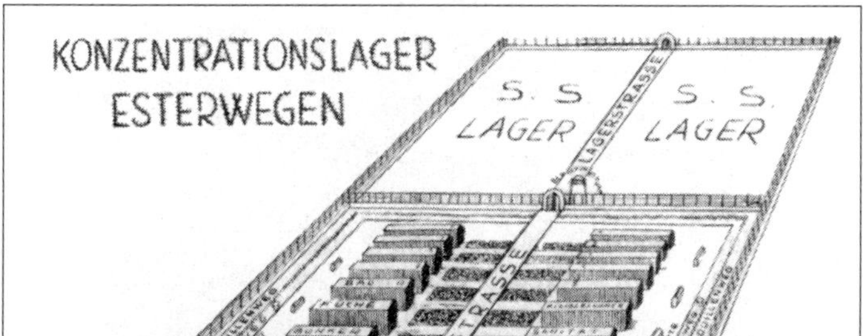

Bild 11
Diese Zeichnungen von den Konzentrationslagern Esterwegen und Sachsenhausen erschienen 1937 in den Publikationen der Zeugen Jehovas.

Bild 12
Simone Liebster, geborene Arnold, als junges Mädchen. Sie galt als Gefahr für ihre Altersgenossen und kam in ein Erziehungsheim.

Literaturverzeichnis

Aufgeführt ist verwendete und weiterführende Literatur. Weitere Quellenangaben befinden sich im Text.

R. Andreas-Friedrich: Der Schattenmann. Tagebuchaufzeichnungen 1938-1945, Berlin, 1947

W. Benz (Hrsg.): Die Juden in Deutschland, 1933-1945, München, 1996

U. Bitterli: Die 'Wilden' und die 'Zivilisierten', München, 1976

M. Brenner: Am Beispiel Weiden, Jüdischer Alltag im Nationalsozialismus, Würzburg, 1983

M. Brenner: Nach dem Holocaust, München, 1995

W. Demel: Wie die Chinesen gelb wurden, Historische Zeitschrift 255, 1992

H.-J. Fliedner: Die Judenverfolgung in Mannheim 1933-1945, Dokumente, Bd. II, Stuttgart, 1971

Dr. D. Garbe: 'Zwischen Widerstand und Martyrium: die Zeugen Jehovas im Dritten Reich', München, 1997

N.T. Gidal: Die Juden in Deutschland von der Römerzeit bis zur Weimarer Republik, Köln, 1997

K. J. Herrmann: Das Dritte Reich und die deutsch-jüdischen Organisationen 1933-1934, Köln, 1969

A. Hitler: Mein Kampf, München, 1927

H. Kaienburg: Vernichtung durch Arbeit, Bonn, 1990

R. Kann (Hrsg.): Erinnerungen von Valerie Wolffenstein aus den Jahren 1891 - 1945, Wien, 1981

E. Kogon: Der SS-Staat. Das System der Konzentrationslager, München, 1983 (1. Aufl. 1946)

G. v. Roon: Widerstand im Dritten Reich. Ein Überblick, München, 1987

W. Maser: Adolf Hitler. Legende, Mythos, Wirklichkeit. München, 1971

W. Maser: Hitlers Briefe und Notizen, Düsseldorf, 1973

H. Matzerath: Vergessen kann man die Zeit nicht, Köln, 1985

M. Richarz: Jüdisches Leben in Deutschland, Stuttgart, 1982

M. Riesenburger: Das Licht verlösche nicht. Ein Zeugnis aus der Nacht des Faschismus, Berlin, 1984

R. Rürup (Hrsg.): 'Topographie des Terrors', Berlin, 1995

P. Sauer: Dokumente über die Verfolgung jüdischer Bürger in Baden-Württemberg durch das nationalsozialistische Regime 1933-1945, II. Teil, Stuttgart, 1966

Z. Shuster: Must the Jews Quit Europe?, Commentary, Dezember 1945

M. Zelzer: Weg und Schicksal der Stuttgarter Juden, Stuttgart, 1964

Chronik des 20. Jahrhunderts, Stuttgart, 1933

Dachauer Hefte

'Die jüdische Emigration aus Deutschland 1933-1941', Ausstellungskatalog, Frankfurt am Main, 1985

Drittes Reich und Zweiter Weltkrieg, Köln, 1989

Jahrbuch der Zeugen Jehovas 1974, Wiesbaden / Brooklyn, 1974

Mosbach im 3. Reich, 2. Heft: Uns wollen sie auf die Seite schaffen, Mosbach, 1993

Wenn Du sagst: Siehe, wir wußten nichts davon! - ist es nicht so: der die Herzen prüft, er merkt es, und der auf deine Seele achthat, er weiß es? Er vergilt dem Menschen nach seinem Tun.

Sprüche, Kapitel 24, Vers 12

Über den Autor:

Andreas Müller, Jahrgang 1960, studierte an der Universität Mannheim Germanistik und Philosophie. Er arbeitete als Reporter für den hr, SDR und BR. Nach seiner Redakteursausbildung in der Gruppe des Mannheimer Morgen wurde er 1987 Redaktionsleiter bei PRO Radio 4 in Ludwigshafen und ein Jahr später stellv. Programmleiter bei RT 4 in Reutlingen, eher er 1989 die Programmleitung und Chefredaktion von Radio Badenia in Karlsruhe übernahm. Seit 1993 gibt er die Zeitschrift '*Zukunft*Beruf - Das Fachmagazin für Aus- und Fortbildung' heraus und ist im Hörfunk sowie als Buchautor tätig. Andreas Müller wohnt in Weinheim.